高等职业教育高速铁路客运乘务专业系列教材
高等职业教育“十三五”精品教材——轨道交通类



# 高速铁路行车技术管理

主　编　王　慧
副主编　袁　伟　方　钢

西南交通大学出版社
·成　都·

图书在版编目（CIP）数据

高速铁路行车技术管理 / 王慧主编. —成都：西南交通大学出版社，2020.4
高等职业教育高速铁路客运乘务专业系列教材 高等职业教育“十三五”精品教材. 轨道交通类
ISBN 978-7-5643-7406-8

Ⅰ. ①高… Ⅱ. ①王… Ⅲ. ①高速铁路－铁路行车－技术管理－高等职业教育－教材 Ⅳ. ①U238

中国版本图书馆 CIP 数据核字（2020）第 054629 号

高等职业教育高速铁路客运乘务专业系列教材
高等职业教育“十三五”精品教材——轨道交通类

Gaosu Tielu Xingche Jishu Guanli
高速铁路行车技术管理
主编 王 慧

| | |
|---|---|
| 责任编辑 | 李 伟 |
| 封面设计 | 墨创文化 |
| 出版发行 | 西南交通大学出版社<br>（四川省成都市金牛区二环路北一段 111 号<br>西南交通大学创新大厦 21 楼） |
| 发行部电话 | 028-87600564 028-87600533 |
| 邮政编码 | 610031 |
| 网址 | http://www.xnjdcbs.com |
| 印刷 | 四川森林印务有限责任公司 |
| 成品尺寸 | 185 mm × 260 mm |
| 印张 | 14.5 |
| 字数 | 362 千 |
| 版次 | 2020 年 4 月第 1 版 |
| 印次 | 2020 年 4 月第 1 次 |
| 书号 | ISBN 978-7-5643-7406-8 |
| 定价 | 49.00 元 |

课件咨询电话：028-81435775

# 出版说明

近年来，我国高速铁路建设实现快速发展，取得了举世瞩目的成就。在此形势下，高职教育尤其是铁路职业教育迎来新的发展机遇，培养大量德才兼备的高技能型专业人才，满足企业需求，成为当务之急。

2015 年，以应对高速铁路发展，满足铁路客运岗位需要，促进高职专业课程体系与教材体系完善为契机，我社与天津铁道职业技术学院共同策划，率先出版了第一套具有示范性、权威性与引领性的高速铁路客运乘务专业规划教材——高等职业教育高速铁路客运乘务专业“十三五”规划教材，总计十六本。其品种包括：《高速铁路概论》《高速铁路客运服务心理学》《高速铁路客运服务与礼仪》《高速铁路动车餐饮服务》《高速铁路客运规章》《高铁乘务安全管理与应急处置》《高铁客运英语口语》《高铁客运公共关系实务》《高速铁路动车乘务实务》《高速铁路客运组织》《高速铁路旅游英语》《高速铁路设备运用》《高速铁路行车组织》《高铁乘务人员形象塑造》《高速铁路客运乘务实训教程》《高速铁路行车技术管理》等。迄今为止，该套教材获得了较高的美誉度，已成为具有广泛影响力和市场需求量最大的高速铁路客运乘务专业品牌产品，其市场占有率位居第一。伴随着我国高铁时代的到来，大量高新技术得到广泛应用，铁路技术管理规程与技术规范频繁更新，铁路企业用人需求量逐年增大，高职专业教学发生巨大变革，这套教材步入更新阶段，为此我社从 2017 年年底着手实施改版与升级计划。改版后的教材，以新的封面为标识，由第 2 版或新增书，或更名的书而构成。

改版后的教材，严格遵照教育部《普通高等学校高等职业教育专科（专业）目录（2015 年）》和《高等职业学校专业教学标准》文件精神，认真落实全国铁道行指委和铁道运输专业教学指导委员会高等职业学校高速铁路客运乘务专业教学标准相关要求，切合高职院校专业教学与铁路现场实际，在保持原有的示范性、权威性和引领性外，大胆创新，在编写思路、体例、内容呈现等方面都做了较大改进，使教学指导作用和实用价值更加突出。这集中体现在：

1. 专业性强，案例典型，以现场材料为主

编者皆为专业教师，多数毕业于国内铁路知名高校，主撰人为专业带头人，有多年从事专业教学和科研工作的背景与现场经验，其建构的课程标准体系与教材体系，皆立足高速铁路客运乘务专业。改版后的教材，整体上更加注重强化核心课程与主干课程理念，同时完善必要的辅修课程知识。编写题材方面，多采纳京津、京广、京沪、武广等高速铁路

线现场典型案例；另有不少素材源于国内有关动车组制造企业的一手资料，体现出较强的专业性、权威性和不可替代性。

2. 内容更新快，突出技术含量与高铁新知

为保持与现行的高速铁路客运标准一致和紧贴现场实际，满足岗位需求，改版后的教材，内容得到及时更新，做到了与时俱进，更多突出技术含量和高铁新知。比如，教材大量增加了复兴号动车组的内容，广、深、港高速铁路旅客运输相关规定，国家铁路局 2018 年新版《铁路旅客车站设计规范》，中国铁路总公司（现已改制为中国国家铁路集团有限公司）2018 年新版《铁路客运服务信息系统设计规范》，以及 2018 年《〈铁路技术管理规程（高速铁路部分）〉条文说明》（第一次修订，上册）等，还融入了目前与国际接轨的高铁新知。

3. 实用性强，体例符合教改精神

改版后的教材，更加注重实用性，遵循高职院校教学的“必需、够用、实用” 原则，充分体现高职教育的实用特征。在编写体例上，以项目（任务）或模块为主，突出易于理解、方便学习和可操作性，使高铁知识与技能深度融合。

4. 充分运用数字化资源

为紧跟数字化教学发展趋势，改版后的教材，大量采用二维码嵌入和数字资源呈现形式，使教与学更加便捷、轻松与高效。学生（读者）可通过扫描教材的二维码或使用网络媒体等多种手段，获得较好的学习体验与丰富的学习资源，提高专业学习兴趣与效率。

教材是体现教学内容和教学方法的知识载体，是传播知识的重要媒体与手段，更是顺利开展人才培养工作的重要基础，需要社会积极关注与读者热心扶持。我社作为轨道交通专业出版社，始终以服务于铁路职业教育与铁路企业人才培养为宗旨，把开发出版更多、更优的轨道交通类教材作为责任担当。希望改版后的教材，能积极促进高职教育尤其是铁路职业教育发展，为我国高铁事业做出应有的贡献。

**西南交通大学出版社**
2019 年 6 月

# 前　言

目前，我国高速铁路运营里程居世界第一，我国已成为世界上高速铁路系统技术最全、集成能力最强、运行速度最高、在建规模最大的国家。为了适应高速铁路发展新形势，根据教育部关于高职教育要“深化工学结合、校企合作”的人才培养模式的要求，编写了本书。

“高速铁路行车技术管理”作为高等职业学校高速铁路客运乘务专业教学标准要求开设的一门专业核心课程，主要教学内容与要求包括高速铁路行车设备、高速铁路运行控制系统（主要介绍 CTCS-2 和 CTCS-3 系统）、高速铁路旅客列车开行方案与列车运行图、高速铁路车站作业组织、高速铁路调度指挥等知识技能。

本书从基本知识、基本原理及基本技能角度对高速铁路行车技术管理相关知识进行了介绍，力求符合教学需要及高职高专学生的学习和认知规律，使其内容具有全面性、系统性和实用性。全书共分为 7 个项目：项目一高速铁路信号基础设备、项目二高速铁路行车控制系统、项目三高速铁路旅客列车开行方案、项目四高速铁路列车运行组织、项目五高速铁路车站行车作业组织、项目六高速铁路调度指挥工作、项目七高速铁路非正常情况行车指挥。

本书坚持继承与创新相结合、实用可行的原则，既可作为高等职业院校高速铁路客运乘务、高速铁路相关专业的教材，也可作为相关专业人员的参考资料。

本书由天津铁道职业技术学院王慧任主编，中国铁路北京局集团有限公司沧州车务段副段长袁伟和中国铁路北京局集团有限公司天津站运转车间副主任方钢任副主编。具体分工如下：王慧编写项目一、项目二的任务一、项目三、项目四、项目五的任务三、项目六和项目七，方钢编写项目二的任务二和任务三，袁伟编写项目五的任务一和任务二。

由于编者水平有限，书中难免存在疏漏和不妥之处，敬请读者批评指正。

编　者

2020 年 2 月

# 目　录

# 项目一　高速铁路信号基础设备

### 项目描述

高速铁路信号设备是指挥列车运行、保证行车安全、提高运输效率、改善行车组织方式、实现行车指挥现代化的关键设施之一。信号是对行车或调车人员发出指示运行条件的命令，它通过音响、颜色、形状、位置、灯光等来表示。铁路运输需高度集中和统一指挥，才能保证列车按规定的速度，安全、迅速和不间断地运行。信号在这一过程中起着传递信息、准确预告运行条件的重要作用，所以要求行车相关人员必须严格按信号的指示进行工作，任何单位、个人不得违反。本项目主要介绍高速铁路信号显示、高速铁路轨道电路、高速铁路道岔转换及道岔融雪设备和高速铁路应答器。

## 任务一　高速铁路信号显示

### 能力目标

能按照高速铁路信号的指示进行行车组织工作。

### 知识目标

掌握高速铁路地面固定信号机的设置位置；掌握高速铁路信号显示的意义。

### 相关知识

为统一指挥行车工作，信号应有统一的显示方式及使用方法，以保证行车工作的正常进行。信号是指示列车运行及调车作业的命令，有关行车人员必须严格执行。

### 一、高速铁路信号分类

铁路信号包括视觉信号和听觉信号两大类。用信号机、信号旗、信号灯、信号牌、信号表示器、信号标志及火炬等显示的信号均属视觉信号，列控车载设备的速度显示也属视觉信号；用号角、口笛、机车和动车组的鸣笛等发出的信号均属听觉信号。

视觉信号的基本颜色规定为红、黄、绿 3 种。

（1）红色——停车。

（2）黄色——注意或降低速度。

（3）绿色——按规定速度运行。

## 二、高速铁路地面固定信号机设置

信号机按用途分为进站、出站、通过、进路、复示、调车信号机等。

### （一）车站固定信号机设置

（1）车站设置进站信号机、出站信号机，根据需要可设置进路信号机、调车信号机和复示信号机。

（2）中间站、越行站列车进路不宜设置调车信号机。

（3）桥梁地段信号机应采用七灯位矮型信号机。

（4）路基地段的高柱信号机构外缘与接触网带电部分距离不应小于 2 m，小于 2 m 及受地形地物影响时可采用七灯位矮型信号机。

（5）隧道内进站信号机可采用矮型单排五灯位组合式信号机构。

（6）除衔接车站外，车站出站信号机及发车进路信号机采用“红、绿、白”三灯位矮型信号机。

（7）调车信号机采用矮型信号机，尽头式车站到发线上阻挡列车运行的调车信号机采用尽头式到发线调车信号机。

### （二）动车段（所）固定信号机

（1）动车段（所）设置进站信号机、出站信号机，并应设置调车信号机。

（2）动车段（所）出站信号机受股道线间距限制时，可采用“红、黄、白”三灯位矮型机构。

（3）动车段（所）存车场股道中间设置的阻挡列车运行的调车信号机应采用“红、蓝、白”三灯位矮型信号机。

### （三）区间信号设置

（1）线路所应设置通过信号机，其信号机构与进站信号机相同。

（2）区间信号标志牌。

区间信号标志牌设在 CTCS-2/CTCS-3 级区段区间闭塞分区分界处。该标志牌面采用蓝色反光膜、黄色三角图案，蓝底色与黄色三角形图案间填充白色图样，其对应的号码牌面采用黑色反光膜、黄色边框、黄色字样。区间信号标志牌应设置于线路左侧，当受条件限制时，可设置于线路右侧。区间信号标志牌可安装在接触网支柱上、桥梁防护墙上、隧道壁上。

设于线路左侧时如图 1-1-1 所示，设于线路右侧时如图 1-1-2 所示。

图 1-1-1　区间信号标志牌设于线路左侧

图 1-1-2　区间信号标志牌设于线路右侧

（四）预告标设置

（1）车站进站信号机及线路所通过信号机外方 900 m、1 000 m、1 100 m 处应设置预告标。

（2）预告标可安装在接触网支柱上、桥梁防护墙上、隧道壁上。

（3）预告标应成组设置。对于距离较短无法成组设置预告标的区间，可不设置预告标。

预告标设置如图 1-1-3 所示。

图 1-1-3　预告标

（五）信号机设置位置

（1）进站信号机应设置在距进站最外方道岔尖轨尖端（顺向为警冲标）不小于 50 m 的位置，如因调车作业或制动距离等需要，可适当外延，一般不超过 400 m。

（2）有高速列车通过的车站，出站信号机宜设在距警冲标不小于 55 m 或距最近的对向道岔尖轨尖端不小于 50 m 的位置。尽头式车站出站信号机应设置在距警冲标不小于 5 m 的位置或临近的对向道岔岔前轨缝处。

（3）动车组运行进路上的调车信号机应设置在距警冲标不小于 5 m 处。

警冲标设在两会合线路线间距离为 4 m 的中间。线间距离不足 4 m 时，设在两线路中心线最大间距的起点处。在线路曲线部分所设道岔附近的警冲标与线路中心线间的距离应按限界的加宽增加。

警冲标如图 1-1-4 所示。

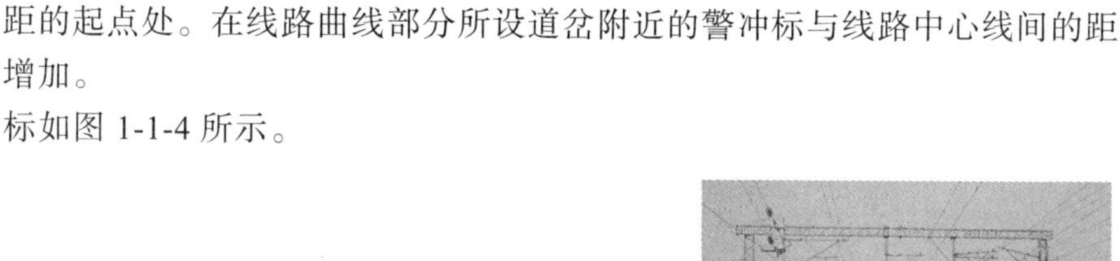


图 1-1-4　警冲标

### （六）常态灭灯与常态点灯

列控车载设备正常工作时，司机凭车载信号行车。车站及线路所列车信号机应常态灭灯不显示，仅起停车位置作用。对以隔离模式运行的动车组列车和施工路用列车，信号机点亮、灭灯视为红灯。这些信号机平时不着灯，可避免因地面信号与车载信号出现不一致时（如灯丝断丝）导致的混乱。仅运行动车组的高速铁路，遇列车未装设列控设备（包括维修车、轨道车等）或列控设备停用时，相应的列车信号机应经人工确认后转为点灯状态。

常态灭灯的车站（含无配线车站），出站信号机和防护区间道岔的通过信号机开放允许信号时，应检查站间空闲条件。

调车信号机及动车段（所）列车信号机应常态点灯。

#### 1. 常态灭灯的信号机转为点亮状态时的定位显示

（1）进站、出站、进路、调车信号机均以显示停车信号为定位。

（2）线路所的通过信号机以显示停车信号为定位，其他通过信号机以显示进行信号为定位。

#### 2. 常态点灯的信号机的关闭时机

（1）进站、进路、出站、通过信号机，当列车或动车组第一轮对越过该信号机后自动关闭。

（2）调车信号机在调车车列全部越过调车信号机后自动关闭；当调车信号机外方不设轨道占用检查装置或虽设轨道占用检查装置而占用时，应在调车车列全部出清调车信号机内方第一轨道区段后自动关闭，根据需要也可在调车车列第一轮对进入调车信号机内方第一轨道区段后自动关闭。

（3）引导信号应在列车头部越过信号机后及时关闭。

常态灭灯的进站、进路、出站、通过信号机转为点亮状态且开放允许信号或显示引导信号时，当列车或动车组第一轮对越过该信号机后自动关闭（点亮红灯），当其防护的进路解锁后红灯自动熄灭。

常态点灯的进站、进路、出站、通过信号机，常态灭灯的进站、出站、进路信号机以及线路所的通过信号机需转为点亮状态时，遇灯光熄灭、显示不明或显示不正确时，均视为停车信号。

## 三、地面信号机显示

地面信号机显示允许信号时，仅表示允许列车或车列越过该信号机，出站信号不区分进路方向。

### （一）进站色灯信号机显示

#### 1. 常态点灯的进站色灯信号机

（1）一个绿色灯光——准许列车按规定速度经道岔直向位置进入或通过车站，表示运行前方至少有3个闭塞分区空闲，如图1-1-5所示。

（2）一个绿色灯光和一个黄色灯光——准许列车按规定速度经道岔直向位置进入站内，表示次一架信号机经道岔直向位置开放一个黄灯，如图1-1-6所示。

图 1-1-5　一个绿色灯光

图 1-1-6　一个绿色灯光和一个黄色灯光

（3）一个黄色灯光——准许列车按限速要求经道岔直向位置进入站内正线准备停车，如图 1-1-7 所示。

（4）一个黄色闪光和一个黄色灯光——准许列车经 18 号及以上道岔侧向位置进入站内准备停车，且进路允许速度不低于 80 km/h，如图 1-1-8 所示。

图 1-1-7　一个黄色灯光

图 1-1-8　一个黄色闪光和一个黄色灯光

（5）两个黄色灯光——准许列车按限速要求越过该信号机，经道岔侧向位置［但不满足上述第（4）项条件］进入站内准备停车，如图 1-1-9 所示。

（6）一个红色灯光——不准列车越过该信号机，如图 1-1-10 所示。

图 1-1-9　两个黄色灯光

图 1-1-10　一个红色灯光

**2. 常态灭灯的进站色灯信号机转为点亮状态时**

（1）一个绿色灯光——准许列车按规定速度经道岔直向位置通过车站，表示运行前方区间空闲；或准许列车按规定速度经道岔直向位置进入车站，表示运行前方至少有 3 个闭塞分区空闲，如图 1-1-5 所示。

（2）一个绿色灯光和一个黄色灯光——准许列车按规定速度经道岔直向位置进入站内，表示次一架信号机经道岔直向位置开放一个黄灯，如图 1-1-6 所示。

（3）一个黄色灯光——准许列车按限速要求经道岔直向位置进入站内正线准备停车，如图 1-1-7 所示。

（4）一个黄色闪光和一个黄色灯光——准许列车经 18 号及以上道岔侧向位置进入站内准备停车，且进路允许速度不低于 80 km/h，如图 1-1-8 所示。

（5）两个黄色灯光——准许列车按限速要求越过该信号机，经道岔侧向位置［但不满足上述第（4）项条件］进入站内准备停车，如图 1-1-9 所示。

（6）一个红色灯光——不准列车越过该信号机，如图 1-1-10 所示。

### （二）出站色灯信号机显示

#### 1. 常态点灯的出站色灯信号机

（1）一个绿色灯光——准许列车由车站出发，表示运行前方至少有 3 个闭塞分区空闲，如图 1-1-11 所示。

（2）一个绿色灯光和一个黄色灯光——准许列车由车站出发，表示运行前方有两个闭塞分区空闲，如图 1-1-12 所示。

图 1-1-11　一个绿色灯光

图 1-1-12　一个绿色灯光和一个黄色灯光

（3）一个黄色灯光——准许列车由车站出发，表示运行前方有一个闭塞分区空闲，如图 1-1-13 所示。

（4）两个绿色灯光——准许列车由车站出发，开往半自动闭塞或自动站间闭塞区间，如图 1-1-14 所示。

图 1-1-13　一个黄色灯光

图 1-1-14　两个绿色灯光

（5）一个红色灯光——不准列车越过该信号机，如图 1-1-15 所示。

（6）在兼作调车信号机时，一个月白色灯光——准许越过该信号机调车，如图 1-1-16 所示。

图 1-1-15　一个红色灯光

图 1-1-16　一个月白色灯光

#### 2. 常态灭灯的出站色灯信号机转为点亮状态时

（1）一个绿色灯光——准许列车由车站以站间闭塞方式出发，表示运行前方区间空闲，如图 1-1-17 所示。

（2）一个红色灯光——不准列车越过该信号机，如图 1-1-18 所示。

（3）在兼作调车信号机时，一个月白色灯光——准许越过该信号机调车，如图 1-1-19 所示。

图 1-1-17　一个绿色灯光

图 1-1-18　一个红色灯光

图 1-1-19　一个月白色灯光

3. 动车段（所）的出站色灯信号机

（1）一个黄色灯光——准许列车由动车段（所）出发，表示发车进路建立且出站第一离去区段空闲，如图 1-1-20 所示。

（2）一个红色灯光——不准列车越过该信号机，如图 1-1-18 所示。

（3）在兼作调车信号机时，一个月白色灯光——准许越过该信号机调车，如图 1-1-19 所示。

图 1-1-20　一个黄色灯光

（三）通过色灯信号机显示

（1）一个绿色灯光——准许列车按规定速度运行，表示运行前方至少有三个闭塞分区空闲，如图 1-1-21 所示。

（2）一个绿色灯光和一个黄色灯光——准许列车按规定速度运行，要求注意准备减速，表示运行前方有两个闭塞分区空闲，如图 1-1-22 所示。

图 1-1-21　一个绿色灯光

图 1-1-22　一个绿色灯光和一个黄色灯光

（3）一个黄色灯光——要求列车减速运行，按规定限速要求越过该信号机，表示运行前方有一个闭塞分区空闲，如图 1-1-23 所示。

（4）一个红色灯光——列车应在该信号机前停车，如图 1-1-24 所示。

图 1-1-23　一个黄色灯光

图 1-1-24　一个红色灯光

（四）调车色灯信号机显示

（1）一个月白色灯光——准许越过该信号机调车，如图 1-1-25 所示。

（2）一个蓝色灯光——不准越过该信号机调车，如图 1-1-26 所示。

图 1-1-25　一个月白色灯光

图 1-1-26　一个蓝色灯光

接车进路及接发车进路色灯信号机的显示与进站色灯信号机相同。接车进路、发车进路及接发车进路色灯信号机兼作调车信号机时，一个月白色灯光——准许越过该信号机调车。

## 四、列控车载设备的“机车信号”显示

（一）列控车载设备的“机车信号”显示

（1）一个带“5”字的绿色灯光——表示列车运行前方至少有 7 个闭塞分区空闲。

（2）一个带“4”字的绿色灯光——表示列车运行前方有 6 个闭塞分区空闲。

（3）一个带“3”字的绿色灯光——表示列车运行前方有 5 个闭塞分区空闲。

（4）一个带“2”字的绿色灯光——表示列车运行前方有 4 个闭塞分区空闲。

（5）一个绿色灯光——表示列车运行前方有 3 个闭塞分区空闲。

（6）一个半绿半黄色灯光——表示列车运行前方有两个闭塞分区空闲。

（7）一个带“2”字的黄色闪光——表示列车运行前方有一个经直向进路的空闲闭塞分区，并预告次一个闭塞分区所在的进路开通经 18 号及以上道岔侧向位置，且进路允许速度不低于 80 km/h。

（8）一个带“2”字的黄色灯光——表示列车运行前方有一个经直向进路的空闲闭塞分区，并预告次一个闭塞分区空闲且开通经道岔侧向位置的进路［但不满足上述第（7）项条件］。

（9）一个黄色灯光——表示列车运行前方仅有一个经直向进路的空闲闭塞分区。

（10）一个双半黄色闪光——表示列车接近的地面信号机开通经 18 号及以上道岔侧向位置的进路，且进路允许速度不低于 80 km/h。

（11）一个双半黄色灯光——表示列车接近的地面信号机开通经道岔侧向位置的进路［但不满足上述第（10）项条件］。

（12）一个半黄半红色闪光——表示列车接近的地面信号机开通引导进路。

（13）一个半黄半红色灯光——表示列车运行前方进路未建立或信号未开放，要求及时采取停车措施。

（14）一个红色灯光——表示列车已进入未建立的进路、已越过地面上的禁止信号或已越过作为停车点的区间信号标志牌，或表示列车所在区段有灾害发生。

（15）一个白色灯光——不预告列车运行前方进路开通状态及地面信号开放状态。

无显示时，表示列控车载设备的“机车信号”在停止工作状态。

列控车载设备的“机车信号”显示如图 1-1-27 所示。

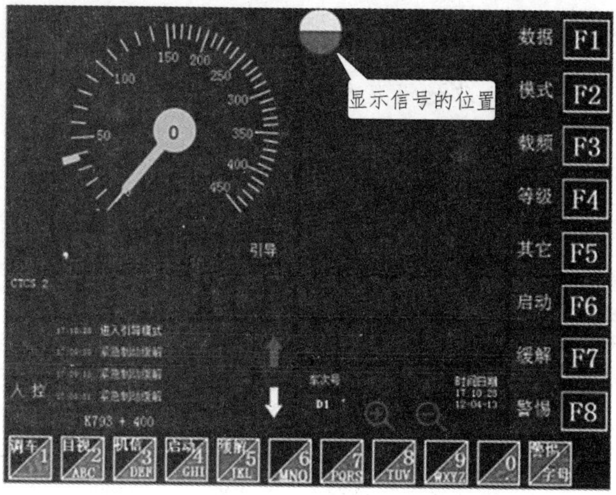


图 1-1-27　列控车载设备的“机车信号”显示

（二）列控车载设备人机界面（DMI）

对于 CTCS-2/CTCS-3 级列控车载设备人机界面（DMI），速度信号在速度表盘上以不同颜色的光带显示。速度信号显示包括列车当前速度、允许速度（列控车载设备允许列车在该时刻达到的安全运行速度）和目标速度（在该时刻列控车载设备提示列车在到达目标点的允许速度），如图 1-1-28 所示。

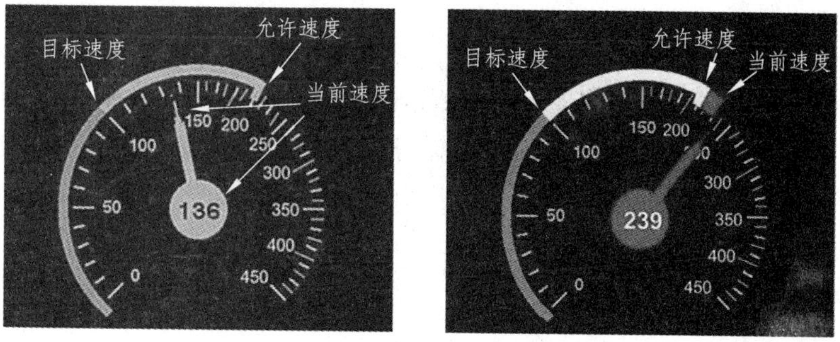


图 1-1-28　列控车载设备人机界面（DMI）

## 任务实施

根据以上相关知识，由老师组织学生分组讨论高速铁路地面信号机和列控车载设备的“机车信号”显示的意义，各小组指派代表进行总结汇报，并进行小组互评、教师点评，以提高学生运用理论知识解决实际问题的能力。

# 任务二　高速铁路轨道电路

## 能力目标

能正确识别高速铁路轨道电路的设置要求。

## 知识目标

掌握高速铁路轨道电路的作用；掌握高速铁路轨道电路系统的结构。

## 相关知识

高速铁路的信号基础设备，包括信号机、轨道电路、转辙设备、应答器、信号电源屏和电缆。这些设备根据高速铁路的运营需要进行针对性设计，以体现高速铁路的高可靠、高安全的要求。

## 一、轨道电路在高速铁路中的作用

### 1. 监督列车的占用

轨道电路的第一个作用是监督列车的占用。利用轨道电路监督列车在区间或列车和调车车列在站内的占用，是最常用的方法。由轨道电路反映该段线路是否空闲，为开放信号、建立进路或构成闭塞提供依据，同时还利用轨道电路的被占用关闭信号，把信号显示与轨道电路是否被占用结合起来。

### 2. 传递行车信息

轨道电路的第二个作用是传递行车信息。例如，移频轨道电路中传送的行车信息，为列车运行控制系统直接提供控制列车运行所需要的前行列车位置、运行前方信号机状态和车站进路等有关信息，以决定列车运行的目标速度，控制列车在当前运行速度下是否停车或减速。即轨道电路作为传递行车信息的通道。

## 二、高速铁路轨道电路的设置

### 1. 轨道电路的制式

在高速铁路中，区间采用客运专线 ZPW-2000A 型无绝缘轨道电路，用于列车占用检查和向列车提供前方闭塞分区的空闲信息。站内正线原则上采用与区间同制式的有绝缘轨道电路（又称一体化轨道电路）。中间站、越行站站内咽喉区比较简单，为减少站内轨道电路制式、简化工程设计，站内其他轨道区段也采用与正线同制式的有绝缘轨道电路。大站的正线及到发线采用与区间同制式的有绝缘轨道电路，站内的其他轨道电路区段采用 25 Hz 相敏轨道电路。

### 2. 轨道电路的设计长度

客运专线 ZPW-2000A 轨道电路的设计长度应符合列控车载设备可靠接收信息及邻线干扰防护的要求，用于站内时还应符合车站联锁系统可靠工作的要求。

站内无岔区段轨道电路需要提供列控信息时，其最小长度 $L_{\min}$ 应同时符合以下两公式的要求：

$$L_{\min} = v_{\max} \times 2.5\ \text{s} + L_{\text{常}}$$

$$L_{\min} \geqslant L_{\text{自}}$$

式中　$v_{\max}$——该区段的最高允许速度，当站场条件不能符合要求时，可按 CTCS-2 运用环境允许的最高速度（m/s）；

$L_{\text{常}}$——轨道电路余量 20 m；

$L_{\text{自}}$——轨道电路设备自身允许的最小长度（m）。

在站内轨道电路最小长度计算公式中，一般按该区段的最高允许速度取值，但是实际站场有时不能符合要求，此时可按 CTCS-2 级运用环境允许的最高速度取值。列车从 CTCS-3 级切换到 CTCS-2 级时，速度必须降到 CTCS-2 级允许的速度值，如果轨道电路长度按照 CTCS-2 级允许的速度进行设计，最多会延时 2.5 s 接收地面码序，进而延时 2.5 s 切换到 CTCS-2 级，但不影响列车运行安全。

站内轨道电路区段最小长度按以下条件考虑，并取其中的最大值作为最小长度。

（1）列车运行时车载设备需要可靠接收到轨道电路所传送的信息。

（2）列车或单机以允许的最高速度通过站内轨道区段时，该轨道区段应能正常解锁。

（3）轨道电路设备自身允许的最小长度，ZPW-2000A 轨道电路为 60 m。

当列车进路内各区段均发送列控信息时，列车运行于道岔区段任一个分支，都应确保车载设备可靠接收信息。

对于仅正线发码的车站，因其道岔区段的无受电分支（弯股）不需要发码，故列车进路经由道岔弯股时，该区段分支支路的长度仅需符合解锁要求即可。

### 3. 轨道电路频率设计

区间、车站轨道电路载频应统筹设计。区间闭塞分区分界点处绝缘两侧应采用不同的载频。站内上行正线、上行侧到发线采用 2 000 Hz、2 600 Hz；下行线正线、下行侧到发线采用 1 700 Hz、2 300 Hz。

ZPW-2000 系列轨道电路发送器的低频、载频等信息编码接口宜采用计算机通信方式。

区间轨道电路的正常码序应为 L5—L4—L3—L2—L—LU—U—HU。车站接、发车进路轨道电路低频信息应与其接近的信号机防护的进路条件相符。

按照高速铁路 CTCS-2 级列控系统技术设备管理基本要求，明确了“当车站侧向接车进路有低于 80 km/h 的临时限速时，进站或进路信号机不得显示‘一个黄色闪光和一个黄色灯光’；当侧向发车进路上有低于 80 km/h 的临时限速时，出站信号机的接近区段发送 UU 码”。

### 4. 轨道电路传输电缆的长度

高速铁路信号设备用电缆有高速铁路数字信号电缆和高速铁路应答器数据传输电缆。

ZPW-2000 系列轨道电路传输电缆的长度不应大于 10 km。300 km/h 及以上的高速铁路对设备运用稳定性的要求更高，电缆长度不宜大于 7.5 km。当该电缆长度超过上述规定时，宜设区间信号中继站。

站内渡线、工区线路等区域宜采取措施改善轨道电路的分路性能。

（1）型号规格和表示方法。

型号组成如图 1-2-1 所示，各部分用代号表示。

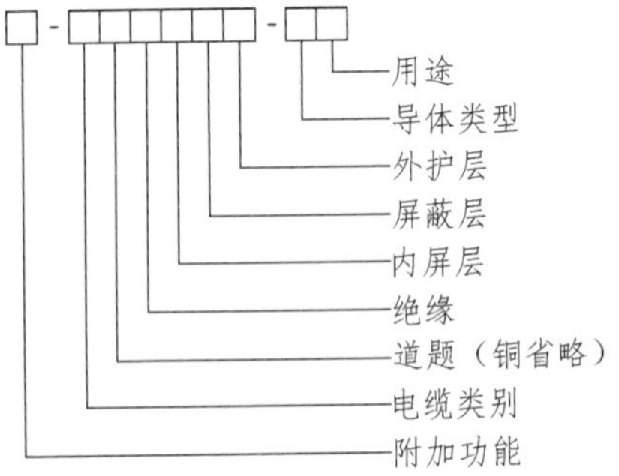


图 1-2-1　高速铁路信号设备用电缆的各部分代号表示

（2）电缆结构。

高速铁路电缆结构包括导体、绝缘、线组、缆芯、屏蔽层和外护层。

① 导体。

单根导体应采用冷压焊接方式接续。绞合导体不允许整股接续，参与绞合的单根导体同一层内相邻两个接头之间的距离不应小于 300 mm。导体接续处的抗拉强度不应小于无接头导体抗拉强度的 90%。绝缘应具有完整性。

② 绝缘。

电缆绝缘采用"皮-泡-皮"3 层共挤物理发泡聚烯烃绝缘、聚烯烃绝缘或交联聚乙烯绝缘；绝缘线芯应使用阿拉伯数字、颜色或标志带来区分。

③ 线组。

对线组由两根不同颜色的绝缘线芯左向绞合而成。星形四线组由 4 根不同颜色的绝缘线芯左向绞合而成，不同绞合节距的星形四线组应疏绕不同颜色的非吸湿性丝或带，绞合节距不应大于 300 mm。

④ 缆芯。

四芯电缆的缆芯由 4 根不同颜色、标志带或阿拉伯数字的绝缘线芯左向绞合而成，缆芯多包覆非吸湿性绝缘材料带。

除四芯及以下电缆外，其他规格的缆芯外层绞合方向均为右向，相邻层绞向相反。缆芯外包覆与工作温度相适应的非吸湿性绝缘材料或非吸湿性绝缘材料带。

⑤ 屏蔽层。

电缆的屏蔽结构有铝护套屏蔽、铜带屏蔽、铝塑综合护套屏蔽和金属丝编织屏蔽 4 种。

⑥ 外护层。

电缆外护套可分为聚乙烯外护套、普通阻燃聚烯烃外护套、无卤低烟阻燃聚烯烃外护套、防白蚁外护套和聚氨酯外护套。

（3）高速铁路电缆的使用要求。

信号传输线路应采用与设备需求相适应的电缆或光缆。

① ZPW-2000 系列轨道电路电缆。

两个频率相同的发送与接收电缆不得采用同一根电缆；两个频率相同的发送电缆不得设置在同一屏蔽四芯组内；两个频率相同的接收电缆不得设置在同一屏蔽四芯组内；电缆中有两个及以上相同频率的发送电缆或有两个及以上相同频率的接收电缆时，该电缆应采用内屏蔽数字信号电缆；电缆中各发送、各接收频率均不相同时，宜采用非内屏蔽数字信号电缆，但线对应按四线组对角线成对使用。

② 应答器数据传输电缆。

每台有源应答器宜单独采用四芯应答器数据传输电缆，主用两芯，备用两芯。

③ 隧道、综合站房内信号电缆。

隧道、综合站房内信号电缆应采用无卤低烟阻燃型电缆。对易产生火源的车站站台等处电缆，应采取填砂、密封电缆、盖板等防火措施。

④ 区间信号电缆宜按上、下行线分槽敷设。

采用两侧敷设将简化与土建的接口，减少过轨手孔的设置数量，有利于土建工程的实施。高速铁路桥梁占整个线路长度的比例较高，桥梁地段受结构设计限制，电缆过轨困难，需要分槽敷设。

⑤ 区间及站内信号干线电缆应采用电缆槽防护。

设置电缆槽可为以后信号设备更新改造预留敷设电缆的条件，还可在预留过轨钢管位置与实际电缆过轨位置不一致的情况下提供信号电缆在另一侧敷设的条件。

室内电线路应设置槽管防护，并采取防鼠、防火措施。

## 三、客运专线 ZPW-2000A 型轨道电路

高速铁路区间采用客运专线 ZPW-2000A 型无绝缘轨道电路；中间站站内采用客运专线 ZPW-2000A 型轨道电路，复杂大站正线及到发线采用客运专线 ZPW-2000A 型轨道电路。咽喉区轨道区段两端采用机械绝缘节，股道分割处采用机械绝缘节。

### （一）技术特点

（1）发送器、接收器载频选择通过列控中心进行集中配置，发送器采用无接点的计算机编码方式。

（2）带有监测和故障诊断功能，为系统的状态修提供了技术支持。

（3）站内采用与区间同制式的轨道电路，提高了系统的可靠性。

（4）站内道岔区段的弯股采用与直股并联的一送一受轨道电路结构，使道岔分支长度延长到 160 m，提高了车载设备在站内使用的安全性、灵活性，便于设计。

列控中心与轨道电路的关系如图 1-2-2 所示。

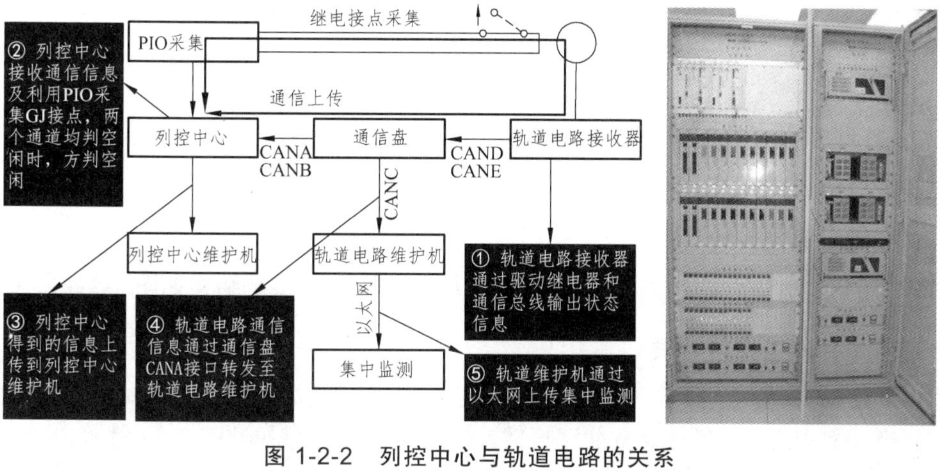


图 1-2-2　列控中心与轨道电路的关系

（二）设备设置

轨道电路设备集中设置在车站或区间中继站。车站与区间中继站、区间中继站与区间中继站间的距离一般情况下不超过 15 km。

（三）区间轨道电路

区间采用计算机编码控制的客运专线 ZPW-2000A 型无绝缘轨道电路，轨道电路的传输长度满足相关技术条件的要求。当道床不能满足轨道电路传输要求时，可采用计轴轨道检查装置等手段实现列车占用检查。

电气绝缘节-电气绝缘节轨道电路系统结构如图 1-2-3 所示。

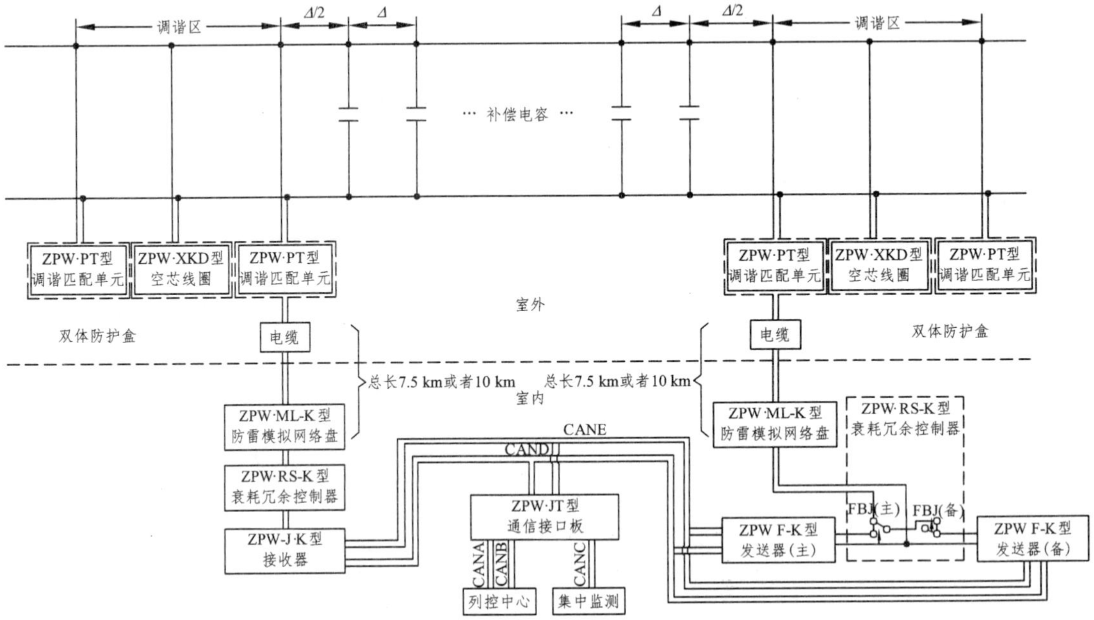


**图 1-2-3　区间电气绝缘节-电气绝缘节轨道电路系统结构**

当闭塞分区长度大于轨道电路工程设计长度时，应采用分割点，将闭塞分区分割成二、三段（或更多段）轨道电路，各段轨道电路载频不同，需统一排列。

（四）站内轨道电路

大站的正线及股道区段采用客运专线 ZPW-2000A 型有绝缘轨道电路。一般车站（中间站、越行站及线路所），全站采用客运专线 ZPW-2000A 型有绝缘轨道电路。

**1. 轨道电路系统结构**

站内一体化轨道电路的机械绝缘节-机械绝缘节轨道电路系统结构如图 1-2-4 所示。

**2. 站内股道轨道电路长度**

站内股道 ZPW-2000A 型轨道电路长度不应大于 650 m。最小长度应满足列车以最高运行速度通过该轨道区段时，车载设备能够正常接收轨道电路信息（暂按 2.5 s 计算）。

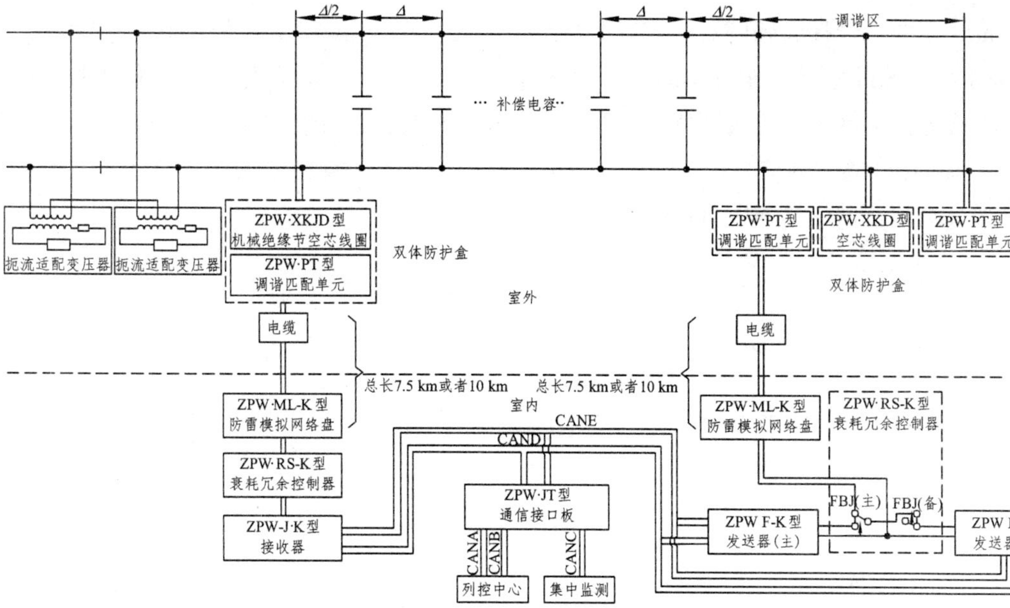


**图 1-2-4　站内机械绝缘节-机械绝缘节轨道电路系统结构**

为避免邻线轨道电路的干扰，当站内横向相邻同方向载频的轨道电路长度超过 650 m（线间距不小于 5 m）时，应对轨道电路进行分割。

道岔区段 ZPW-2000A 型机械绝缘轨道电路长度一般小于 400 m，包含 1 ~ 2 个道岔分支，特殊情况不应超过 600 m。每个道岔区段不宜超过两个道岔。当区段只有一个道岔时，无受电分支长度不应大于 120 m。当区段有两个道岔时，每个无受电分支长度分别不应大于 60 m 和 120 m。

### （五）道岔区段轨道电路

道岔区段轨道电路采用“分支并联”一送一受轨道电路结构，以实现道岔弯股的分路检查防护和车载信号信息的连续性传输。

高速铁路列车控制系统的车载设备，要求地面轨道电路系统提供车载信息，其传送的信息必须能够实时、连续、稳定地被车载设备接收，这就要求地面轨道电路系统提供给车载信号设备的信息，必须在时间和空间上是连续的。

#### 1. 时间上的连续

对于时间上的连续，由于站内采用了与区间同制式的轨道电路，可以确保地面轨道电路系统提供给列车车载设备的信息在时间上的连续性。

#### 2. 空间上的连续

对于空间上的连续，其主要问题存在于机械绝缘节和弯股。

由于受到机械绝缘节结构的影响，轨道电路设备的安装必然要离开机械绝缘节一定的距离（距轨缝 0.6 ~ 0.8 m）。因此，列车过机械绝缘节时，因受到轨道电路设备安装位置的限制和车载信号接收感应器的安装位置限制（车载信号设备的接收线圈距第一轮对的距离最大可达 1.0 m），车载信号接收感应器在轨道电路的机械绝缘节两边均存在一段车载信号接收“盲区”（为 1.6 ~ 1.8 m）。为了消除车载信号设备的接收“盲区”，在道岔绝缘节处采用改变道岔跳线的走线方式（称为“跳线换位”），以及对轨道电路钢轨引接线的安装方式采取迂回走线处理，这样可以消除车载信号设备在机械绝缘节处的信息中断问题。“跳线换位”和在轨道电路收发端处采用轨道电路钢轨引接线迂回的方法，分别如图 1-2-5 和图 1-2-6 所示。

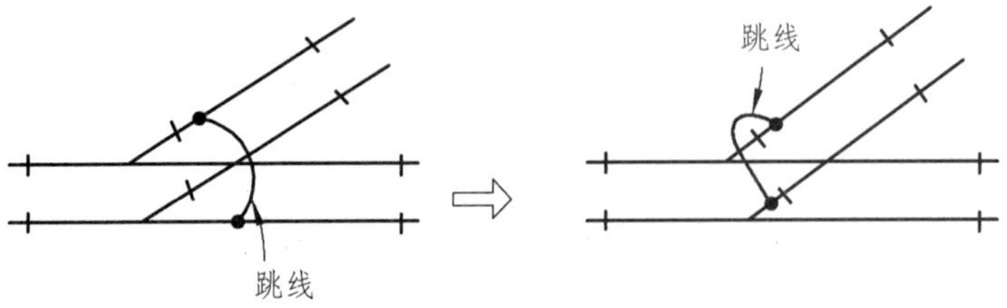


图 1-2-5　跳线换位

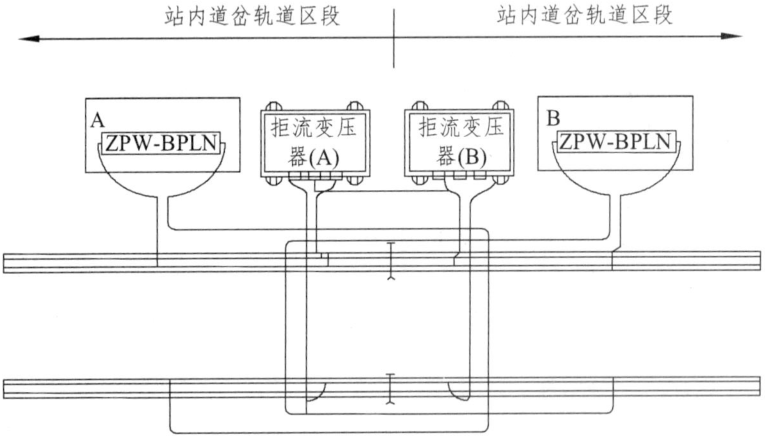


图 1-2-6　机械绝缘节处轨道电路钢轨引接线迂回设置

### 3. 道岔区段的弯股空间上连续

道岔区段的弯股分支长度远大于 30 m，且弯股侧线在一定条件下需要车载信息连续。为了使地面轨道电路系统提供给列车车载信号设备的信息在空间上连续，且足以动作车载信号设备，必须采取道岔跳线换位和增设道岔跳线的措施。这样，才能使运行于道岔区段内的列车，在弯股的无受电分支的任何地点均能连续、正确和稳定地接收到列车车载信号设备的控制信息。

在弯股每间隔一定的距离就增设一组道岔跳线，以强制车载信号设备的控制信息电流流经列车车载信号设备接收感应线圈下方的钢轨内。“道岔跳线”从道岔弯股末端（即道岔弯股的轨道绝缘节）起，向岔心方向（即道岔绝缘节）依次间隔设置，间隔不大于 20 m，岔心间隔不大于 30 m，两端部必须设置“跳线”。“跳线”采用带绝缘护套的、与 70 $mm^2$ 的铜导线相当的钢包铜线。

车站全进路发码时，道岔“跳线”引线布置如图 1-2-7 所示。

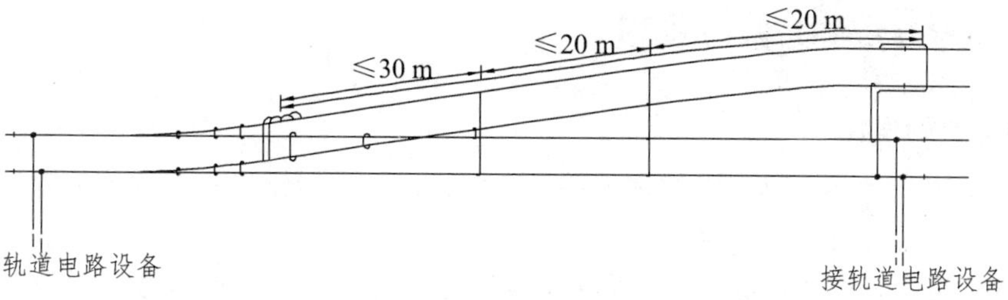


图 1-2-7　车站全进路发码时道岔“跳线”引线布置

车站仅正线与到发线股道发码时，道岔“跳线”引线布置如图 1-2-8 所示。

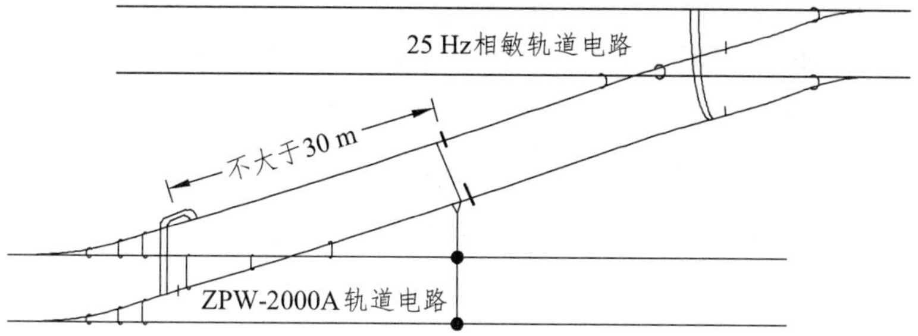


图 1-2-8　车站仅正线与到发线股道发码时道岔“跳线”引线布置

### 任务实施

根据以上相关知识，由老师组织学生分组讨论高速铁路轨道电路的组成及作用，各小组指派代表进行总结汇报，并进行小组互评、教师点评，以提高学生运用理论知识解决实际问题的能力。

## 任务三　高速铁路道岔转换及道岔融雪设备

### 能力目标

能识别道岔转换设备及道岔融雪设备的组成。

### 知识目标

掌握道岔转换设备及道岔融雪设备的设置；掌握道岔转换设备及道岔融雪设备的组成。

### 相关知识

道岔转换设备包括转辙机、外锁闭装置、密贴检查器、下拉装置，用来对道岔进行转换和锁闭，并给出道岔表示。

道岔融雪设备是防雪灾的重要设备，由控制中心、车站控制终端、控制柜、环境检测装置、电加热元件、隔离变压器、接线盒、连接线缆和信息通道等组成。

## 一、道岔转换设备的设置

### 1. 转辙机的设置

一组道岔由一台转辙机牵引的称为单机牵引，由两台转辙机牵引的称为双机牵引，由两台以上转辙机牵引的称为多机牵引。

高速铁路站内正线与到发线连接及两正线间的渡线采用18号提速道岔，联络线采用42号、62号道岔。以上道岔均为可动心轨，采用外锁闭方式，由交流转辙机牵引。交流转辙机有S700K型、ZYJ7型、ZDJ9型。必须多点牵引、多点检查。转辙机的数量要视道岔号码而定。

高速铁路所用18号提速道岔尖轨长度为22.01 m，有5个牵引点，3个尖轨，两个可动心轨。42号道岔尖轨长度为47.248 m，可动心轨辙岔长度为24.05 m，分别分6个和3个牵引点。62号道岔尖轨有8个牵引点，可动心轨有4个牵引点。每个牵引点需设一台转辙机。

### 2. 转辙机、外锁闭装置、密贴检查器的安装

18号提速道岔采用转辙机、外锁闭装置、密贴检查器各3台。提速道岔尖轨的转辙机、外锁闭装置、密贴检查器的安装如图1-3-1所示。

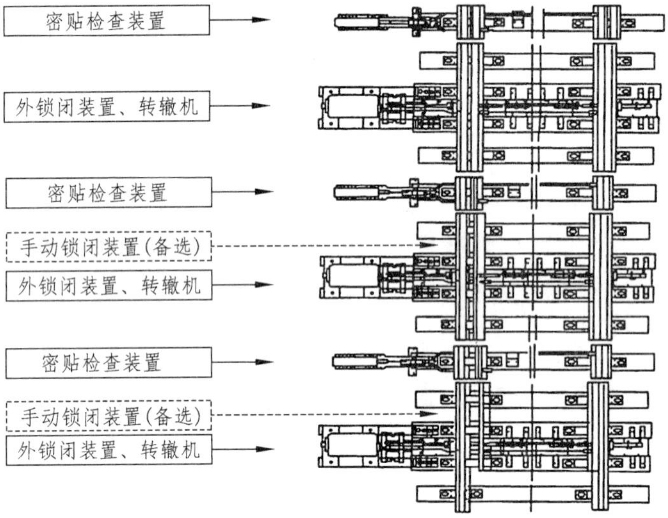


图1-3-1 18号提速道岔尖轨的转换设备安装示意图

18号提速道岔心轨采用两台转辙机、外锁闭装置，1台下拉装置。转辙机、外锁闭装置、密贴检查器的安装如图1-3-2所示。

## 二、外锁闭装置

### 1. 分动外锁闭

当道岔由转辙机带动转换至某个特定位置后，通过本身所依附的锁闭装置，直接把尖轨与基本轨或心轨与翼轨密贴夹紧并固定，称为道岔的外锁闭。即道岔的锁闭主要不是依靠转辙机内部的锁闭装置，而是依靠转辙机外部的锁闭装置实现的。

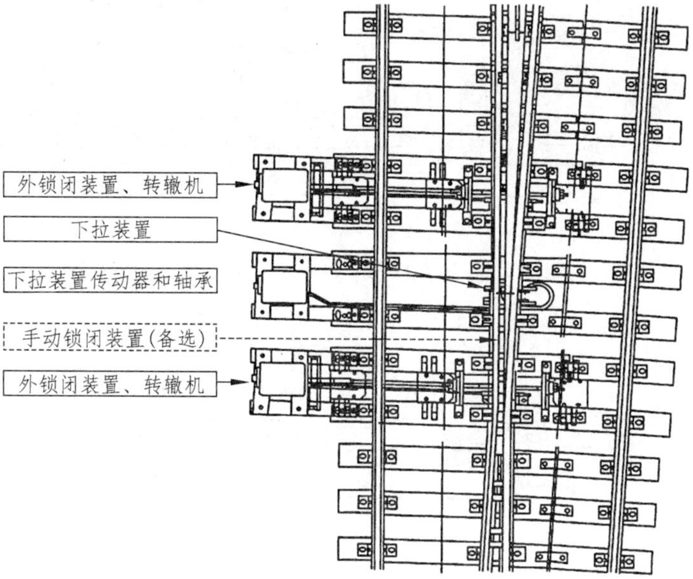


图 1-3-2　18 号提速道岔心轨的转换设备安装示意图

分动外锁闭道岔尖轨转换采用分动方式，设多个牵引点，做到尖轨全程密贴，以防止尖轨反弹。可动心轨也采用多点牵引。

2. HRS 锁闭装置

HRS 锁闭装置是专用于无砟道岔的锁闭装置。HRS 锁闭装置的特殊设计使得尖轨与弹性支撑的基本轨一起在水平和竖向移动，从而确保尖轨岔尖的提升能与在高速运行条件下弹性变形的基本轨相平衡，从而有效地保护尖轨岔尖不会被撞击。

HRS 锁闭装置固定了尖轨和基本轨的相对位置。在连杆中弹条的特殊运动允许锁闭装置的脱扣、移动和固定。在转换时，尖轨从滑床板上抬起。弹条的形式使它能够水平地紧固尖轨和竖向地紧固基本轨。尖轨和基本轨之间的高差在基本轨的弹性降低后保持平整。承式伸缩支撑杆的形式允许尖轨相对于基本轨之间有 ± 40 mm 的纵向移动量（自动补偿尖轨的位移）。这样尽管高速道岔的尖轨很长，而且冬、夏温差很大，也能避免锁闭装置被卡住。

尖轨的 HRS 锁闭装置如图 1-3-3 所示。单肢可动心轨（用于 18 号道岔）的 HRS 锁闭装置如图 1-3-4 所示。双肢可动心轨（用于 42 号道岔）的 HRS 锁闭装置如图 1-3-5 所示。

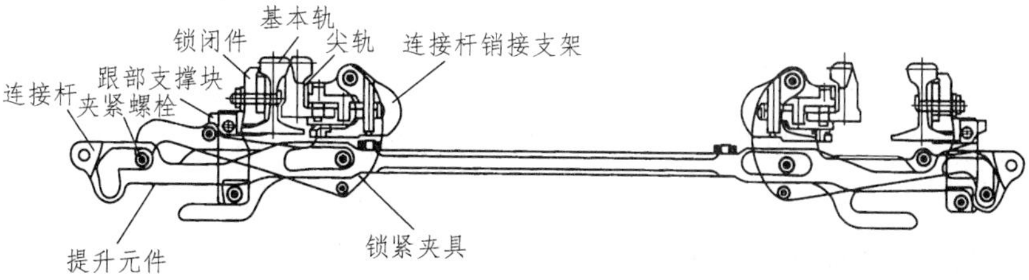


图 1-3-3　尖轨的 HRS 锁闭装置

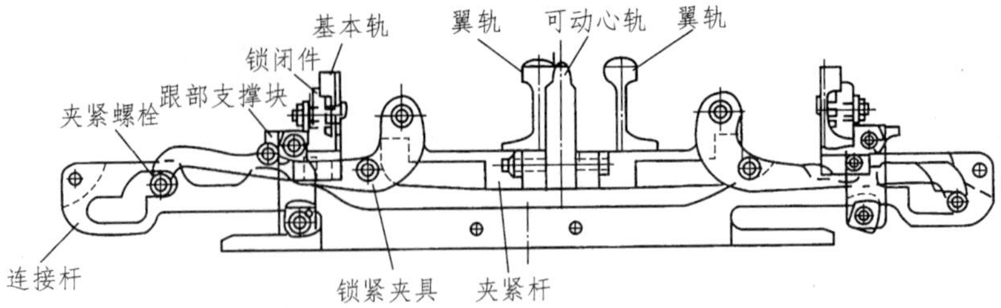


图 1-3-4　单肢可动心轨的 HRS 锁闭装置（用于 18 号道岔）

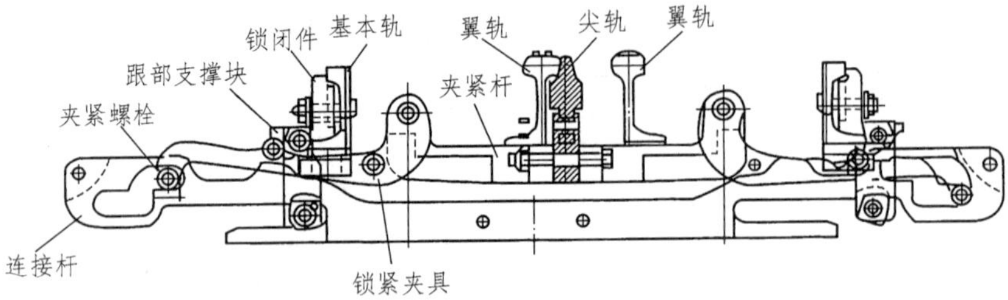


图 1-3-5　双肢可动心轨的 HRS 锁闭装置（用于 42 号道岔）

HRS 锁闭装置动作过程经过解锁、转换、锁闭 3 个过程。

（1）解锁。

如图 1-3-3 所示，开始转换前，尖轨处于右侧密贴锁闭状态。在转辙机的动作杆带动 HRS 连接杆自左向右伸出运动时，连接杆右侧的提升元件与偏心螺栓的弹性辊轮接触，将右侧连接杆抬起，由于锁紧夹具和连杆是一体的，锁紧夹具也同时抬起，带动右侧尖轨向右运动，道岔开程逐渐减小，同时也向上方抬起，尖轨被从滑床板上抬起，减少了尖轨的转换阻力。在运动过程中，左侧的弹性辊轮保持横向水平位置尖轨锁闭，当弹性辊轮超过搭接量开始逐渐向下运动并落入连杆的底部时，偏心螺栓离开锁闭力支点的跟部支撑块，完成道岔的解锁过程。

（2）转换。

锁紧夹、点承式伸缩支撑杆在连接杆带动下继续运动，当右侧尖轨与基本轨密贴后，偏心螺栓的弹性辊轮离开连接杆底部竖直向上运动，准备锁闭尖轨。

（3）锁闭。

偏心螺栓的弹性辊轮竖直向上运动，同时偏心螺栓也向跟部支撑块运动，将跟部支撑块作为锁闭力支点，将尖轨下拉与基本轨紧紧锁闭，弹性辊轮水平移动直至连接杆无搭接量，道岔完成锁闭。

## 三、ZDJ9 系列电动转辙机

ZDJ9 型电动转辙机是为我国铁路提速的需要研制的，借鉴了国内外成熟的先进技术，结合我国铁路线路和道岔的实际情况进行了优化设计，并根据道岔的不同转换过程和转换力以及交流、直流不同供电方式开发的系列产品。ZDJ9 型电动转辙机具有转换力大、效率高等特点，既适用于多点牵引分动外锁闭道岔的转换，也可用于尖轨联动的内锁闭道岔的转换。

ZDJ9 型电动转辙机采用滚珠丝杠减速，效率较高；并采用三相 380 V 交流电机，故障少，电缆单芯控制距离长。

ZDJ9 型转辙机结构如图 1-3-6 所示，由底壳、盖、电动机、减速器、摩擦连接器、滚珠丝杠、动作杆、左右锁闭杆、接点组、安全开关组、挤脱器、接线端子等组成。

转辙机和外锁闭装置现场设备如图 1-3-7 所示。

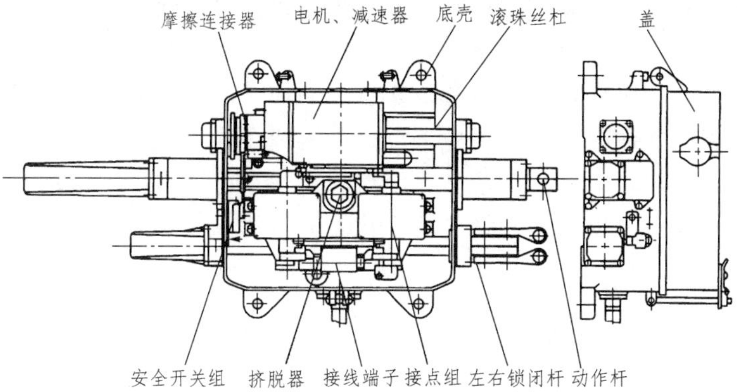


图 1-3-6　ZDJ9 型电动转辙机结构

图 1-3-7　转辙机和外锁闭装置

## 四、密贴检查器

密贴检查器用于检查尖轨和可动心轨的密贴状态，也可以用于道岔挤岔时切断表示。200 km/h 以上区段的道岔必须安装密贴检查器。根据工作原理，密贴检查器分为直线式、摆动式。

JM-A 型密贴检查器为直线式密贴检查器。直线式密贴检查器是指其表示接点的通、断由随尖轨做直线运动的表示杆缺口控制的密贴检查工作方式。

JM-A 型密贴检查器结构示意如图 1-3-8 所示，由表示杆、启动片、速动片、接点组等组成。每台检查器设有两组表示接点和两组斥离接点。接点系统采用圆弧接点，在动接点轴上装配有用花键连接的调整板、动接点组和拐臂。

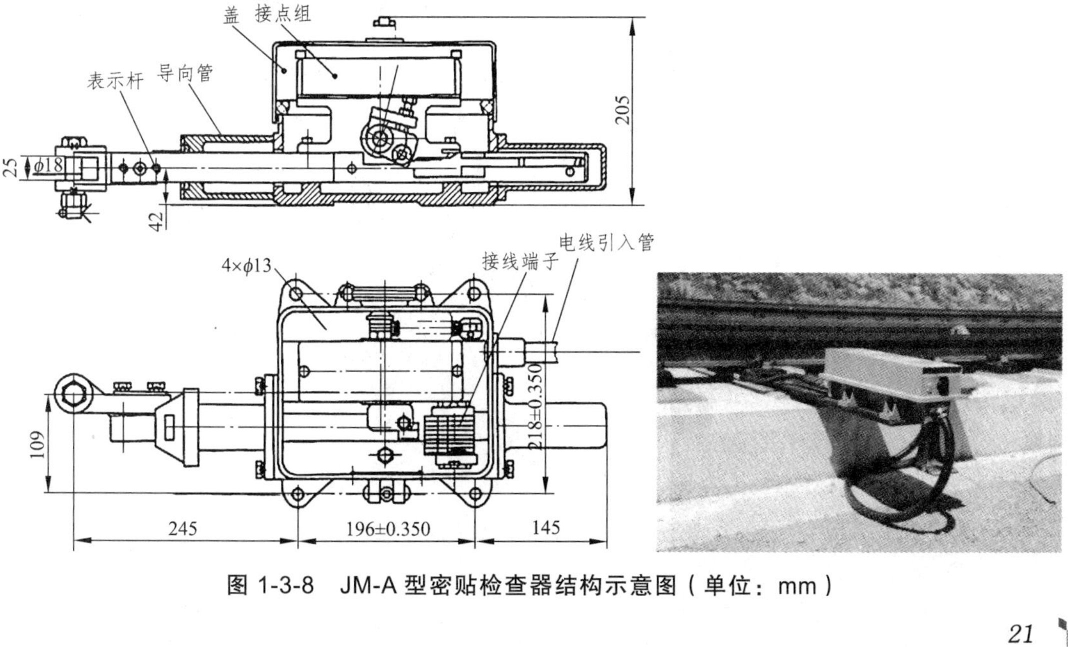


图 1-3-8　JM-A 型密贴检查器结构示意图（单位：mm）

## 五、下拉装置

弹性支撑的可动心轨辙叉，在心轨尖端也会产生惯性力。当列车通过可动心轨时，翼轨或者可动心轨会弹性地下沉，使心轨尖端和翼轨的相互高度发生变化。车轮到达心轨尖端，会产生较大的表面压力并且增加磨损。此外，突然撞击并且下压心轨尖端至弹性变形的滑床板上，将产生很大的动态力，会增大对滑床板的表面和闭塞点的磨损，而且也会增加噪声。

辙叉下拉装置使用液压下拉夹具使两个部件平稳地下沉，以避免在这个重叠区域的高动态荷载，防止可动心轨和弹性支撑翼轨之间的相对移动，使得高速列车通过心轨尖端时不会产生惯性力。该装置与翼轨相连，并用一根连接杆将可动心轨下拉至滑床板上。辙叉下拉装置结构示意如图 1-3-9 所示。

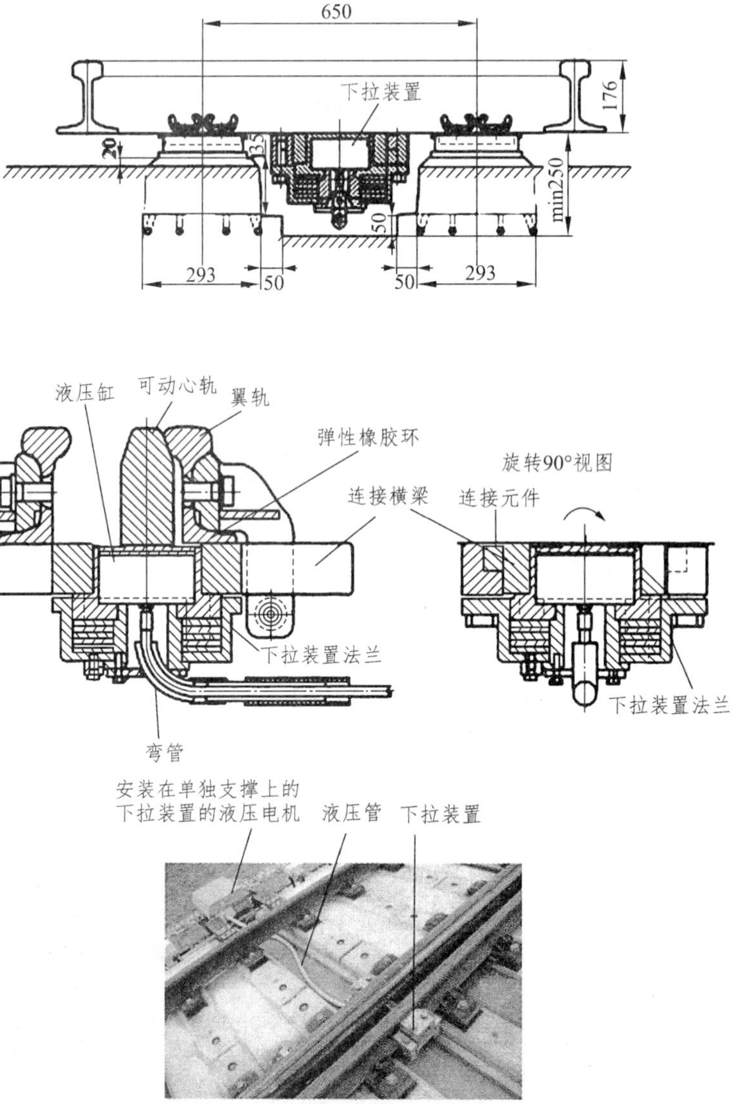


图 1-3-9　下拉装置结构示意图

## 六、道岔融雪设备

运行速度 200 km/h 及以上的高速铁路需安装电加热道岔融雪设备（简称融雪设备）。当发生降雪或温度变化时，系统可自动或人工启动电加热融雪电路。融雪设备是防雪灾的重要设备。

### 1. 系统组成

融雪设备由控制中心、车站控制终端、控制柜、环境检测装置、电加热元件、隔离变压器、接线盒、连接线缆和信息通道等组成。集中供电方式融雪设备框图如图 1-3-10 所示，分散供电方式融雪设备框图如图 1-3-11 所示。

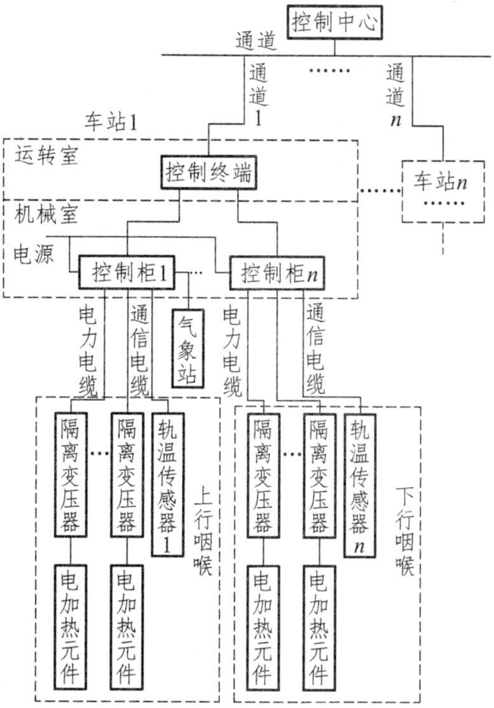


图 1-3-10　集中供电方式融雪设备框图

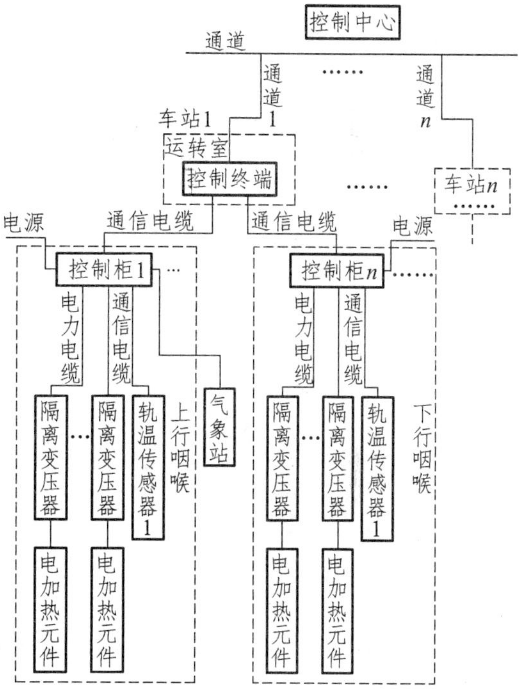


图 1-3-11　分散供电方式融雪设备框图

### 2. 控制方式

融雪设备应具有手动和自动控制方式。手动控制优先，处于手动控制方式时，自动控制无效。融雪设备处于自动控制方式时，由控制中心进行远程控制。

融雪设备在实现各种工作方式时，根据使用操作级别设有身份认证等安全手段。

融雪设备加热电路的启动应采用逐路接通方式。融雪设备断电在 10 min 以内时应保持原来的工作状态，加热电路的启动仍为逐路接通方式。

控制中心设备故障不应影响车站融雪系统正常工作，车站融雪设备故障不应影响控制中心正常工作，单路故障不应影响其他电路正常工作。

传感器故障后，车站或控制中心应能启动或关闭任一输出加热电路。

融雪设备断电后各种信息不应丢失。

控制命令（信息）与执行结果进行校核，不一致时应报警。

车站融雪设备在进行控制方式转换时，原加热电路工作状态不应发生变化。

系统网络中各站控制终端时钟以控制中心的时钟为准并自动校核。系统信息变化的响应时间不大于 6 s。

### 任务实施

根据以上相关知识，由老师组织学生分组讨论高速铁路道岔转换及道岔融雪设备的组成和作用，各小组指派代表进行总结汇报，并进行小组互评、教师点评，以提高学生运用理论知识解决实际问题的能力。

## 任务四　高速铁路应答器

### 能力目标

能识别应答器的设置位置。

### 知识目标

掌握应答器的作用及组成；掌握应答器的设置位置。

### 相关知识

随着列车运行速度的不断提高，仅依靠轨道电路发送闭塞信息，在信息量方面已经不能满足列车安全高速行驶的要求，因此，需增加应答器向列控车载设备提供大量固定信息和可变信息。应答器是 CTCS-2 级列控系统中车地信息传输的主要设备之一，CTCS-3 级列控系统也通过应答器传送相关信息。

地面应答器设备包括无源应答器、有源应答器、地面电子单元（LEU）以及应答器读写工具等。为实现系统功能，列控地面设备还通过列控中心与车站联锁系统、CTC 车站分机连接。

### 一、应答器的功能

应答器有以下功能：接收电能信号，探测、解调远程能量信号；产生上行链路信号，通过接口 A1 向列控车载设备传送报文；选择启动方式，确定是发送自身存储的报文，还是发送接口 C 来的报文；串音防护；管理操作/编程模式；接收来自接口 C 的数据；控制 I/O 接口特性；产生“列车通过”信号。应答器电路板原理如图 1-4-1 所示。

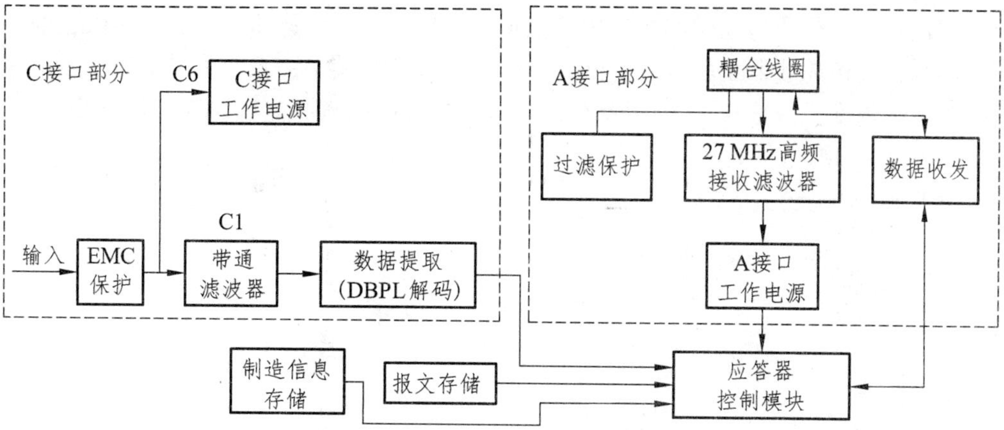


图 1-4-1　应答器电路板原理框图

应答器向列控车载设备传送以下信息：

（1）线路基本参数：如线路坡度、轨道区段长度等参数。

（2）线路速度信息：如线路最大允许速度、列车最大允许速度等。

（3）临时限速信息：当由于施工等原因引起的对列车运行速度进行限制时，向列车提供临时限速信息。

（4）车站进路信息：根据车站接发车进路，向列车提供线路坡度、线路速度、轨道区段等线路参数。

（5）道岔信息：给出前方道岔侧向允许列车运行的速度。

（6）特殊定位信息：如升降弓、进出隧道、鸣笛、列车定位等。

（7）其他信息：固定障碍物信息、列车运行目标数据、链接数据等。

应答器用于向 CTCS-2 级列控系统车载设备提供线路速度、线路坡度、轨道电路、临时限速等线路参数信息，向 CTCS-3 级列控系统车载设备提供位置定位、级间转换、建立无线通信等信息。

应答器以报文的形式发送信息，因此，需要定义报文的格式及其所代表的含义。我国列控系统中，应答器报文采用欧洲标准。每条应答器报文都由一个 50 位的报文帧头、若干信息包以及一个 8 位的结束包构成，共计 830 位，每个信息包都具有各自的格式和定义。为了保证传输的安全性和可靠性，要按照欧洲标准对其进行加扰编码，形成 1 023 位的传输报文，应答器、LEU、列控中心中存储和传输的都是 1 023 位的报文。

## 二、应答器的分类

根据应答器所传输报文是否可变，应答器分为固定信息应答器（无源应答器）和可变信息应答器（有源应答器）。

每个无源应答器预先固定写入一条应答器报文，列车经过该应答器时，固定发送预先写入的报文。无源应答器用于发送固定不变的数据，设于闭塞分区入口和车站进、出口处，用于向列控车载设备传输闭塞分区长度、线路速度、线路坡度、列车定位等静态信息。

有源应答器设置于车站进、出口处，通过专用的应答器电缆与 LEU 连接，根据 LEU 设备所发送的报文，变化地向列车传送应答器报文信息，主要是进路信息和临时限速信息。有源应答器的报文按应答器编码规则编制，内容包括编号、链接关系、临时限速（至限速始点距离、限速区长度、限速速度）、进路长度、电码化及线路载频、线路固定信息等。

应答器安装如图 1-4-2 所示。

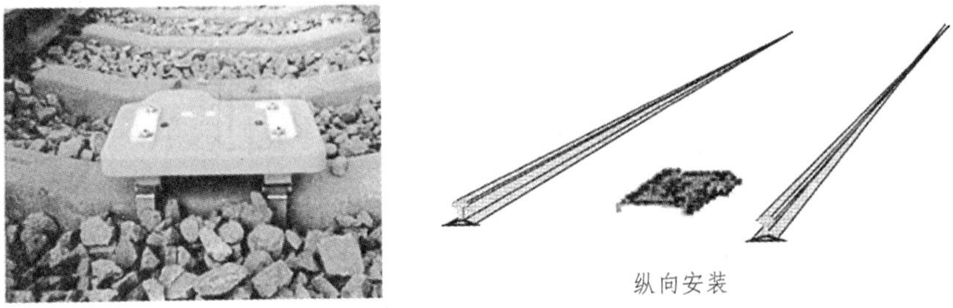


图 1-4-2　应答器安装图

## 三、CTCS-2 级应答器的设置

### （一）应答器组

为完成传送数据报文的任务，应答器经常要成组运用，构成应答器组。应答器组由 2 ~ 8 个应答器组成。组内相邻应答器间的最小距离应为 5.0 m + 0.5 m。

### （二）应答器的设置

在 CTCS-2 级区段，应答器的设置分为进站信号机外方设置的应答器组、出站信号机外方设置的应答器、区间设置的应答器组、设置特殊用途的应答器组（包括用于列控等级切换和大号码道岔的应答器组）。应答器布置如图 1-4-3 所示。

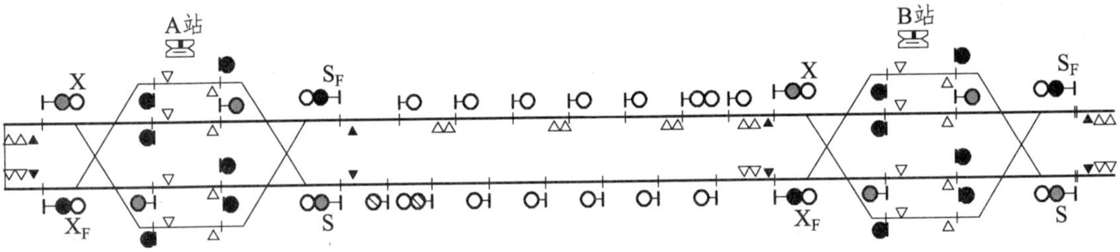


图 1-4-3　应答器布置

#### 1. 进站信号机应答器组

进站信号机外方 30 m ± 0.5 m（从靠近绝缘节的应答器计算）处设置由有源应答器和无源应答器组成的应答器组（JZ），提供临时限速、接车进路参数、调车危险及发车方向的区间轨道电路和线路参数等信息。

（1）正向进站口。

正向进站口第一个应答器为无源应答器，用于提供反方向行车时所需要的数据，如反向链接、反向运行、反向运行的轨道区段和调车危险信息包。进站口第二（三）个应答器为有源应答器，用于提供列车正向进站所需要的数据，如正向链接、线路坡度、轨道区段、临时限速信息包；当排列反向发车进路时，发送反向运行、临时限速等信息。由于这些信息随着排列不同的进路而变化，因此需要靠有源应答器传送。有源应答器的设置位置靠近进站信号机。

进站信号机处应答器组设置如图 1-4-4 所示。

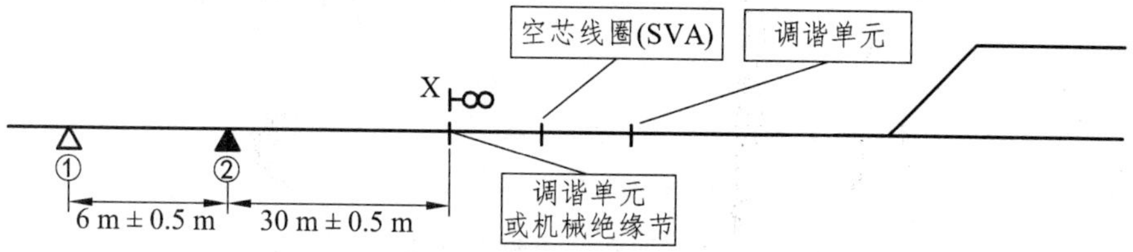


图 1-4-4　进站信号机处应答器组设置示意图

（2）反向进站信号机处。

反向进站信号机处设置由有源应答器和无源应答器组成的应答器组，用于列车定位、进路线路参数和临时限速，如图 1-4-5 所示。

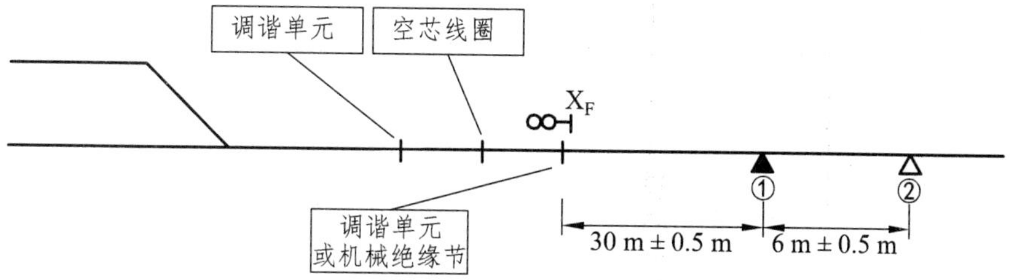


图 1-4-5　反向进站信号机处应答器组设置示意图

反向进站口按列车正向运行，该处第一个是有源应答器，当排列正向发车进路时，有源应答器发送正向链接信息包、临时限速信息包；当排列反向接车进路时，发送轨道区段、临时限速、反向运行信息包。第二（三）个是无源应答器，提供正向、反向运行的线路坡度、轨道区段和调车危险信息包。

（3）进路信号机应答器组。

在进路信号机外方 30 m ± 0.5 m（从靠近绝缘节的应答器计算）处应设置由有源应答器和无源应答器构成的进路应答器组。当该进路信号机防护的进路为唯一进路时，该有源应答器可改用无源应答器代替。

### 2. 出站信号机应答器组

在车站到发线和有图定转线作业的正线出站信号机处设置由一个有源应答器和一个无源应答器构成的出站应答器组（CZ），用于列车定位、进路线路参数、临时限速、绝对停车（当出站信号关闭时，应答器组发绝对停车报文，车载设备在完全监控、部分监控、调车监控、机车信号等工作模式下接收到该报文时均应触发紧急制动）。

出站信号机和轨道电路绝缘节均设置在距警冲标 55 m 处（含过走防护距离 50 m），到发线出站信号机处的应答器组应安装在出站信号机绝缘节前方 20 m ± 0.5 m（从靠近绝缘节的应答器计算）处，正线出站信号机处的应答器组应安装在出站信号机绝缘节前方 30 m ± 0.5 m（从靠近绝缘节的应答器计算）处，如图 1-4-6 所示。

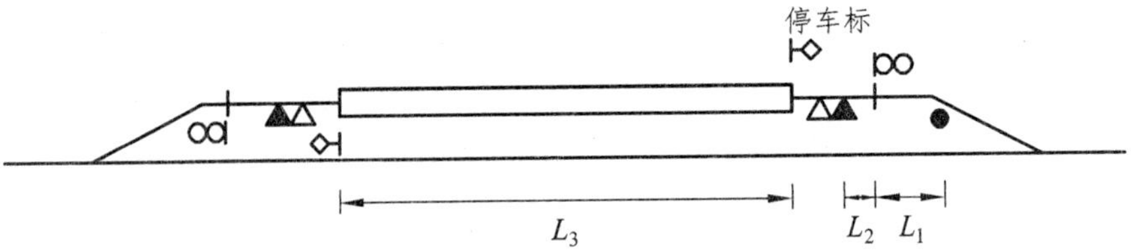


$L_1$为警冲标至绝缘节距离（含过走防护距离）：55 m；
$L_2$为应答器至绝缘节距离，30 m ± 0.5 m；
$L_3$为车站站台长度，450 m。

图 1-4-6　应答器在站内股道设置位置示意图

3. 调车应答器组

有调车作业并有可能危及列车运行安全的调车信号机外方适当地点应设置由一个有源应答器和一个无源应答器构成的调车应答器组（DC），提供调车危险信息。

4. 列车定位应答器组

车站进站信号机（含反向）外方 200 m ± 0.5 m 处、车站各股道中间应设置由单个无源应答器构成的定位应答器组（DW）。

5. 区间应答器组

区间设置无源应答器组，用于提供线路固定参数，如线路坡度、线路允许速度、轨道区段、链接信息等。

区间原则上每两个闭塞分区，即每间隔一个闭塞分区，设两个及以上无源应答器，构成应答器组（Q），如图 1-4-7 所示。

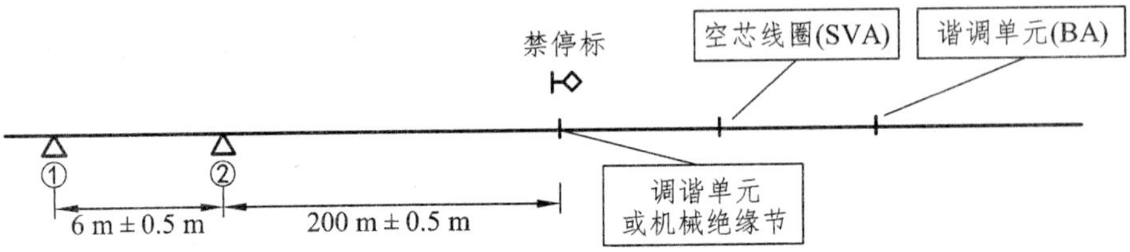


图 1-4-7　应答器在区间设置位置示意图

区间无源应答器组应设置在闭塞分区入口处外方，并距闭塞分区入口最近的调谐单元或机械绝缘节 200 m ± 0.5 m（从靠近调谐单元或机械绝缘节的应答器计算）。

对于正向运行的信息，应答器提供至运行前方第二个应答器（组）的线路参数，并增加一个完整列车常用制动距离的数据余量，同时还必须满足覆盖前方应答器从次高允许码到 HU 码的闭塞分区数量，即取上述两种条件下信息覆盖长度较大值。

6. 中继站应答器组

中继站处，上、下行线路分别设置由有源应答器和无源应答器构成的中继站应答器组（ZJ），用于发送临时限速信息。中继站应答器组之间的距离应为 100 m ± 0.5 m，如图 1-4-8 所示。其中，第一个有源应答器位置处设置中继站标志牌。该标志采用白底色、写有黑色“XX 号中继站”标记的反光长方形板，装设于邻近的接触网支柱上。

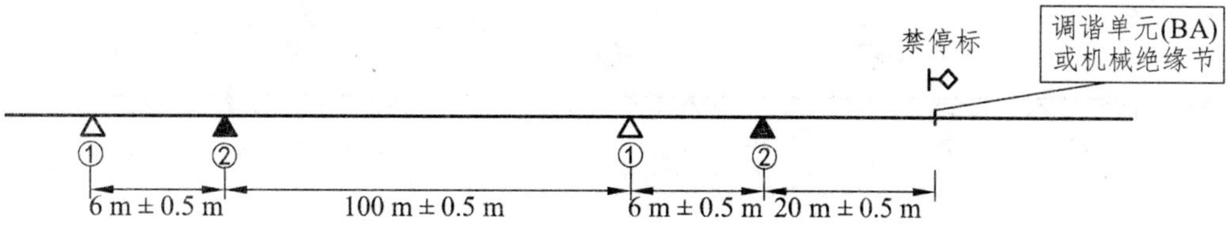


图 1-4-8　中继站应答器设置示意图

### 7. 大号码道岔应答器组

为了提高列车侧向通过道岔的速度，在 18 号（不含）以上大号码道岔外方第二个闭塞分区入口 200 m ± 0.5 m 处应设置由有源应答器和无源应答器组成的大号码道岔应答器组（DD）。根据道岔区段排列进路条件，给出道岔侧向允许列车运行的速度。

根据道岔区段排列进路条件的不同，同一大号码道岔的侧向允许列车运行的速度可以有多个等级。

### 8. 过分相应答器组

采用应答器提供过分相信息时，根据需要可在自动过分相区域设置过分相区预告应答器组和分相区定位应答器组（DW-F），主要用于 CTCS-2 级系统为动车组提供过分相预告信息和换相信息。预告、定位应答器组的功能也可利用其他区间应答器组或车站应答器组完成。

## 四、CTCS-3 级应答器的设置

应答器用于向 CTCS-3 级列控系统车载设备提供位置、级间转换、建立无线通信等信息。应答器设置满足 CTCS-3 级系统、兼容 CTCS-2 级系统的要求。

闭塞分区分界点、车站进站及出站信号机（或标志牌）、CTCS 级间转换点、接触网分相区等处所应设应答器组。

进站信号机处、反向进站信号机处、出站信号机处、区间应答器的设置原则基本上同 CTCS-2 级列控系统。

### 1. 区间应答器组

区间每个闭塞分区入口处均设置由两个及以上无源应答器组成的区间应答器组（Q）。

### 2. 定位应答器组

当区间相邻两个应答器组之间的距离大于 1 500 m 时，在两个应答器组中间应增加由单个无源应答器构成的定位应答器组（DW）。

车站无接发车作业的正线股道出站信号机外方 30 m ± 0.5 m 处设置由两个无源应答器构成的定位应答器组（DW）。

### 3. 级间转换应答器组

CTCS 级间转换能自动完成，其转换地点宜选在区间且列车较少使用制动的区段。从 CTCS-2 级切换为 CTCS-3 级时，在切换区入口处设置 RBC（无线闭塞中心）连接应答器组（RL），该应答器组至 CTCS-2/CTCS-3 等级切换点的距离应大于列车按该区段线路允许的最高速度运行 40 s 的距离。CTCS-2/3 级间切换应答器布置如图 1-4-9 所示。

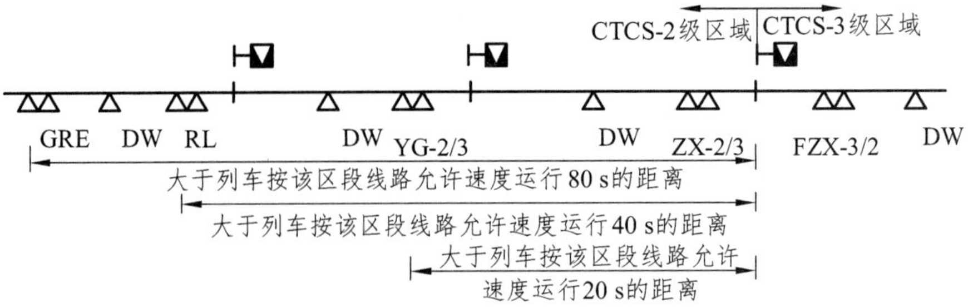


图 1-4-9　CTCS-2/3 级间转换应答器布置

在 CTCS-2/CTCS-3 等级切换边界（闭塞分区边界）外方，且其内方的 CTCS-3 级进路为唯一进路时，应设置由无源应答器构成的等级转换预告应答器组（YG2/3），用于列车定位。该应答器组至 CTCS-2/CTCS-3 等级切换点的距离应大于列车按该区段线路允许的最高速度运行 20 s 的距离。

在 CTCS-2/CTCS-3 等级切换边界处，应设置切换执行应答器组（ZX-2/3）。

在 GSM-R 覆盖区域 CTCS-2 至 CTCS-3 等级切换边界外方，根据需要可设置 GSM-R 网络注册应答器组（GRE）。

应答器组 RL、YG、GRE、ZX 可与设置在闭塞分区入口处的应答器组共用。

### 4. RBC 连接取消应答器组

当列车已经与 RBC 建立联系并且经联络线驶向非 CTCS-3 级区段时，在靠近联络线道岔处应设置 RBC 连接取消应答器组（RL-Q）以及等级转换预告取消应答器组（YG-Q），如图 1-4-10 所示。RL-Q 和 YG-Q 均由两个无源应答器构成。

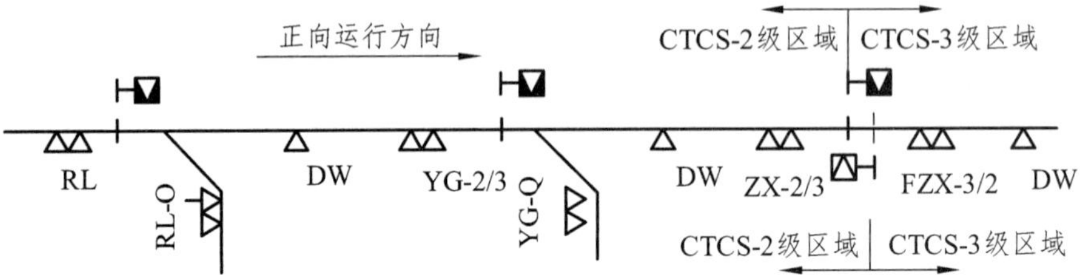


图 1-4-10　取消应答器组布置

### 5. RBC 切换应答器组

在两个相邻的 RBC 管辖范围切换的预告点和分界点处设置由两个无源应答器组成的应答器组，用于提供 RBC 切换命令、接收 RBC 的 ID 及电话号码，如图 1-4-11 所示。

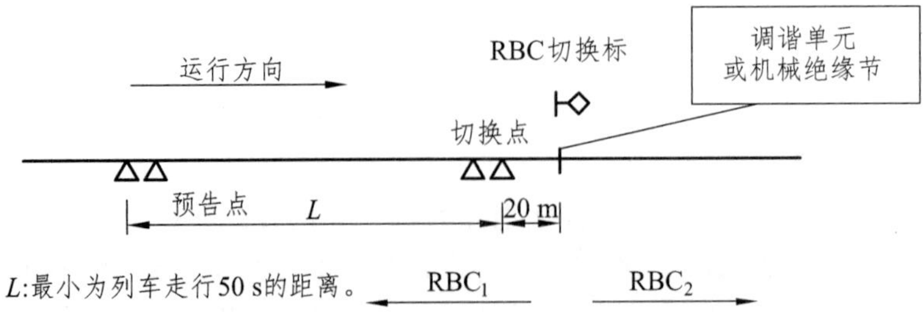


图 1-4-11　RBC 分界点应答器设置示意图

## 任务实施

根据以上相关知识，由老师组织学生分组讨论应答器的作用及设置位置，各小组指派代表进行总结汇报，并进行小组互评、教师点评，以提高学生运用理论知识解决实际问题的能力。

## 复习思考题

1. 叙述常态点灯的进站色灯信号机显示的意义。
2. 叙述常态点灯的出站色灯信号机显示的意义。
3. 简述列控车载设备人机界面（DMI）的速度信号显示。
4. 轨道电路在高速铁路中的作用有哪些?
5. 绘图说明列控中心与轨道电路的关系。
6. 高速铁路道岔转换有哪些设备?
7. 高速铁路道岔有哪些融雪设备?
8. 简述 CTCS-2 级应答器的设置位置。
9. 简述 CTCS-3 级应答器的设置位置。

# 项目二　高速铁路行车控制系统

### 项目描述

中国高速铁路行车控制系统主要包括计算机联锁系统、列车运行控制系统、调度集中系统和信号集中监测系统等。高速铁路的行车控制系统应具有一定的兼容性，既能适应本线最高运行速度列车的运行，还能兼顾跨线列车的运行。行车控制系统设计应采用先进、成熟、经济、适用、安全、可靠的技术和设备。本项目主要介绍高速铁路列车运行控制系统、DS6-K5B计算机联锁系统和高速铁路CTC调度集中系统。

## 任务一　高速铁路列车运行控制系统

### 能力目标

能识别高速铁路列车运行控制系统的功能。

### 知识目标

掌握高速铁路列车运行控制系统的组成。

### 相关知识

在高速铁路上，由于列车运行速度高，司机辨认地面信号是非常困难的，必须强化列车运行控制系统。列车运行控制系统简称列控系统，以有效的技术手段对列车运行速度、运行间隔进行实时监控和超速防护，是确保列车行车安全、提高列车运行效率的设备，是高速铁路的重要技术装备。列车运行控制系统包括车载设备和地面设备。为保证行车安全，高速铁路必须采用列车运行控制系统。

### 一、列车运行控制系统概述

当列车运行速度提高到200 km/h时，紧急制动距离将超过2 000 m，而司机凭视觉对信号作出判断的时间至少为3 ~ 5 s（遇到阴天、雨、雪、雾判断更为困难）。随着列车运行速度的提高，当判断时间内列车走行距离不能小于制动距离时，便会构成不安全因素，必须靠列车运行控制系统控制列车运行。

## （一）列车超速防护

列控系统车载设备根据列车的运行速度和前方列车位置及线路状态对采取制动操作的时机作出逻辑判断，对列车运行速度进行实时控制。

列控系统车载设备的主要功能是超速防护，即对列车速度进行安全防护，包括在任何情况下防止列车无行车许可运行、防止列车超过进路允许速度、防止列车超过线路结构规定的速度、防止超过列车构造速度、防止列车超过临时限速及紧急限速、防止列车溜逸等。

## （二）列控系统的速度控制模式

列控系统的速度控制模式分为分级速度控制模式和目标距离控制模式。

### 1. 分级速度控制模式

分级制动是以闭塞分区为单元，根据与前行列车的运行距离来调整列车速度，各闭塞分区采用不同的低频频率调制，指示不同的速度等级，在此基础上确定限速值。分级制动模式又分为阶梯型和曲线型。阶梯型分级制动模式俗称大台阶型，它将一个列车全制动距离划分为 3 ~ 4 个闭塞分区，每一闭塞分区根据与前行列车距离确定限速值。速度距离模式曲线控制方式中，模式曲线是根据该闭塞分区提供的允许速度值以及列车参数和线路常数由车载计算机计算出来的（或将各种制动模式曲线存储调用）。

### 2. 目标距离控制模式

目标距离控制模式也称连续式一次制动速度控制模式。根据距前行列车的距离或距运行前方停车站的距离，控制中心根据目标距离、列车参数和线路参数计算出列车制动模式曲线，或由车载计算机予以计算，按制动模式曲线控制列车运行。信息传输有数字编码轨道电路传输和无线传输两种方式。无论以何种方式，传输的信息必须包括线路允许速度、目标速度、目标距离。连续式一次制动模式最能合理地控制列车的运行速度，是列车运行控制技术的发展方向。

CTCS-2 级和 CTCS-3 级列控系统采取连续式一次制动模式控制列车运行。如图 2-1-1 所示，实线为目标距离速度监控曲线，是一条连贯光滑的曲线。虚线为列车实际运行速度曲线。列车实际运行速度必须在监控曲线之下。如果超速碰撞了速度监控曲线，列控车载设备将自动触发常用制动或紧急制动，防止列车超速运行。

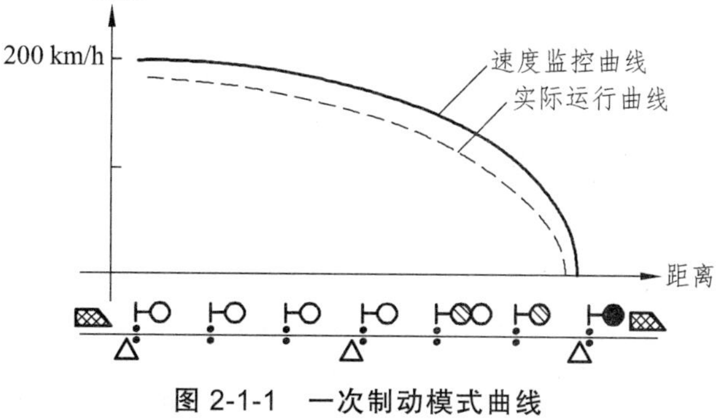


图 2-1-1　一次制动模式曲线

### （三）中国列车运行控制系统（CTCS）

CTCS 是中国列车运行控制系统（Chinese Train Control System，CTCS）的英文缩写。CTCS 分为 CTCS-0 级、CTCS-1 级、CTCS-2 级、CTCS-3 级和 CTCS-4 级 5 个等级。

CTCS-0 级适用于既有线，是由通用式机车信号和列车运行监控装置组成的系统。

CTCS-1 级是由主体化机车信号、安全型列车运行监控装置和点式应答器组成的系统。

CTCS-2 级是基于轨道电路（模拟或数字轨道电路）传输信息的列车运行控制系统。

CTCS-3 级是基于无线通信（GSM-R）传输信息，并采用轨道电路等方式检查列车占用的列车运行控制系统。

CTCS-4 级则是完全基于无线通信（GSM-R）传输信息的列车运行控制系统。

CTCS-2 级以上设备具备超速防护功能。

## 二、CTCS-2 级列车运行控制系统

CTCS-2 级列控系统是基于轨道电路和点式应答器传输列车运行许可信息的列车运行控制系统。轨道电路实现列车占用检查，并连续向车载设备传送空闲闭塞分区数量等信息。应答器向车载设备传输定位信息、线路参数、临时限速等信息。列控中心具有轨道电路编码、有源应答器报文实时编码和发送、区间信号机点灯控制、站间安全信息（区间轨道电路状态、中继站临时限速信息、区间闭塞和方向条件等信息）传输等功能。列控中心（TCC）根据轨道电路、进路状态及临时限速等信息产生行车许可，通过轨道电路及有源应答器将行车许可传送给列控车载设备。250 km/h 以下铁路采用 CTCS-2 级列控系统，采用目标距离连续速度控制模式监控列车运行。

### （一）CTCS-2 级列控系统的总体结构

CTCS-2 级列控系统包括列控车载设备和列控地面设备，其总体结构如图 2-1-2 所示。

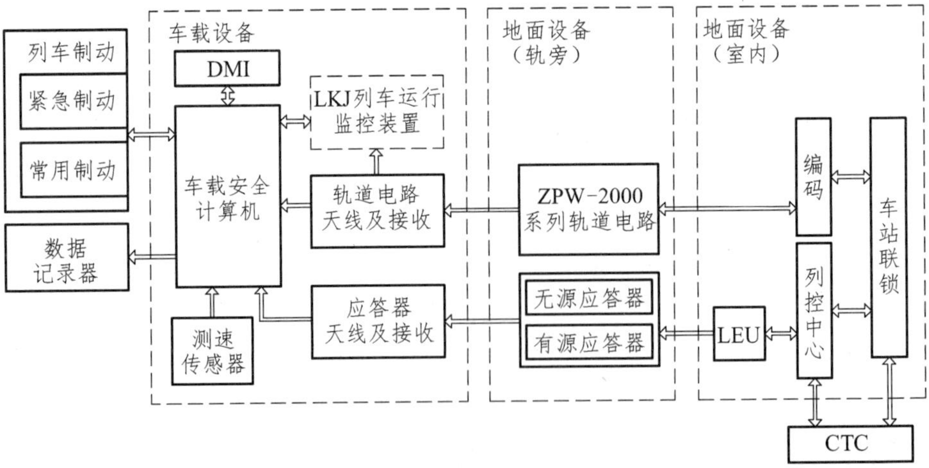


图 2-1-2 CTCS-2 级列控系统构成

列控地面设备由列控中心控制，ZPW-2000 系列轨道电路传输连续列控信息，应答器传

输点式列控信息。列控车载设备根据地面提供的动态控制信息、线路静态参数、临时限速信息及有关列车数据，生成速度控制和目标距离模式曲线，控制列车运行。列控地面设备与车载设备结构如图 2-1-3 所示。

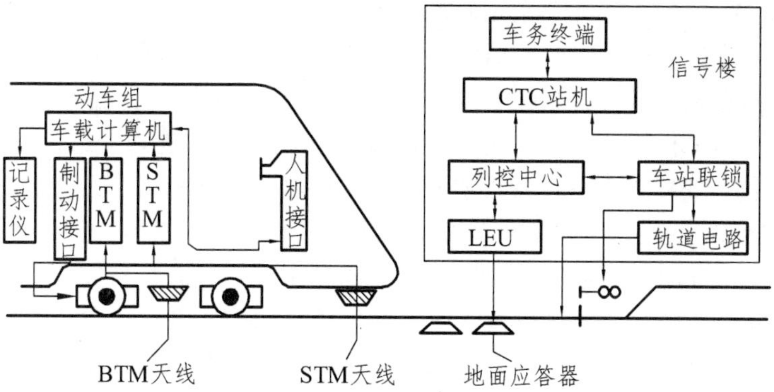


图 2-1-3 CTCS-2 级列控系统地面设备与车载设备结构

## （二）CTCS-2 级列控系统地面设备

CTCS-2 级列控系统地面设备包括临时限速服务器、列控中心、轨道电路、地面电子单元（LEU）、应答器以及相关的网络设备，分为轨旁设备和室内设备两部分。列控中心实现轨道电路编码，通过有源应答器传送临时限速和进路信息；临时限速服务器集中管理临时限速命令，向 TCC 传递临时限速信息；ZPW-2000 系列轨道电路实现列车占用检查，并向列控车载设备提供前方空闲闭塞分区数量信息；应答器向列控车载设备传送线路数据等信息。

临时限速服务器如图 2-1-4 所示，列控中心如图 2-1-5 所示，信号集中监测如图 2-1-6 所示。

图 2-1-4 临时限速服务器

图 2-1-5 列控中心

图 2-1-6 信号集中监测

### 1. 列控中心（TCC）

列控中心是设于各个车站的列控核心安全设备，列控中心与车站联锁、CTC 设备接口，根据调度命令、进路状态、线路参数等产生进路及临时限速等相关控车信息，根据列车占用情况及进路状态，通过设置在车站进、出站处的有源应答器向列车发送可变信息报文，具有发送接车进路信息、临时限速信息以及进站信号机降级显示等主要功能。

列控中心是 CTCS-2 级列控系统地面子系统的核心部分。根据轨道区段占用信息、联锁进路信息、线路限速信息等，产生列车行车许可命令，并通过轨道电路和有源应答器，传输给车载子系统，保证其管辖内的所有列车的运行安全。

（1）列控中心系统向车载设备提供控车有关的信息，具有轨道电路编码、应答器报文存储和调用、区间信号机点灯控制、站间安全信息（区间轨道电路状态、中继站临时限速信息、区间闭塞和方向条件等信息）传输等功能，根据轨道电路、进路状态及临时限速等信息产生行车许可，并通过轨道电路及有源应答器将行车许可传送给列车。

（2）列控中心接收来自 CTC 的临时限速命令和联锁车站的进路信息，经过运算，选择一条正确的报文，通过 LEU 传至有源应答器；接收来自轨道电路的列车占用轨道区段信息和联锁车站的进路信息，控制轨道电路的低频信息编码，并驱动站内及区间轨道电路方向继电器，控制轨道电路的发码方向；根据临时限速的信息和车站进路状态，向联锁系统发送信号降级信息，同时相应轨道区段低频编码也做相应降级处理；对列车在区间的走行进行逻辑检查，对轨道电路占用、出清、非正常逻辑进行判断和报警，并采取必要的防护措施。

（3）列控中心直接驱动点灯继电器完成区间信号机点灯控制；接收来自 CTC 的命令，完成无岔站信号点灯及进路状态的控制；接收来自联锁系统的区间方向控制信息，通过车站间通信完成区间运行方向与闭塞的控制。

（4）列控中心将自身运行状态和内部逻辑状态实时地传递给 CTC 和信号集中监测系统；中继站列控中心将自身的运行状态和内部逻辑状态实时地传递给所属列控中心和信号集中监测系统。

#### 2. 地面电子单元（LEU）

LEU 与有源应答器连接，LEU 周期性地接收来自列控中心的报文，并连续不断地向有源应答器发送可变信息的报文。

（1）LEU 的设置。

LEU 宜集中设置在信号机械室内。车站的 LEU 设备全部放置在单独的 LEU 设备柜中，中继站的 LEU 设于 TCC 主设备机柜内。

需在调车信号机处设置有源应答器时，LEU 设置在现场，并直接从信号灯取控制条件。

（2）LEU 的功能。

① 接收外部发送的应答器报文并连续向应答器转发，一台 LEU 可以同时向 4 台有源应答器发送不同信息内容的报文。

② 接收外部发送的控制命令，根据控制命令选择一条预先存储的报文并连续向应答器发送。

③ 存储几百条至上千条报文。

④ 当输入通道故障或 LEU 内部有故障时，向应答器发送预先存储的默认报文。

⑤ 当有车载天线经过有源应答器上方时，LEU 不转换新的报文。

⑥ 输出开路与短路检测信息。

⑦ 设备自检及事件记录，并向外部设备上传。

⑧ 检测应答器电缆断线。

LEU 结构如图 2-1-7 所示。

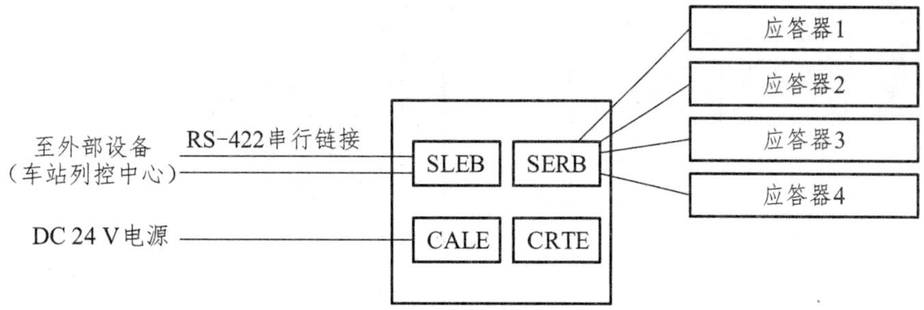


图 2-1-7　LEU 结构

### 3. 临时限速系统

临时限速系统是基于信号故障—安全计算机的控制系统。它根据调度员下发的临时限速操作命令，校验、拆分后向各列控中心（TCC）、无线闭塞中心（只有 CTCS-3 级列控系统才有）传递临时限速信息，并分配和集中管理临时限速指令，保证施工限速计划的顺利实施。

（1）列控系统临时限速调度命令由命令拟定调度台进行下达、取消和撤销（删除）。跨调度台界的临时限速命令由两侧调度台按管辖分界人工拆分后分别下达。

（2）临时限速服务器（TSRS）负责列控系统临时限速的集中管理。TSRS 接收调度台对临时限速的下达、取消和撤销（删除）等操作命令，将临时限速命令转发给列控中心（TCC）和无线闭塞中心（RBC），并将 TCC 和 RBC 的执行结果反馈给 CTC。

（3）TSRS 应具备根据临时限速取消命令对已处于执行状态的临时限速进行取消命令的验证和取消操作的功能。临时限速取消命令须与要取消的临时限速设置命令参数一致。

（4）TSRS 应具备根据临时限速删除命令对未执行的临时限速进行删除操作的功能。

（5）TSRS 应能根据临时限速命令的计划开始时间提前一定时间向 CTC 发送激活提示，并间隔一定时间重复提示，直至确认或超出该限速命令计划结束时间。对超出限速计划结束时间仍未执行的临时限速命令，应向 CTC 发送“超时未设置”的提示。

（6）TSRS 仅对本调度台下达的限速设置命令提供激活时机和设置时机的辅助提示，仅对由 TCC、RBC 验证通过的正线（不包括侧线道岔区）限速设置命令给出设置时机提示。

## （三）CTCS-2 级列控系统车载设备

CTCS-2 级列控系统车载设备有 CTCS2-200H 型和 CTCS2-200C 型等。列车运行监控装置（LKJ）在采用 CTCS-2 级的高速铁路作为备用系统。

列控车载设备（ATP）主要由车载安全计算机、轨道电路信息读取器、应答器信息接收单元、列车接口单元、记录单元、人机界面等部件组成。

CTCS2-200H 型列控车载设备系统构成如图 2-1-8 所示。

### 1. 车载安全计算机

车载安全计算机（VC）是列控车载设备的核心处理单元，实现列控车载设备的核心安全控制功能。

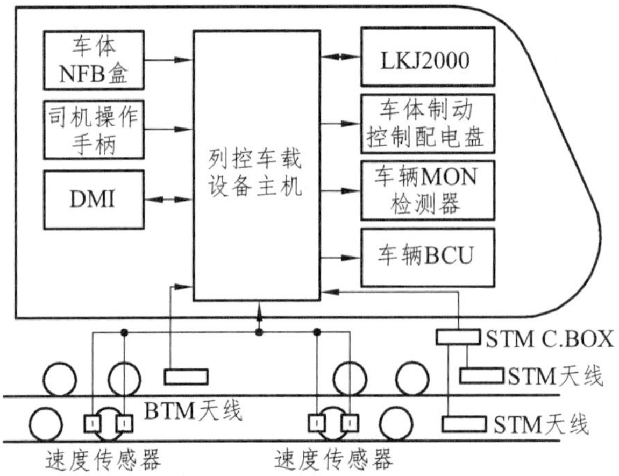


图 2-1-8　列控车载设备系统构成

安全计算机从车载设备各个模块获取信息，依据轨道电路信息、列车制动力、线路坡度、列车运行速度等信息，确定列车位置，生成相应的运行模式曲线；确定列车行车许可界限后，生成制动模式曲线，并比较列车运行速度与模式曲线，必要时通过故障—安全电路向列车输出制动信息，控制列车安全运行。

列控车载主机如图 2-1-9 所示，安全计算机如图 2-1-10 所示。

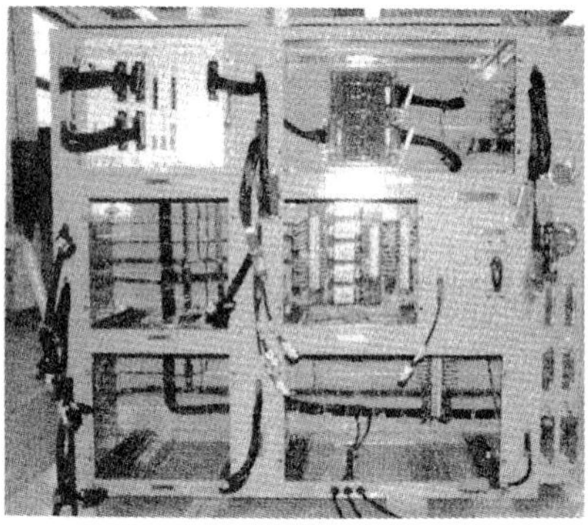

图 2-1-9　列控车载主机

图 2-1-10　安全计算机

2. 轨道电路信息读取器

轨道电路信息读取器（TCR）通过 TCR 天线接收轨道电路信息，并传送给车载安全计算机。

3. 应答器信息接收单元

应答器信息接收单元接收、解调地面应答器信号，并将解调后的信息传送给车载安全计算机。

4. 列车接口单元

列车接口单元提供安全计算机与列车相关设备之间的接口。

5. 记录单元

记录单元用于记录列控车载设备的数据和控制信息。

### 6. 人机界面

人机界面（DMI）实现司机与车载安全计算机之间的信息交互。列控车载系统人机界面如图 2-1-11 所示。

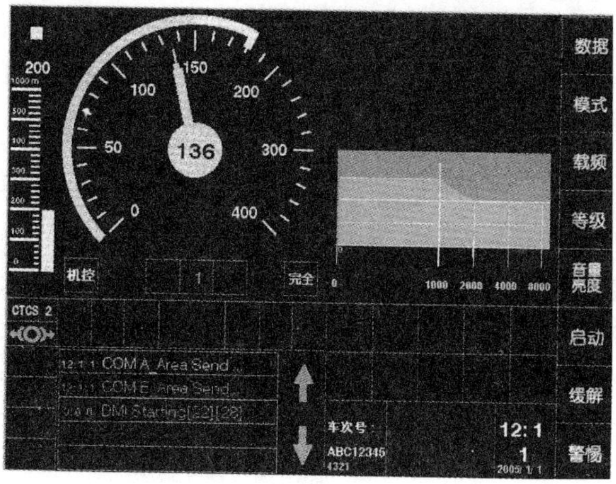


图 2-1-11　列控车载系统人机界面

## （四）CTCS-2 级列控车载设备的控车模式

CTCS-2 级列控车载设备的控车模式有完全监控、部分监控、引导、目视行车、调车、隔离和待机等模式。

### 1. 完全监控模式

完全监控模式是列车的正常运行模式。列控车载设备根据控车数据自动生成目标距离模式曲线，司机依据人机界面显示的列车运行速度、允许速度、目标速度和目标距离等信息控制列车运行。

### 2. 部分监控模式

部分监控模式是列控车载设备接收到轨道电路允许行车信息，而缺少应答器提供的线路数据或限速数据时使用的模式。在部分监控模式下，限速值为 45 km/h。

### 3. 引导模式

引导模式是在进站或出站建立引导进路后，列控车载设备按照最高限速 40 km/h 控车的模式。

### 4. 目视行车模式

目视行车模式是司机控车的固定限速模式，限速值为 40 km/h。列控车载设备显示停车信号停车后，司机按规定操作转入目视行车模式。

### 5. 调车模式

调车模式是动车组进行调车作业的固定限速模式，限速值为 40 km/h。司机按压专用按钮使列控车载设备转入调车模式。只有在列车停车时，司机才可以选择进入或退出调车模式。

6. 隔离模式

隔离模式是列控车载设备控制功能停用的模式。列车停车后，根据规定，司机操作隔离装置使列控车载设备转入隔离模式。

7. 待机模式

待机模式是列控车载设备上电后的默认模式。列控车载设备自检后，自动处于待机模式。在待机模式下，列控车载设备正常接收轨道电路及应答器信息。

## 三、CTCS–3 级列车运行控制系统

CTCS-3 级列控系统是基于无线通信的列车运行控制系统，由轨道电路完成列车占用检查，无线闭塞中心（RBC）生成行车许可，并将行车许可、临时限速及线路描述信息等通过连续的无线通信传送给车载设备。CTCS-3 级列控系统兼容 CTCS-2 级列控系统。

列车运行控制系统装备等级根据线路允许速度选用。250 km/h 铁路宜采用 CTCS-3 级列控系统，300 km/h 及以上铁路必须采用 CTCS-3 级列控系统。

### （一）主要技术原则

（1）满足运营速度 350 km/h、最小追踪间隔 3 min 的要求。

（2）满足正向按自动闭塞追踪运行，反向按自动站间闭塞运行的要求。

（3）满足跨线运行的运营要求。

（4）车载设备采用目标距离-连续速度控制模式、设备制动优先的方式监控列车安全运行。

（5）CTCS-2 级作为 CTCS-3 级的后备系统，无线闭塞中心（RBC）或无线通信设备故障时，由 CTCS-2 级列控系统控制列车运行。

（6）全线 RBC 设备集中设置。

（7）GSM-R 无线通信网络覆盖包括大站在内的全线所有车站。

（8）动车段及联络线均安装 CTCS-2 级列控系统地面设备。

（9）300 km/h 及以上动车组不装设列车运行监控装置（LKJ）。

（10）在 300 km/h 及以上线路，CTCS-3 级列控系统车载设备速度容限规定为超速 2 km/h 报警、超速 5 km/h 触发常用制动、超速 15 km/h 触发紧急制动。

（11）RBC 向装备 CTCS-3 级车载设备的列车、应答器向装备 CTCS-2 级车载设备的列车分别发送分相区信息，实现自动过分相。

### （二）CTCS-3 级列控系统结构

CTCS-3 级列控系统结构如图 2-1-12 所示，包括地面设备和车载设备，以及 GSM-R 无线传输网络。地面设备除了列控中心（TCC）、ZPW-2000 系列轨道电路、应答器（含 LEU）外，还有无线闭塞中心（RBC）和 GSM-R 通信接口设备等组成；车载设备除了车载安全计算机（VC）、轨道电路信息接收单元（TCR）、应答器信息传输模块（BTM）、记录单元（JRU/DRU）、人机界面（DMI）、列车接口单元（TIU）等外，还有 GSM-R 无线通信单元（RTU）。

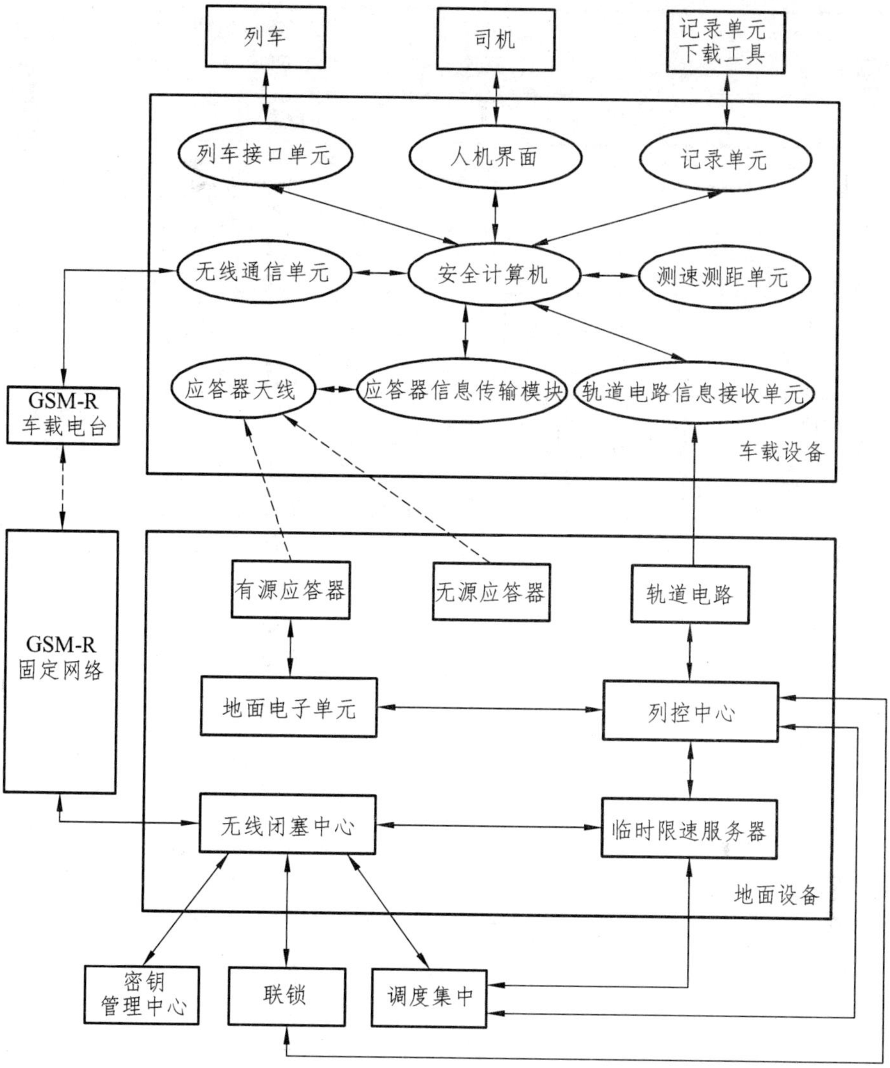


图 2-1-12　CTCS-3 级列控系统结构

CTCS-3 级地面设备与车载设备间的信息传输采用 GSM-R 无线传输方式和轨道电路加应答器的传输方式。其中，轨道电路按照 CTCS-2 级列控系统的要求传输信息；应答器除传输 CTCS-2 级列控系统的有关信息外，还应传输 CTCS-3 级列控系统所需的列车定位、与 RBC 链接等信息；RBC 与车载设备之间通过 GSM-R 系统相互传输行车许可、线路数据、应答器链接、临时限速、列车参数等信息。

（三）CTCS-3 级列控系统地面设备

CTCS-3 级列控系统地面设备由列控中心、临时限速服务器、ZPW-2000 系列轨道电路、应答器、无线闭塞中心（RBC）、GSM-R 接口设备等组成。其总体结构如图 2-1-13 所示。

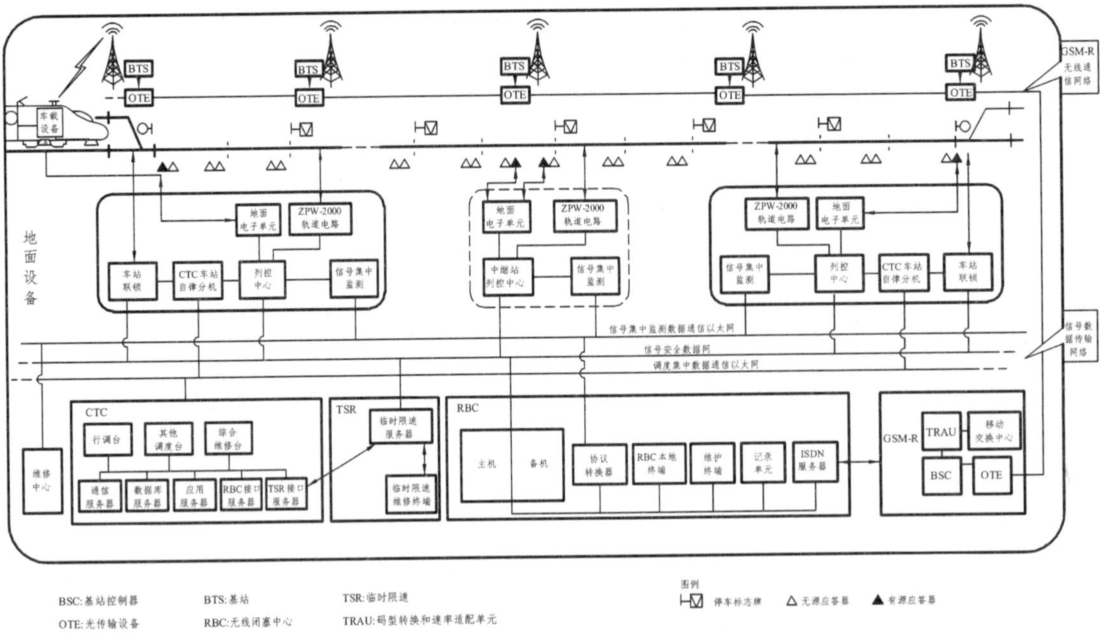


图 2-1-13　CTCS-3 级列控系统地面设备总体结构

### 1. 无线闭塞中心（RBC）

RBC 是基于故障—安全计算机平台的信号控制系统，是 CTCS-3 级列控系统的地面核心设备。RBC 根据轨道电路、联锁进路等信息生成行车许可（MA），并通过 GSM-R 无线通信系统将行车许可、线路参数、临时限速传输给 CTCS-3 级车载设备；同时通过 GSM-R 无线通信系统接收车载设备发送的位置和列车数据等信息。RBC 根据所控制列车的状态及其控制范围内的轨道占用、列车进路状态、临时限速命令、灾害防护和线路参数等信息，产生针对所控列车的行车许可（MA）控制信息，并通过 GSM-R 无线通信系统传输给车载子系统，保证其管辖范围内列车的运行安全。无线闭塞中心（RBC）机柜如图 2-1-14 所示。

图 2-1-14　无线闭塞中心（RBC）机柜

### 2. 列控中心

TCC 接收轨道电路的信息，并通过联锁系统传送给 RBC；同时 TCC 具有轨道电路编码、应答器报文存储和调用、站间安全信息传输、临时限速功能，满足后备系统需要。

列控中心设置同 CTCS-2 级铁路，即车站、区间信号中继站应设置列控中心。无配线站、线路所以及与 CTCS-2 级铁路相衔接的车站可根据需要设列控中心。

### 3. 临时限速服务器

CTCS-3 列控系统的临时限速服务器要实现对各 RBC 分配和集中管理临时限速指令的功能。而且，要保证 RBC 和 TCC 临时限速命令的一致性、完整性、有效性以及冲突检测等功能。

CTCS-3 级系统临时限速区的起点和终点宜按线路里程设定，CTCS-3 级系统可与 CTCS-2 级系统同精度，也可按闭塞分区为单位进行归档。CTCS-3 级和 CTCS-2 级采用统一的临时限速设置原则，临时限速值按相同标准归档设置，限速命令、管辖范围应保持一致。中继站 TCC 临时限速由临近车站 TCC 负责转达。

## （四）CTCS-3 级列控系统列控车载设备

CTCS-3 级列控系统车载设备包括车载安全计算机（VC）、应答器信息传输模块（BTM）、轨道电路信息接收单元（TCR）、测速测距单元（SDU）、人机界面（DMI）、列车接口单元（TIU）、记录单元（JRU）、GSM-R 无线通信单元（RTU）、动态监测接口等。车载设备采用分布式结构。车载设备与动车组的接口采用继电器或 MVB 总线方式。

CTCS-3 级列控系统车载设备总体结构如图 2-1-15 所示。

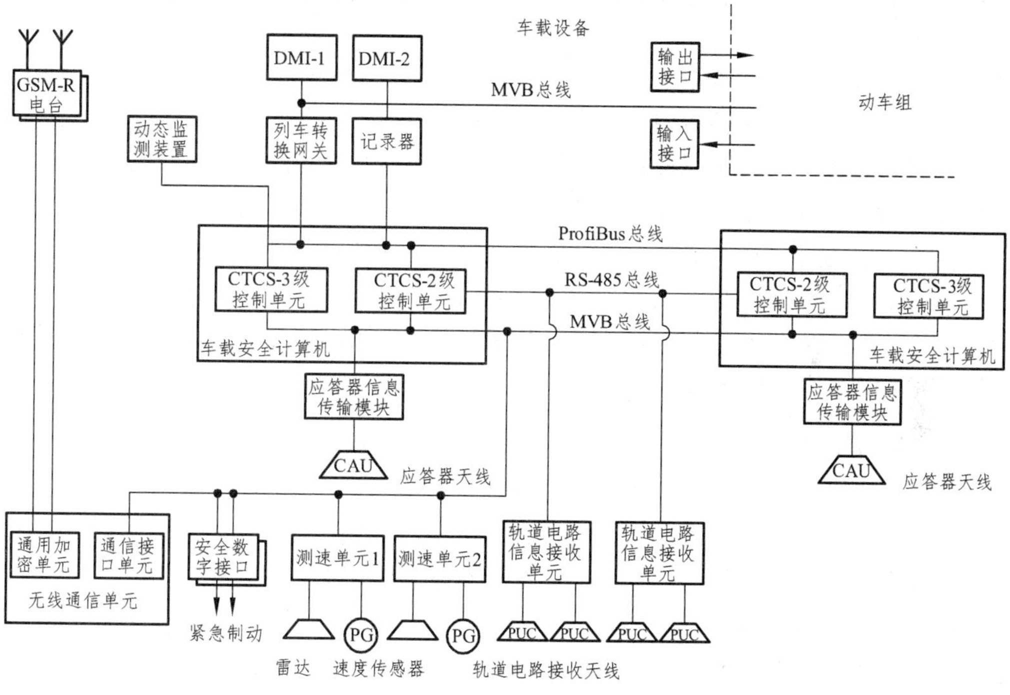


图 2-1-15　CTCS-3 级列控系统车载设备总体结构

CTCS-3 级列控车载设备负责接收地面数据命令信息，生成速度模式曲线，监控列车运行，保证列车运行安全。它具有以下基本功能：

### 1. 自检功能

车载设备启动时首先进行系统自检，以确认设备是否有效。自检包括：测试常用制动、紧急制动命令能否正确输出，测试 TCR 完好、DMI 显示等。车载设备的自检完成后能在 DMI 上显示自检结果。

### 2. 数据的输入和存储

车载设备能记录外部输入的列车参数以及发生变化的时间。记录存储的列车参数包括：

（1）车次号：由司机手动输入并存储。

（2）司机 ID 号：由司机手动输入并存储。

（3）列车长度：由司机手动输入并存储。

（4）列车类型：司机通过菜单选择并存储，未选择时采用默认值。

（5）列车最大允许速度（结构速度）：司机通过菜单选择并存储，未选择时采用默认值。

（6）列车轴重：司机通过菜单选择并存储，未选择时采用默认值。

（7）列车供电类型：司机通过菜单选择并存储，未选择时采用默认值。

（8）应答器天线 1 距离车头的距离：司机手动输入并存储，未选择时采用默认值。

（9）应答器天线 2 距离车头的距离：司机手动输入并存储，未选择时采用默认值。

### 3. 界面显示

列控车载设备提供显示和操作界面（DMI），安装在司机便于操作和观察的位置，为司机提供驾驶过程的参考信息。

DMI 显示满足 CTCS-3 级系统显示、兼容 CTCS-2 级系统显示的要求。显示内容包括：

（1）警示信息显示：预警时间、目标距离、目标速度等信息。

（2）速度信息显示：列车当前速度、控制模式、实际运行状态、缓解速度等信息。

（3）设备状态信息显示：设备运行状态、列控车载设备制动状态、工作模式等信息。

（4）距离信息显示：距离坐标、开始实施制动的地理位置、命令和通告、坡度曲线、与速度曲线有关的信息、列车位置及地理位置等信息。

（5）报警信息显示：车次号和司机号、日期和时间、文本信息、列车制动标识、司机活动监督、GSM-R 状态监视等信息。

### 4. 信息接收及发送

在 CTCS-3 级模式下，车载设备通过 GSM-R 向 RBC 发送司机选择输入和确认的数据，车载设备在 RBC 上的注册、注销信息，定期向 RBC 报告列车位置、列车速度、列车状态（正常时）、车载设备故障类型（非正常时）、列车限制性信息以及文本信息等。

同时，车载设备接收 RBC 发送的行车许可（包括车载设备识别号、目标距离、目标速度以及可能包括的延时解锁相关信息、防护区相关信息、危险点相关信息）、紧急停车（无条件紧急停车和有条件紧急停车）、临时限速、外部报警信息以及文本信息等。车载设备通过应答器获取列车的位置信息。

### 5. 静态曲线比较

车载设备根据列车数据和线路数据生成静态列车速度曲线。静态曲线考虑线路速度等级、线路允许速度、列车的限制速度等计算得到线路所有位置的列车允许速度。

### 6. 动态曲线计算

车载设备考虑列车运行的各种限制，生成动态列车制动模式曲线。动态曲线包括常用制动曲线和紧急制动曲线。计算动态列车制动模式曲线的公式和参数经过评估，在保证安全的前提下尽量优化制动曲线，减少制动距离。

### 7. 列车定位

车载设备具有列车定位功能。该功能是依据地面应答器收到的信息并以此为基准点通过测速单元等设备测量列车运行距离来获得列车位置。计算列车位置时要考虑测速设备的误差。车载设备应定时向 RBC 报告列车位置。

### 8. 速度的测量及显示

车载设备通过安装在车轮上的速度传感器和安装在车体的雷达能够实时测试列车的运行速度，测速单元把速度传感器和雷达的输入进行测量和逻辑运算，得到列车的实际速度，并把列车运行速度传输到主机模块，同时通过 DMI 向司机显示。

### 9. 行车许可和限速命令显示

车载设备根据得到的行车许可和限速命令通过 DMI 向司机显示目标距离、允许速度，还可以运用声音提示等方式向司机进行报警，提供给司机足够的显示信息，方便司机驾驶。

（1）行车许可。

行车许可描述了在 CTCS-3 级区域，在运营条件正常的情况下，列车获得行车许可，监控列车运行的过程。

（2）移动授权。

在 CTCS-3 级列控系统中，移动授权是列车在线路上允许运行的凭证，列车只能在移动授权范围内运行。RBC 根据所辖区域列车占用闭塞分区的情况计算列车的移动授权，通过 GSM-R 无线网络发送给车载设备。

① 列车区间运行移动授权范围。

区间列车尾部所占闭塞分区起点处为向列车移动授权的起点，沿列车运行方向授权至行车许可指定的移动授权终点。区间列车移动授权如图 2-1-16 所示。

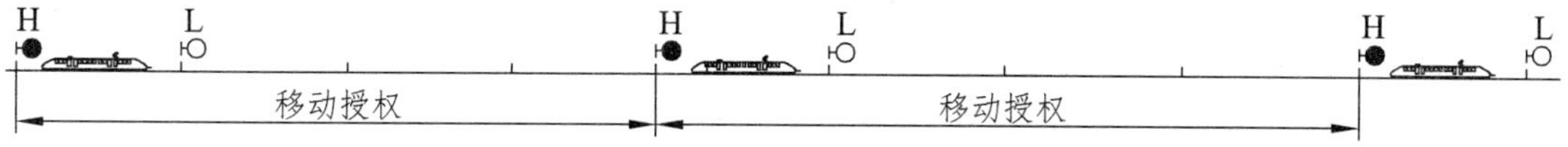


图 2-1-16　区间列车移动授权示意图

② 车站发车移动授权范围。

列车在车站发车时，列车运行前方出站信号机为移动授权起点，沿列车运行方向授权至行车许可指定的移动授权终点。列车车站发车移动授权范围如图 2-1-17 所示。

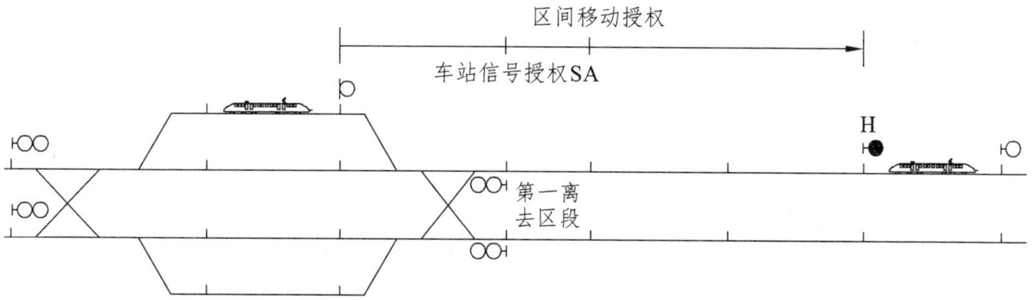


图 2-1-17　列车车站发车移动授权范围示意图

### 10. 行车许可和限制速度的监督

车载设备允许司机以最大安全速度行驶，保证列车在静态和动态速度模式曲线监督下安全运行。当列车速度超过报警速度值时向司机报警，报警持续到实际速度低于允许速度为止；列车速度超过常用制动速度值时，车载设备实施常用制动，直到实际速度低于缓解速度，此后可以由设备或司机选择缓解常用制动；如果常用制动失效，列车速度超过紧急制动速度值，车载设备实施紧急制动，列车停稳后司机才能缓解紧急制动。

### 11. 司机操作的监督

车载设备某些情况下要求司机在一定间隔（时间或距离）内应答。如果在规定的间隔未接收到司机的应答信息，则以声音形式向司机报警；如果司机在报警后的一定时间内未做出响应，车载设备实施紧急制动，直到列车停稳后方可缓解紧急制动。当列车在完全监控模式时，该监督功能可以取消。

### 12. 溜逸防护

为防止列车溜逸，车载设备监视列车的运行方向和当前的运行状态。当列车发生溜逸时，车载设备实施紧急制动，该制动只能在列车停车后才能由司机缓解。

### 13. 自动过分相

自动过分相描述了列控车载设备根据地面设备提供的分相区信息，在适当位置给动车组过分相装置发送指令，实现自动过分相。

对于 CTCS-3 级系统，牵引供电分相区信息与列车行车许可（MA）一起由 RBC 提供给列车，分相区信息包括至分相点距离、分相区长度等。

车载设备接收到 RBC 传送的前方被激活的分相点信息后，实时监督列车运行速度及位置，并进行如下操作：

（1）当列车前端距分相区还有 10 s 走行距离时，车载设备向司机发出提示。

（2）当列车前端距分相区还有 3 s 走行距离时，车载设备向动车组发送过分相指令。

（3）当列车前端越过分相区后，车载设备取消原触发动车组相关过分相的操作。

车载设备触发动车组的过分相操作时机是基于使用前端受电弓，对于其他情况动作时机由动车组负责在此时间基础上适当调整。自动过分相如图 2-1-18 所示。

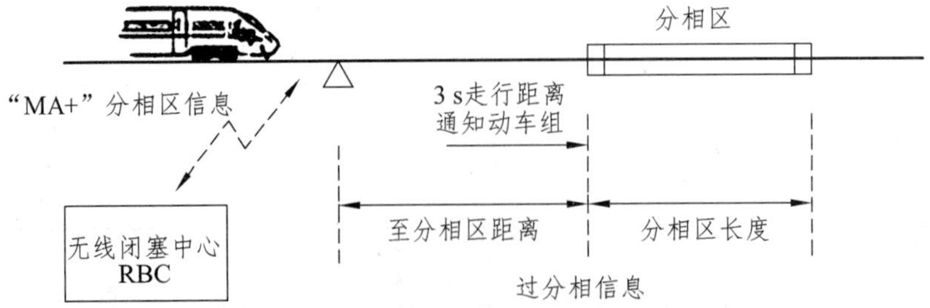


图 2-1-18　自动过分相示意图

司机获得列控车载系统人机界面（DMI）中过分相信息如图 2-1-19 所示。

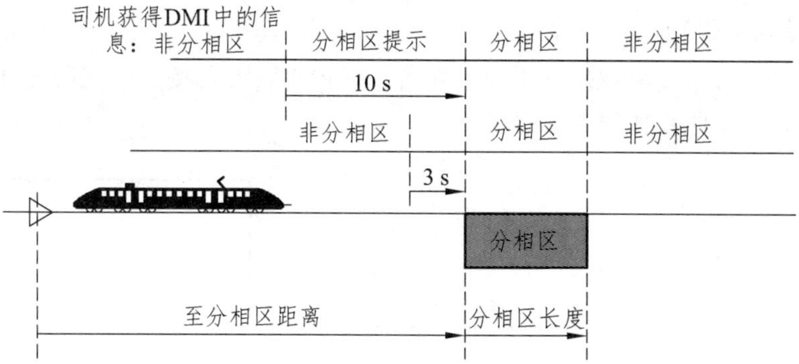


图 2-1-19　自动过分相 DMI 显示示意图

### 14. 站名和里程标显示

根据地面提供的信息车载设备提供当前车站站名显示和固定点里程标信息。

### 15. 紧急停车

遇到紧急情况时，司机将紧急消息通过 GSM-R 网络发送给 RBC，RBC 自动将该消息发送给正在接近报警地点的列车。列车司机在 5 s 内确认收到的紧急报警信息并决定安全停车的地点，否则设备将实施紧急制动。

### 16. 施工防护

列车收到地面施工信息后可执行施工防护。施工信息包括施工地段的位置、长度、速度限制等基础数据。列车通过施工地段的速度受到监督，直到列车全部通过施工地段前，列车速度不能超过限制速度。

## （五）CTCS-3 级列控车载设备主要工作模式

CTCS-3 级列控车载设备按 CTCS-3 级控车时的模式有完全监控、引导、目视行车、调车、休眠、隔离和待机等模式；CTCS-3 级列控车载设备按 CTCS-2 级控车时的模式有完全监控、部分监控、引导、目视行车、调车、休眠、隔离、待机和机车信号等模式。

### 1. 完全监控模式（FS）

完全监控模式是列车的正常运行模式。列控车载设备根据控车数据自动生成目标距离模式曲线，司机依据人机界面显示的列车运行速度、允许速度、目标速度和目标距离等信息控制列车运行。完全监控模式的目标距离连续速度控制模式曲线如图 2-1-20 所示。

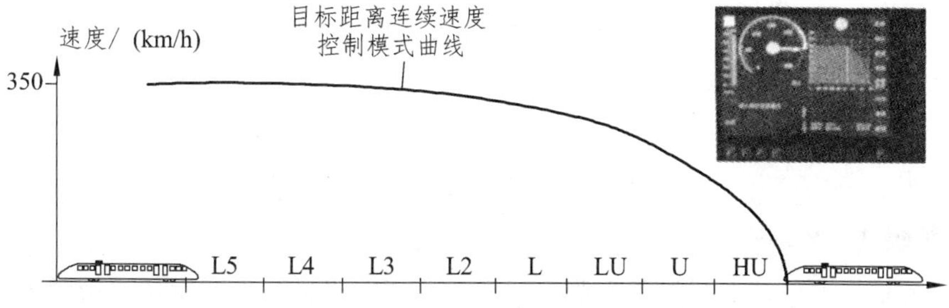


图 2-1-20　完全监控模式的目标距离连续速度控制模式曲线

### 2. 引导模式（CO）

引导模式是在进站或出站建立引导进路后，列控车载设备按照最高限速 40 km/h 控车的模式。引导模式控车曲线如图 2-1-21 所示。

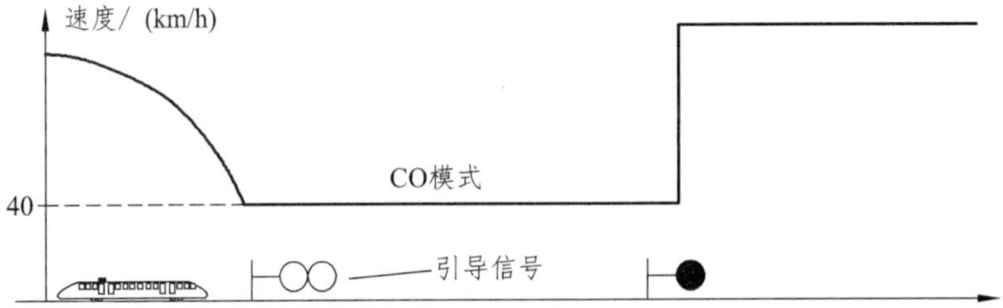


图 2-1-21　引导模式控车曲线示意图

### 3. 目视行车模式（OS）

目视行车模式是司机控车的固定限速模式，限速值为 40 km/h。列控车载设备显示停车信号或位置不确定时，在停车状态下司机按规定操作转入目视行车模式。目视行车模式控车曲线如图 2-1-22 所示。

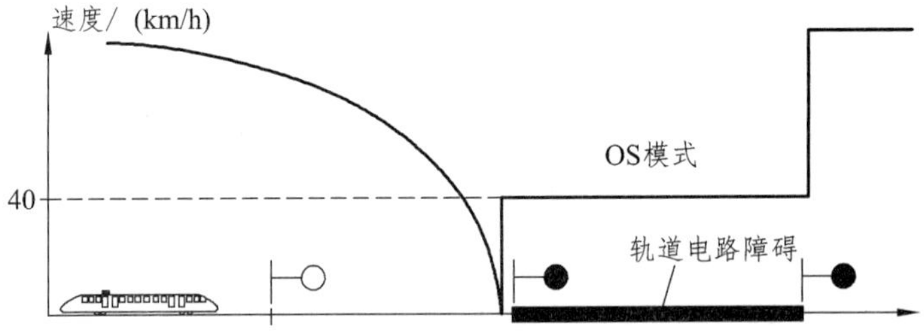


图 2-1-22　目视行车模式控车曲线示意图

### 4. 调车模式（SH）

调车模式是动车组进行调车作业的固定限速模式，限速值为 40 km/h。司机按压专用按钮使列控车载设备转入调车模式。只有在列车停车时，司机才可以选择进入或退出调车模式。CTCS-3 级控车时，只能在车站内转入调车模式。调车模式控车曲线如图 2-1-23 所示。

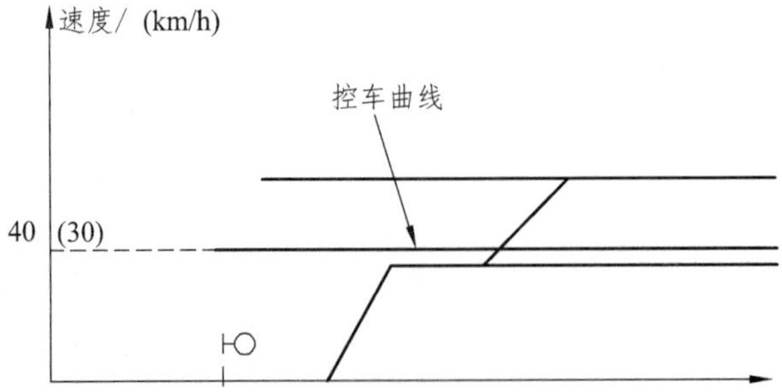


图 2-1-23　调车模式控车曲线示意图

### 5. 休眠模式（SL）

休眠模式是非本务端车载设备不监控列车运行，但仍执行列车定位、记录等级转换等功能的模式。

#### 6. 隔离模式（IS）

隔离模式是列控车载设备控制功能停用的模式。列车停车后，根据规定，司机操作隔离装置使列控车载设备转入隔离模式。

#### 7. 待机模式（SB）

待机模式是列控车载设备上电后的默认模式。列控车载设备自检和外部设备测试后，自动处于待机模式。在待机模式下，列控车载设备正常接收轨道电路及应答器信息。

## 四、CTCS-3 级列控系统与 CTCS-2 级列控系统的异同

### （一）CTCS-3 级列控系统与 CTCS-2 级列控系统的相同处

#### 1. 运行方式

满足正线双线双方向运行，正向按自动闭塞追踪运行，反向按自动站间闭塞运行的要求。

#### 2. 监控列车方式

CTCS-3 级列控系统与 CTCS-2 级列控系统都是对高速运行下的列车进行运行速度、运行间隔等实时监控和超速防护，以目标距离连续速度控制模式、设备制动优先的方式监控列车安全运行。

#### 3. 配套系统

用于高速铁路的 CTCS-3 级列控系统与 CTCS-2 级列控系统都必须配套调度集中、车站联锁、信号集中监测系统。

#### 4. 车载设备

车载设备除 GSM-R 无线通信单元（RTU）外，其他如车载安全计算机（VC）、GSM-R 无线通信单元（RTU）、应答器信息传输模块（BTM）、记录单元（JRU/DRU）、人机界面（DMI）、列车接口单元（TIU）、测速测距单元（SDU）、动态监测接口等均相同。

#### 5. 列车定位

车载设备依据地面应答器收到的信息并以此为基准点通过测速单元等设备测量列车运行距离来获得列车位置。

#### 6. 轨道电路

由轨道电路实现列车占用检查。除复杂大站的其他区段采用 97 型 25 Hz 轨道电路外，复杂大站的正线、股道区段以及一般车站（线路所）全站都采用列控中心编码控制的 ZPW-2000 系列有绝缘轨道电路。

### （二）CTCS-3 级列控系统与 CTCS-2 级列控系统的不同处

CTCS-3 级列控系统与 CTCS-2 级列控系统的不同处见表 2-1-1。

表 2-1-1　CTCS-3 级列控系统与 CTCS-2 级列控系统的不同处

| 项　目 | CTCS-3 级 | CTCS-2 级 |
| --- | --- | --- |
| 适用范围 | 300～350 km/h 高速铁路 | 200～250 km/h 高速铁路 |
| 车地信息通道 | GSM-R 及部分应答器，双向实时传输 | 轨道电路及应答器，单向传输 |
| 地面主要控制设备 | 无线闭塞中心（RBC） | 列控中心 |
| 行车许可（MA）生成方法 | RBC 根据列车位置、轨道电路状态及进路信息生成行车许可并传送给车载设备 | 车载设备根据接收的轨道电路的编码和应答器信息生成行车许可 |
| 临时限速 | RBC 通过连续的无线通信传送给车载设备 | 列控中心通过有源应答器传送给车载设备 |
| 发送分相区信息 | RBC | 应答器 |
| 车载设备工作模式 | 7 种 | 6 种及特有的部分机车信号模式 |
| 区间地面信号机 | 只设置停车标 | 设置信号机 |
| 车站地面信号机 | 常态为灭灯 | 常态为点灯 |
| 备用系统 | CTCS-2 级 | LKJ |

### 任务实施

根据以上相关知识，由老师组织学生分组讨论高速铁路列车运行控制系统的组成及功能，各小组指派代表进行总结汇报，并进行小组互评、教师点评，以提高学生运用理论知识解决实际问题的能力。

## 任务二　DS6-K5B 计算机联锁系统

### 能力目标

能正确使用 DS6-K5B 计算机联锁系统办理进路。

### 知识目标

掌握 DS6-K5B 计算机联锁系统的组成及操作要求。

### 相关知识

计算机联锁是保证车站行车安全的重要技术设备。高速铁路的车站、线路所、动车段（所）应采用计算机联锁。在高速铁路中，计算机联锁系统必须具备与调度集中（CTC）、无线闭塞中心（在采用 CTCS-3 级列控系统时）、列控中心、信号集中监测等系统的接口能力。计算机联锁完成车站联锁功能，并接收和执行 CTC 的命令。

## 一、联锁设备应满足的条件

站内正线及到发线上的道岔，均需与有关信号机联锁。区间内正线上的道岔，须与有关信号机或闭塞设备联锁。

### （一）进路的种类及概念

#### 1. 进路的概念

在车站上，为列车进站、出站所准备的通路，称为列车进路。

为各种调车作业准备的通路，称为调车进路。

有可能造成列车（或车列）冲突的进路，称为敌对进路。

#### 2. 敌对进路的种类

（1）同一到发线上对向的列车进路与列车进路。

（2）同一到发线上对向的列车进路与调车进路。

（3）同一咽喉区内对向重叠的列车进路。

（4）同一咽喉区内对向重叠的调车进路。

（5）同一咽喉区对向重叠或顺向重叠的列车进路与调车进路。

（6）防护进路的信号机设在侵入限界的轨道绝缘节处，禁止同时开通的进路。

（7）咽喉区内无岔区段上对向的调车进路（到发线上无岔区段应根据具体情况及运营要求另作规定）。

### （二）各种联锁设备应满足的条件

每一个列车、调车进路都应设立信号机进行防护，以保证行车安全。而站内正线及到发线上的道岔开通方向又是构成进路的必要条件。因此，信号机与其所控制进路上的有关道岔之间，必须互相联锁。

（1）当进路上的有关道岔开通位置不对或敌对信号机未关闭时，防护该进路的信号机不能开放。

进路上有关道岔在规定位置时才能开放信号机。进路上的有关道岔位置不正确而开放信号机，将失去联锁的作用，会使列车（或车列）挤坏道岔进入异线，造成严重后果或进入敌对进路，危及行车安全。

（2）信号机开放后，该进路上的有关道岔不能扳动，其敌对信号机不能开放。

防护敌对进路的信号机称为敌对信号机。敌对进路必须相互照查，不得同时开通。信号机开放后敌对信号机绝对不能开放，否则就有可能与对面开来的列车造成冲突。当防护进路的信号机已经开放，表示进路已经正确开通。这时进路上的有关道岔必须锁闭在规定的位置，不能转换，其敌对信号机也必须锁闭在关闭的位置，不能开放。

## 二、集中联锁设备

集中联锁设备应保证：当进路建立后，该进路上的道岔不能转换；当道岔区段有车占用时，该区段的道岔不能转换；列车进路向占用线路上开通时，有关信号机不能开放（引导信号除外）；能监督是否挤岔，并于挤岔的同时，使防护该进路的信号机自动关闭，被挤道岔未恢复前，有关信号机不能开放。

集中联锁设备，在控制台（或操纵、表示分列式的表示盘及监视器）上应能监督线路与道岔区段是否占用、进路开通及锁闭，复示有关信号机的显示。

#### 1. 集中联锁的主要功能及技术要求

集中联锁道岔及转辙机应满足下列要求：

（1）道岔区段有车时，道岔不应转换。

（2）进路在锁闭状态时，进路上的道岔都不应再转换。

（3）道岔一经启动，不论其所在区段轨道电路故障或有车进入轨道区段，均应能继续转换到规定位置。

（4）道岔因故被阻不能转换到规定位置时，对非调度集中操纵的道岔，应保证经操纵后转换到原来位置，对调度集中操纵的道岔，应自动切断供电电源，停止转换。

（5）道岔转换完毕，应自动切断启动电路。

#### 2. 集中联锁的车站必须满足的要求

（1）开放信号时，必须检查进路在空闲状态；检查敌对进路在未建立状态，并且确实被锁在未建立状态下；检查进路上的道岔（包括防护道岔）位置正确，并且确实被锁在规定位置上；应先检查红灯灯丝完整，即红灯确实在亮灯状态，在红灯灯丝断丝时，不准再开放允许灯光。

（2）车站信号应在值班人员的操纵下才能开放，信号关闭以后应能防止自动重开放，但在通过列车多的车站上，允许正线上的列车信号在值班人员的操纵下改为自动重复开放方式。

（3）列车信号应在列车进入进路后立即自动关闭；调车信号应在车列全部越过调车信号后自动关闭（因有时机车在后面推送）；但不论列车信号还是调车信号，都应在值班人员的操纵下能随时关闭。

（4）取消进路或人工解锁进路时，信号应随之关闭。

#### 3. 挤岔的表示

当发生挤岔时，应切断表示电路，点亮挤岔表示灯，关闭防护该进路的信号机，同时发出挤岔报警。在被挤道岔和转辙机的功能未恢复的情况下，应不能沟通表示电路和接通控制电路，有关信号应不能开放。

#### 4. 集中联锁设备控制台

集中联锁设备，在控制台上应设有站场示意图和各种表示灯、信号复示器、挤岔电铃及信号、道岔等按钮。控制台应满足下列监督作用：

（1）线路及道岔区段是否占用。

（2）信号复示。

（3）挤岔表示等。

## 三、DS6-K5B 型计算机联锁系统结构

DS6-K5B 型计算机联锁具备高可靠、高安全的性能，在联锁功能方面满足我国铁路技术条件的要求。

DS6-K5B 型计算机联锁系统由控制台、电务维护台、联锁机、输入/输出接口、继电器接口电路和电源组成。其系统结构如图 2-2-1 所示。

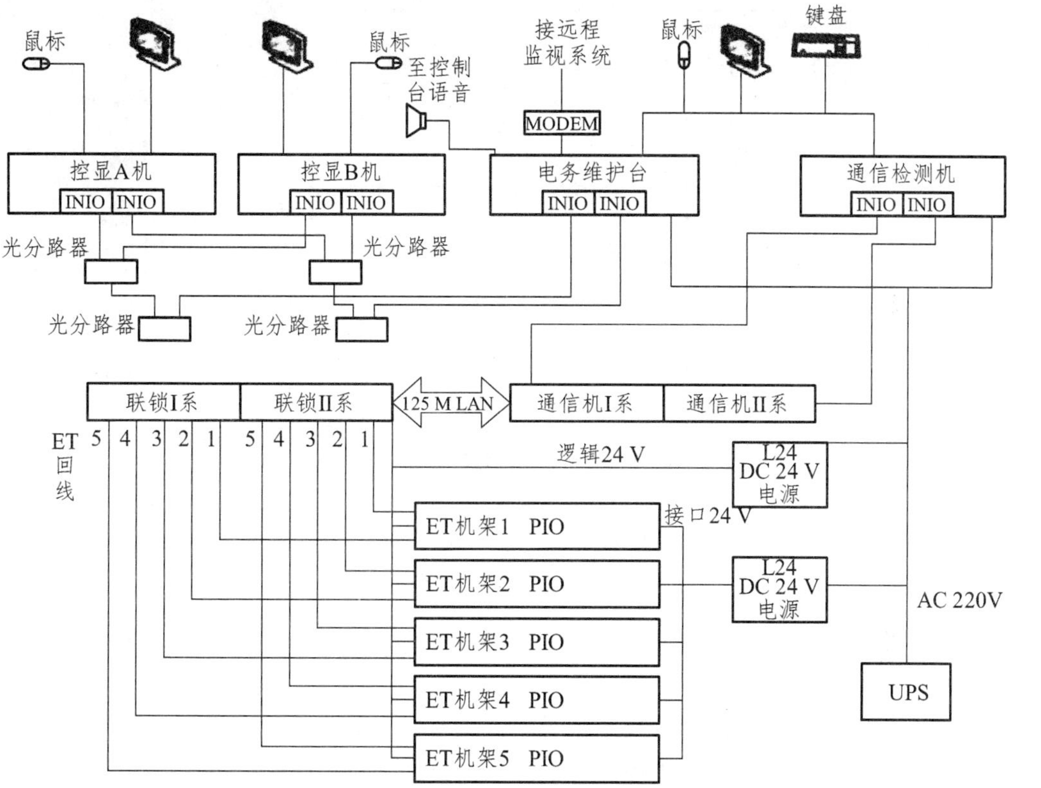


图 2-2-1　DS6-K5B 型计算机联锁系统结构

DS6-K5B 型计算机联锁系统由人机界面层、联锁逻辑层、执行层组成。

### 1. 人机界面层

人机界面层包括控制台和电务维护台。控制台由控显双机和车站值班员办理行车作业的操作、表示设备组成，实现控制台操作、站场图形显示。电务维护台包括电务维修机、通信监测机、键盘、显示器、KVM（键盘、显示器、鼠标）切换器，实现系统设备故障监视等功能。

### 2. 联锁逻辑层

联锁逻辑层为联锁机。联锁机包括联锁逻辑部和前置通信机。联锁逻辑部实现联锁逻辑运算、输入/输出控制、诊断信息处理及二重系管理等。前置通信机实现与外部接口（无线闭塞中心、列控中心及邻站计算机联锁）的通信功能。

### 3. 执行层

执行层为输入/输出接口（称作“电子终端”，简称 ET），可实现驱动现场设备、采集现场设备状态。

DS6-K5B 系统机柜如图 2-2-2 所示。DS6-K5B 型计算机联锁设备分别安装在联锁机柜、电子终端柜、计算机电源柜内，另设监控柜。

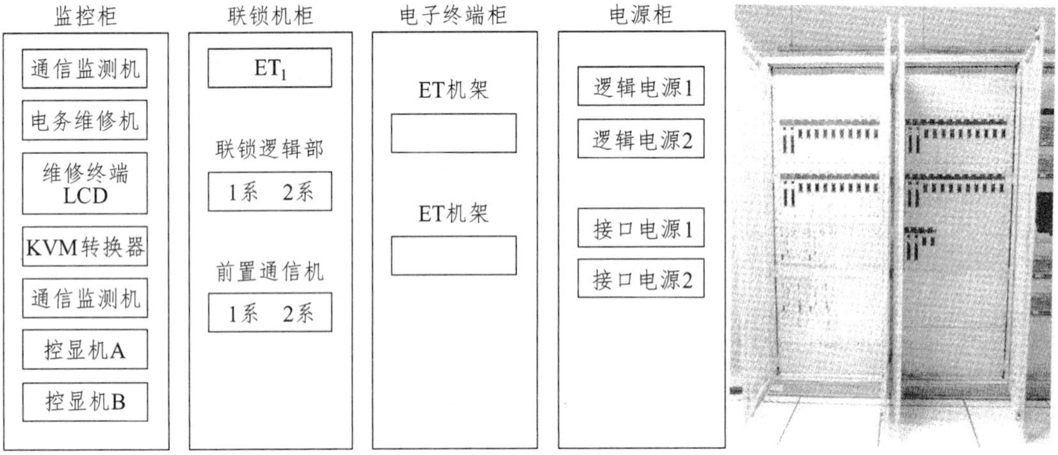


图 2-2-2 DS6-K5B 系统机柜

## 四、DS6-K5B 计算机联锁系统操作

### （一）站场图形

#### 1. 操作界面

操作界面屏幕分两个区域：上部是菜单栏，菜单栏左侧是系统状态表示区，右侧是系统按钮区；下部是视图区，包括功能按钮区、站场图形区、指示灯区、提示报警区。操作界面如图 2-2-3 所示。

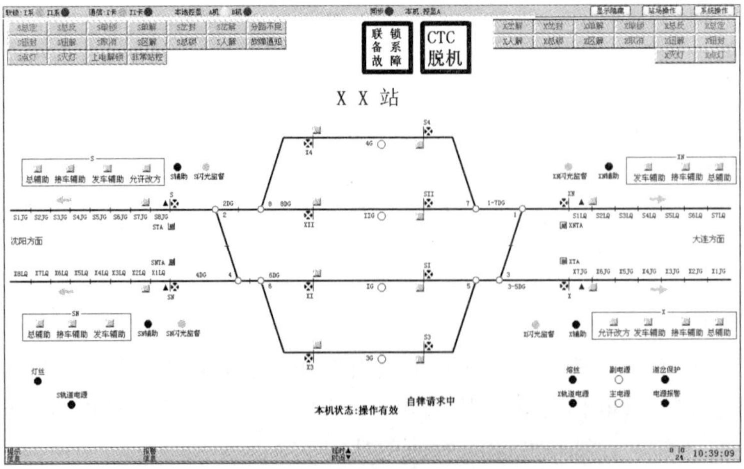


图 2-2-3 DS6-K5B 计算机联锁系统操作界面

2. 显示屏上图形显示

（1）信号机显示。

列车信号机关闭状态显示红灯，开放时显示相应的允许信号。若室外信号点灯，则与室外信号机显示一致；若室外信号灭灯，则信号机显示带有“×”。调车信号机关闭状态显示蓝灯（或红灯），开放时显示白灯。信号机的名称用拼音字母与阿拉伯数字组合表示。

排列进路时，点击列车按钮后，显示绿色闪烁文字，同时信号机名称后加“LA”或“A”字符；点击调车按钮后，显示白色文字闪烁，同时信号机名称后加“DA”或“A”字符。进路锁闭后按钮名称恢复原状。如遇屏幕有按钮闪烁需取消时，按压相应咽喉的“总取消”按钮。

（2）轨道区段显示。

轨道区段空闲状态显示为蓝色光带，区段锁闭显示白色光带，区段占用显示红色光带。无岔区段和股道名称固定显示在对应轨道区段附近。

（3）道岔表示。

道岔通过所在轨道区段断开和连接的状态表示当前开通位置。道岔名称用道岔号的数字表示。

道岔在定位时，道岔名显示绿色；道岔在反位时，道岔名显示黄色；道岔四开时，道岔名显示红色。

道岔发生挤岔故障时，道岔名显示红色并闪烁。

道岔单锁、总锁闭、防护或上电锁闭时，在道岔岔尖处显示一个圆圈。颜色同当前道岔名称颜色，道岔解锁后圆圈消失。

注意：当被防护的道岔所属道岔区段为该进路的进路内区段时，被防护的道岔不画圆圈，但其仍为该进路的防护道岔。

道岔封闭时，道岔名称上显示一个方框，颜色同当前道岔名称颜色，道岔解封后，方框消失。

（4）按钮封闭显示。

列车按钮封闭后，对应信号机灯外画一方框；调车按钮封闭后，其对应信号机名称显示红色。

对于出站信号机，无论封闭列车按钮还是封闭调车按钮，其对应信号机名称显示红色，同时对应信号机灯外画一方框。

无对应信号的按钮封闭后，按钮名称显示红色。

（5）铅封按钮的计数表示。

铅封按钮的操作次数由控显机自动累计计数。计数值不能被维护人员人工消除或修改。计数值平时不显示。破封次数查看可通过点击系统按钮区中“破封统计”按钮，弹出如图 2-2-4 所示的对话框。点击系统按钮区的“关闭统计”按钮或破封统计表上的关闭按钮，破封统计框自动消隐。

| 名称 | 破封次数 |
|---|---|
| X总人解 | 3 |
| S总人解 | 1 |
| X事故解锁 | 2 |
| S事故解锁 | 0 |
| X引导总锁 | 1 |
| S引导总锁 | 0 |
| 加电解锁 | 0 |
| | |

图 2-2-4　铅封按钮的计数表示

（6）操作报警和提示。

图形显示器屏幕的下方状态栏是操作提示显示区。如图 2-2-5 所示。

图 2-2-5 操作报警和提示

操作提示显示区包括“提示信息”“报警信息”“延时时间”和控显机资源使用状态。

①“提示信息”。

用粉色字显示当前办理的作业。当前操作提示覆盖先前的操作提示。

上电锁闭提示用红闪效果显示，以便引起注意，在上电锁闭状态下，全场道岔均处于被锁闭状态。上电解锁操作完成后，“上电锁闭”闪烁自动消失，并提示上电解锁，全场道岔解锁。

②“报警信息”。

显示报警信息，当前的报警信息覆盖先前的报警信息。点击“清报警”按钮，可以消除报警显示。

③“延时时间”。

显示各类延时解锁时间的倒计时显示，当有多个延时倒计时，延时时间箭头变为红色，通过点击图中右侧箭头可查阅当前多个延时时间。

（7）破铅封功能显示。

用鼠标点击一个铅封按钮之后，屏幕弹出密码输入方框。如果不想进行破封操作，可点击密码框中的“取消”，以取消前一次操作，使屏幕上该破封框消失。

铅封按钮完成一次破铅封操作后，自动恢复铅封状态（即操作一次有效）。下次操作必须重复上述破铅封过程。

系统计数器对铅封按钮的破封操作次数自动累计。

（8）系统信息提示。

菜单栏的左边是系统状态表示信息，如图 2-2-6 所示。

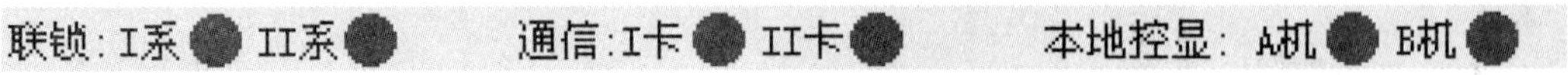


图 2-2-6 系统信息提示

① 联锁Ⅰ系。

指示灯绿色：联锁Ⅰ系是主系，工作状态正常。

指示灯黄色：联锁Ⅰ系是备系，工作状态正常。

指示灯红色：联锁Ⅰ系故障或相应通信故障。

② 联锁Ⅱ系。

指示灯绿色：联锁Ⅱ系是主系，工作状态正常。

指示灯黄色：联锁Ⅱ系是备系，工作状态正常。

指示灯红色：联锁Ⅱ系故障或相应通信故障。

③ 通信Ⅰ卡。

绿灯表示网络Ⅰ正常，红灯表示网络Ⅰ故障。

④ 通信Ⅱ卡

绿灯表示网络Ⅱ正常，红灯表示网络Ⅱ故障。

⑤ 本地控显 A。

指示灯绿色：控显 A 机是主机，工作状态正常。

指示灯黄色：控显 A 机是备机，工作状态正常。

指示灯红色：控显 A 机故障。

⑥ 本地控显 B。

指示灯绿色：控显 B 机是主机，工作状态正常。

指示灯黄色：控显 B 机是备机，工作状态正常。

指示灯红色：控显 B 机故障。

以上指示灯出现红灯时，值班员应立即通知电务维修人员排除故障。

（9）CTC 状态信息提示。

控显机连接 CTC 设备时，控显机与 CTC 的通信状态如下：

显示闪烁“CTC-0 通道故障”：表示通信的第 0 个通道与 CTC 通信中断。

显示闪烁“CTC-1 通道故障”：表示通信的第 1 个通道与 CTC 通信中断。

显示闪烁“CTC-双通道故障”：表示通信的双通道与 CTC 通信中断。

显示红色“CTC 脱机”印章：CTC 无主控制，此时 CTC 控制无效。

发生上述情形时，值班员应立即通知电务维修人员排除故障。当发生“CTC-双通道故障”“CTC 脱机”时应及时与中心联系，请求转为非常站控模式。

“非常站控”按钮状态：按下时，提示“站控模式”；抬起时，与 CTC 连通过程中提示“自律请求中”，CTC 同意自律请求后，转为“自律模式”。

当需要把“非常站控”按钮由按下转为抬起时，必须确认站场界面无按钮处于按下状态。

（10）车次号输入功能。

① 增加车次号。

在车次号输入时，用鼠标右键点击对应股道名，点击“添加车次”，弹出车次号输入框，在弹出窗口输入所需的车次，最多可以输入 8 位有效字符，并可根据“客/货车”和“行驶方向”选择车次类型和运行方向；车次号输入完成后，点击“确认”按钮，车次号即显示在相应股道上。当车列出清股道后，该股道车次号自动消失。

② 删除车次号。

在已输入车次号的股道，用鼠标右键点击对应股道名，再点击“删除车次”，车次号显示消失。

### （二）按钮的设置

#### 1. 信号按钮

列车信号按钮用信号机的信号红灯灯位表示，调车信号按钮用信号机的名称表示。没有对应信号机的终端按钮、通过按钮、变更按钮，用画在轨道线旁的方框图形表示。

#### 2. 道岔按钮

道岔按钮用道岔号的数字或岔心区域表示。

#### 3. 区段按钮

区段按钮用轨道区段的名称表示。

4. 功能按钮

功能按钮按照咽喉设置，根据上下行咽喉分别设置在屏幕上方的左面和右面。具体按钮名称和作用如下：

（1）总定、总反：用于单独操纵道岔。

（2）单锁、单解：用于对道岔进行单独锁闭和单独解锁操作。道岔单独锁闭后可以排列经过该道岔当前所在位置的进路，但是不能单操道岔。

（3）岔封、岔解：在施工、维修等情况下对道岔进行单独封锁/解封操作。道岔封锁后不能再排列经过此道岔当前所在位置（包含该道岔为此进路的防护道岔情况）的进路，但是可以单操道岔。

（4）钮封、钮解：用于对信号按钮进行封闭/解封操作。信号按钮锁闭后不能排列以此信号为始终端的进路。

（5）取消、人解：用于取消进路和人工解锁进路。

（6）总锁：用于对相应咽喉的引导总锁闭（注意：办理引导总锁闭时该咽喉的所有道岔均锁闭，同时本咽喉内不能再正常排列进路，但已排好的进路不受影响）。

（7）区解：用于区段故障解锁。

（8）点灯：用于对不存在进路且处于灭灯状态下的列车信号机进行点亮红灯操作。

（9）灭灯：用于对不存在进路且处于点亮红灯状态下的列车信号机进行灭灯操作。

以上所有按钮若按钮名为红色，则表示其为需破铅封的按钮，否则表示其为不需要破铅封的按钮。

5. 其他功能按钮

其他功能按钮包括非常站控、上电解锁、引导、四线制改方、坡道解锁、尖轨心轨故障按钮等。

（1）非常站控。

系统第一次启动默认为自律控制模式，如需进行站控操作，首先需按压“非常站控”按钮将控制权改为站控模式；当需转为自律控制时，抬起此按钮，并再次破铅封即可；如果自律控制模式满足，此按钮抬起，系统自动转为自律控制，如果自律模式条件不满足，此按钮无法抬起，联锁系统仍保持站控模式。

（2）上电解锁。

计算机联锁重新上电后，将本站所有道岔锁闭到当前位置，并禁止办理任何作业。操作人员必须首先人工确认站内车辆均已停稳，然后按压“上电解锁”按钮，输入密码后点击“确认”按钮，使屏幕上“上电锁闭”的提示消失，出现“上电解锁”提示之后，才能正常办理进路。

（3）引导。

根据需求，对列车信号设置引导按钮，引导按钮一般设置在列车信号机旁或屏幕相应引导按钮区，用白色的方框表示；当需办理引导进路时，确认相关道岔位置和相关区段无车时，可通过按压此按钮进行引导进路的办理。

（4）允许改方。

DS6-K5B 型计算机联锁在反方向发车口设置了“允许改方”按钮，此按钮为铅封非自复式，当需办理反方向发车进路（不论该发车口的区间方向是否为发车方向）时，需先将相关发车口的“改方”按钮按下，使用完毕后抬起此按钮即可。

（5）坡道解锁。

办理延续进路时，列车完全进入股道并经人工确认停稳后，根据需要，可顺序按下此按钮及延续进路始端按钮，延续进路立即解锁。

（6）尖轨、心轨故障按钮。

对于五机或五机以上牵引的道岔，根据电路需要，设置有尖轨/心轨故障按钮，此按钮为铅封非自复式。道岔尖轨、心轨按钮在道岔无故障时应保持抬起状态。尖轨故障按钮用三角形的按钮表示；心轨故障按钮用圆形按钮表示。

## （三）排列进路

### 1. 排列进路

排列基本进路：顺序点击进路的始端信号按钮和终端信号按钮。

排列变更进路：顺序点击进路的始端信号按钮、变更按钮和终端信号按钮。

排列延续进路：顺序点击接车进路的始端信号按钮、终端信号按钮和延续终端按钮。

（1）鼠标移动到要排列的进路始端信号灯或信号机名称上，当光标变成小手形状时点击左键。按压按钮后，信号机名称闪烁。

（2）完成对进路始端信号按钮、变更按钮（如果存在）、终端按钮的操作，即可完成进路排列。

按压始终端按钮后，信号机名称闪烁，进路建立过程中，屏幕显示有关道岔的动作情况。进路锁闭后显示白色光带，信号机名称停止闪烁，信号灯给出相应显示。

道岔单独操纵优先进路式操纵，若在选路的过程中单独操纵进路上动作的道岔时（不论是反转还是顺着进路方向），会使选路命令失效，执行道岔单独操纵命令。

### 2. 取消进路

鼠标移动到对应咽喉的“取消”功能按钮上，光标会变成小手状，点击左键，“取消”功能按钮处于按下状态并且开始 10 s 倒计时。

在倒计时期间，移动鼠标到进路的始端信号按钮处，光标会变成小手状，点击左键完成进路取消操作。

操作后对应显示：信号关闭，进路白光带消失。若点击“取消”按钮 10 s 之内没有点击进路的始端信号按钮，“取消”按钮自动恢复抬起状态。

取消通过进路时，应分段取消每条进路。

取消延续进路时，应先取消接车进路，后取消延续进路。

取消进路同时适用于取消调车进路和取消列车进路。

### 3. 人工解锁进路

鼠标移动到对应咽喉的“人解”功能按钮上，光标会变成小手状，点击左键弹出密码确认框，输入密码并确认，该按钮处于按下状态并且开始 10 s 倒计时。

在倒计时期间，移动鼠标到人解进路的始端信号灯（用于人解列车进路）或信号机名称

（用于人解调车进路）上，光标会变成小手状，点击左键，完成进路人解操作。在“人解”按钮按下后 10 s 之内没有点击进路的始端信号按钮，“人解”按钮自动恢复抬起状态。

操作后对应显示：信号关闭后，在“延时时间”区域显示红色延时，延时结束后，进路解锁。

人工解锁进路同时适用于人工解锁调车进路和人工解锁列车进路。

#### 4. 重开、关闭信号

（1）重开信号。

信号因故关闭，但开放条件仍然满足，可以通过点击进路始端按钮完成信号重开。

鼠标移动到进路的始端按钮上，当光标变成小手形状时点击左键，完成重开操作。

操作后对应显示：信号灯显示开放信号。

（2）关闭信号。

已开放的信号需要关闭时，可采取区段故障解锁、取消进路和人工解锁进路方式。

#### 5. 道岔操作

（1）道岔单独操纵。

首先点击道岔总定或道岔总反按钮，在其 10 s 延时时间内点击需要操纵的道岔按钮，完成道岔单操定位或反位的操作。在 10 s 延时时间内点击道岔按钮后，命令生效，道岔单操按钮随之抬起。超过 10 s 不点击道岔按钮，总定或总反按钮自动抬起，再点击道岔按钮无效。因此，点击一次道岔单操按钮只能操纵一组道岔。

移动鼠标到如图 2-2-7 所示的功能按钮总定（反）位按钮上，当光标变成小手状时点击鼠标左键，总定（反）位按钮会处于按下状态并且开始 10 s 延时。在延时期间移动鼠标到待单操的道岔名称上，当光标变成小手状时点击鼠标左键，完成道岔单独操作。

图 2-2-7　道岔单独操纵

（2）道岔岔封。

点击对应咽喉的“岔封”按钮，在 10 s 延时时间内点击道岔按钮，完成道岔封闭的操作。在 10 s 延时时间内点击道岔按钮后命令生效，“岔封”按钮随之抬起。超过 10 s 不点击道岔按钮，“岔封”按钮自动抬起。点击一次“岔封”按钮只能封闭一组道岔。岔封的道岔可以单操，但无法办理经此道岔的进路。

（3）道岔解封。

点击对应咽喉的“岔解”按钮，在 10 s 延时时间内点击道岔按钮，完成道岔解封的操作；在 10 s 延时时间内点击道岔按钮后命令生效，“岔解”按钮随之抬起；超过 10 s 不点击道岔按钮，“岔解”按钮自动抬起。点击一次“岔解”按钮只能解封一组道岔。

（4）道岔单锁。

点击对应咽喉的“单锁”按钮，在 10 秒延时时间内点击道岔按钮，完成道岔单锁的操作；在 10 秒延时时间内点击道岔按钮后命令生效，“单锁”按钮随之抬起；超过 10 秒不点击道岔按钮，“单锁”按钮自动抬起。点击一次“单锁”按钮只能单锁一组道岔。单锁的道岔在控制台不可扳动。

（5）道岔单解。

点击对应咽喉的“单解”按钮，在 10 s 延时时间内点击道岔按钮，完成道岔单解的操作；在 10 s 延时时间内点击道岔按钮后命令生效，“单解”按钮随之抬起；超过 10 s 不点击道岔按钮，“单解”按钮自动抬起。点击一次“单解”按钮只能单解一组道岔。

### 6. 点灯、灭灯操作

DS6-K5B 计算机联锁系统在每个车站分咽喉设置自复式“点灯”和“灭灯”按钮，其中“灭灯”属于铅封按钮。

当为车载设备故障或未安装 ATP 车载设备的列车办理相关进路时，应首先将对应信号机点亮后再办理进路。若进行点亮信号机操作前对应进路已经建立，联锁不能点亮信号机并给出提示。操作员应先进行“取消进路”或“人工解锁进路”，待进路解锁后，再进行点亮信号机及办理进路的操作。列车越过点亮允许灯光的列车信号机，信号机点亮红灯，其防护的进路内方第一区段解锁后信号机灯光熄灭。

当 ATP 车载设备故障修复需恢复正常办理进路时，首先应将对应信号机红灯灭灯后再办理进路。若进行熄灭信号机操作前对应进路已经建立，联锁不能熄灭信号机并给出提示。操作员应先进行“取消进路”或“人工解锁进路”，待进路解锁后，再进行熄灭信号机及办理进路的操作。

进站信号机室外点亮时，办理对应接车进路或调车进路的顺向出站信号机自动点亮红灯。对于列车或调车立折作业，立折发车进路或调车进路内方第一区段解锁后，原接车或调车时点亮的出站信号机红色灯光随之熄灭。

出站信号机点亮并办理发车进路（含引导）时，应检查站间区间轨道空闲条件后点亮允许灯光。

当办理同一股道的接车、发车进路时，若进站或出站信号机显示状态不一致，通过进路无法办理。

在联锁“停稳计时”未结束前，禁止人工将原接车时点亮的出站信号机红色灯光熄灭。

### 任务实施

根据以上相关知识，由老师组织学生分组讨论 DS6-K5B 计算机联锁系统的组成及操作方法，各小组指派代表进行总结汇报，并进行小组互评、教师点评，以提高学生运用理论知识解决实际问题的能力。

## 任务三　高速铁路 CTC 调度集中系统

### 能力目标

能正确操作分散自律调度集中系统。

## 知识目标

掌握高速铁路CTC调度集中系统的组成及功能。

## 相关知识

调度集中是实现行车调度指挥现代化的重要手段。高速铁路运输调度指挥装设调度集中系统。调度集中系统是涵盖调度所、车站的全程全网系统，高速铁路的行车指挥基本模式是以调度集中系统作为指挥中枢，以列控、联锁设备为基础，实现对列车运行的自动指挥和集中控制。

## 一、调度集中系统概述

调度集中系统（CTC）是调度中心（调度员）对某一区段内的信号设备进行集中控制，对列车运行直接指挥、管理的技术装备。

### （一）分散自律调度集中

“分散”是相对于集中控制而言的，这里指将由调度所集中控制所有车站的列车作业的方式改为由各个车站设备独立地控制各自的列车和调车作业，并在不影响列车运行的原则下，允许调度所和车站通过调度集中自主进行调车的方法。“自律”指的是依据各站的特点，可对调度所的控制指令和车站输入的控制指令进行自动排序，自动协调列车作业和调车作业，自动控制列车进路和调车进路。

我国调度集中系统采用分散自律结构，由各车站配置的自律机独立处理本站逻辑，同时和邻站、调度中心进行数据交换，以列车运行调整计划和安全约束条件为核心实现自动控制功能。分散自律可以解决列车进路和调车进路相互干扰的问题，实现在不影响列车运行的原则下，允许中心和车站通过调度集中自主进行调车的功能。车站自律机完成正常接发列车以及协调列车、调车作业冲突的功能，实现列车和调车作业的统一控制。CTC车站自律机如图2-3-1所示。

图 2-3-1　CTC 车站自律机

### （二）调度集中系统的接口

CTC 具备与 RBC、GSM-R、临时限速服务器（TSRS）、相邻调度区段的 CTC/TDCS、计算机联锁、列控中心、信号集中监测系统、运输调度管理系统（TDMS）的接口能力。

高速铁路区段的CTC在CTCS-2级区段还应满足CTCS-2级列车运行控制系统的临时限速和闭塞分区状态等信息可靠传输的运用要求；在CTCS-3级区段满足CTCS-3级列车运行控制系统的行车许可、临时限速和闭塞分区状态等信息可靠传输的运用要求。

### 1. 调度集中系统与车站联锁系统接口

调度集中系统与车站联锁系统接口，实现进路控制指令的执行和信号设备状态的采集。

### 2. 调度集中系统与 RBC 系统接口

调度集中系统与 RBC 系统接口，实现列车运行状态的实时监视。

### 3. 调度集中系统与临时限速服务器接口

调度集中系统与临时限速服务器接口，实现临时限速命令的下达和临时限速状态的显示。

### 4. 调度集中系统与 GSM-R 通信系统接口

调度集中系统与 GSM-R 通信系统接口，实现无线调度命令和进路预告的传递。

### 5. 调度集中系统与信号集中监测系统接口

调度集中系统与信号集中监测系统接口，实现调度集中系统的有效维护。

各系统之间既自成体系，又互相关联。

## （三）调度集中系统的功能

CTC 应能实时自动采集列车运行及现场信号设备状态信息，并传送到国铁集团调度指挥中心和铁路局调度所，完成列车运行实时追踪、无线车次号校核、自动报点、正晚点统计分析、交接车自动统计、列车实际运行图自动绘制、阶段计划人工和自动调整、调度命令及列车计划下达、行车日志自动生成等功能，还应实现列车编组信息管理、调车作业管理、综合维修管理、列车/调车进路人工和计划自动选排、分散自律控制和临时限速设置等功能。

### 1. 列车进路自动控制

调度集中系统根据基本图、日班计划编制列车运行阶段计划，按照阶段计划生成列车进路控制指令，并在规定的时机发送至联锁系统执行；同时通过实时信息采集，跟踪、监视列车实际运行情况，自动记录列车实绩运行图，自动调整后续阶段计划。当列车进路排列成功后，调度集中系统通过 GSM-R 无线通信系统向列车自动发送进路预告信息，并接收司机的回执。

### 2. 临时限速

在需要临时限速的情况下，由调度集中系统拟定临时限速调度命令，下达至临时限速服务器，并由临时限速服务器发送至无线闭塞中心/车站列控中心执行；同时调度集中系统接收临时限速服务器的反馈信息，实时监督检查临时限速的执行情况。

### 3. 传送调度命令

为了确保安全，调度集中系统通过 GSM-R 无线通信系统向司机发送临时限速调度命令文本，司机可据此核对列控车载设备接收到的临时限速报文。

## （四）调度集中的控制模式

调度集中应具备分散自律控制模式和非常站控模式。分散自律控制模式是通过调度集中设备，实现进路自动和人工办理的模式；非常站控模式是遇行车设备故障、施工、维修需要时，脱离调度集中系统控制，转为车站联锁控制台人工控制的模式。

分散自律调度集中系统包括两种控制模式：分散自律控制模式和非常站控模式。

#### 1. 分散自律控制模式

在正常情况下，车站联锁系统处于分散自律控制模式，CTC 中心将列车运行调整计划下达给所辖各站的自律机。自律机根据车站的具体情况，在保证列车计划不受影响、调车作业受到列车计划约束的条件下，自主地将列车计划和调车作业信息变换成列车进路指令和调车进路指令。

在分散自律控制模式下，调度集中设备输入命令有效，车站联锁控制台上的操作无效，联锁系统无法输入命令，此时只有“非常站控”按钮是有效的，其他按钮全部失效。

分散自律调度集中命令入口有 3 处：助调工作站、车站车务终端和车站自律机。前两者是人工输入的命令，后者是自动生成的命令。这 3 处命令统一下达到车站联锁系统执行。命令来源于 CTC 中心或车站，不存在 CTC 中心与车站控制权的转换问题。

分散自律控制模式如图 2-3-2 所示。

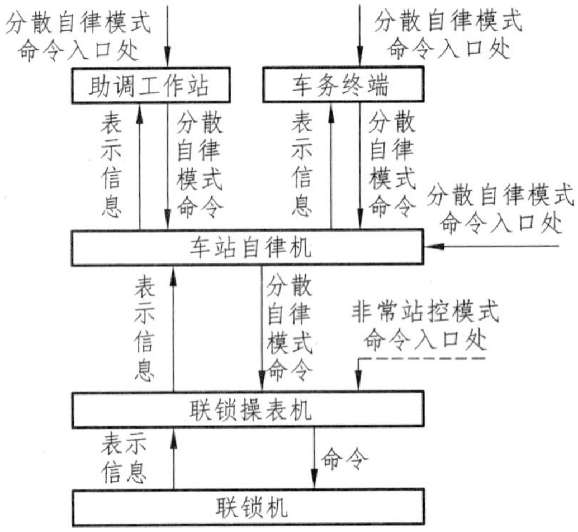


图 2-3-2　分散自律调度集中系统控制模式示意图

为了适应各种车站作业的不同情况，分散自律控制模式下，有自动控制和人工控制两种进路控制方式，操作方式有以下 3 种。

（1）中心操作方式。

集控站一般采用中心操作方式，由 CTC 中心助理调度员负责该站的列车控制和调车控制的所有作业。中心操作方式如图 2-3-3 所示。

（2）车站调车操作方式。

车站进行调车作业时，常常要使用到发线，如车站值班员具备修改、确认接发车股道的权限，有利于更好地协调接发列车与调车作业，以便减轻调度员的负担。采用调车操作方式，由 CTC 中心负责该站的列车控制，调度员制订列车运行调整计划，安排车站的股道运用；车站负责该站的调车控制，车站制订调车计划，办理调车进路。车站调车操作方式如图 2-3-4 所示。

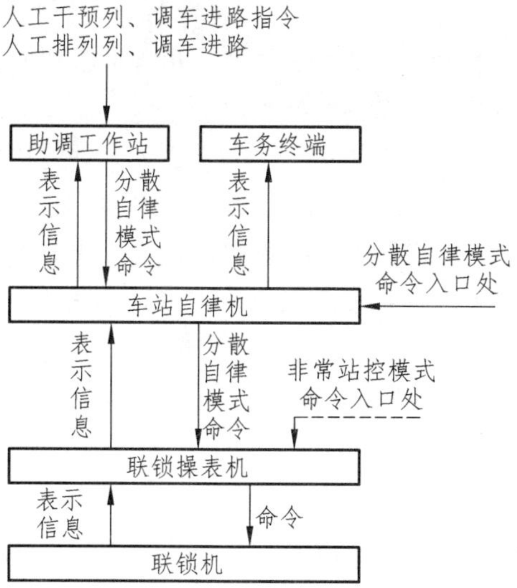


图 2-3-3　中心操作方式

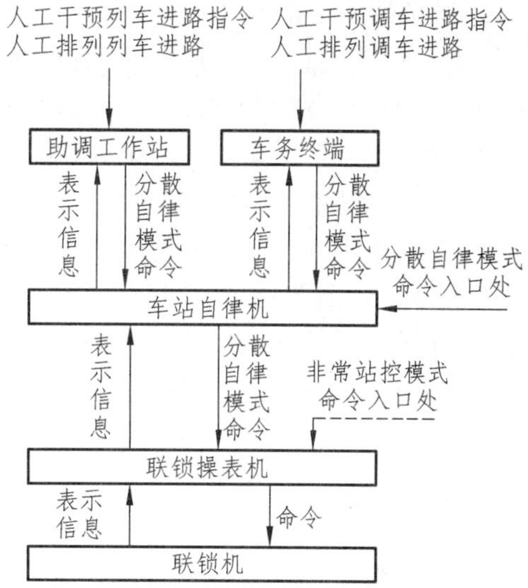


图 2-3-4　车站调车操作方式

（3）车站操作方式。

大站由于车流调整的需要，作业比较复杂，如果将大站的接发车进路命令控制权设在调度员处，调度员很难彻底掌握现场的实际作业情况，而且作业量会大大增加，可能无法应对日常的本职工作，使得调度集中系统变得不实用。对于这类车站，将权限下放给车站，使得车站能修改列车进路指令或者直接办理列车进路，由车站自律机进行各种作业的协调并保证安全性，真正减轻调度员的负担。采用车站操作方式，由调度员负责列车运行计划的调整和下达，车站可以修改列车运行调整计划的内容，包括接发车顺序、到发线、进路始终端按钮、进路被触发的方式（自动或人工）等，车站人员可直接操作列车按钮，车站制订调车计划，办理调车进路。

车站操作方式与前两种操作方式的根本区别在于车站值班员是否能修改列车进路指令信息（含接发列车股道、进路始终端按钮等）以及是否具备人工直接操作列车按钮的权利。

分散自律下的操作方式可通过站场显示中的状态灯查看。操作方式的 3 个表示灯分别是“中心操作（或中心控制）”“车站操作（或车站控制）”和“车站调车”。显示为绿色状态的表示灯指示了当前的操作方式。车站操作方式如图 2-3-5 所示。

图 2-3-5　车站操作方式

不管哪种操作方式，自动控制的进路指令是由车站自律机自动生成的；人工进路控制命令不管来自何处，均要经过车站自律机的自律运算和检查。

### 2. 非常站控模式

非常站控，就是在非正常情况发生时（发生某种故障，如自律机失效、出现危险情况或在维修施工条件下），将分散自律调度集中系统的控制转为在车站联锁控制台上通过操作按钮办理进路的控制方式。利用设置在联锁控制台上的“非常站控”按钮可将 CTC 无条件地从分散自律控制模式转为非常站控模式。此时，车站联锁系统不接收分散自律调度集中输入的命令。

在非常站控模式下，联锁控制台上的操作有效，分散自律调度集中设备输入命令无效，此时 CTC 中心不具备直接控制权，在分散自律调度集中设备上无法输入命令，同时自律机本身也停止自动生成命令。

当车站与 CTC 中心之间的通信完好时，系统仍然具备列车运行调整计划和调度命令的下达、行车信息实时上传至 CTC 中心、行车日志的自动记录等行车调度功能。

### 3. 模式转换

分散自律控制模式转为非常站控模式是无条件的。分散自律控制模式下，当发生紧急情况时，通过按下联锁控制台上“非常站控”按钮，可以将 CTC 的控制模式转为非常站控模式。

非常站控模式下，满足一定条件时（分散自律调度集中设备正常，非常站控下没有未完成的按钮操作），通过再次按下联锁控制台上“非常站控”按钮，可以将 CTC 的控制模式转为分散自律控制模式。

车站联锁系统上电时，其操作模式进入非常站控模式。

分散自律调度集中的控制模式状态由 CTC 的各个操作界面上 3 个模式表示灯来表示。

（1）非常站控模式灯。

在非常站控模式下，该表示灯点亮红灯；在分散自律控制模式下，该表示灯为灭灯状态。

（2）分散自律控制模式灯。

在分散自律控制模式下，该表示灯点亮绿灯；在非常站控模式下，该表示灯为灭灯。

（3）允许转回分散自律控制模式灯。

点亮为黄灯，反之为灭灯。自律机判断允许非常站控模式转入分散自律模式的条件后，决定该表示灯是否点亮。操作人员根据该表示灯的状态可知 CTC 是否可以转换控制模式。

## 二、CTC 构成

CTC 由铁路局、车站两级构成。调度集中区段，车站应设集中联锁，区间应设自动闭塞或自动站间闭塞。

### （一）铁路局调度中心系统

铁路局 CTC 中心系统是调度集中系统的控制中心，一般设在铁路局调度所，负责指挥整个调度区段内列车的运行。

调度中心系统主要包括数据库服务器、应用服务器、通信前置服务器、接口服务器、大屏幕投影系统（或表示墙系统）、网络设备、网络安全设备、电源设备、防雷设备、网管工作站、系统维护工作站、调度员工作站、助理调度员工作站、值班主任工作站、控制工作站、计划员工作站、综合维修工作站等，根据需要也可为其他调度台设置相应显示终端。

#### 1. 调度台设备

调度台设备主要提供调度所各相关人员的操作界面和培训功能。

（1）工作站。

调度所设置的应用工作站包括列车调度员工作站、助理调度员工作站、值班主任工作站、控制工作站、计划员工作站、统计员工作站、综合维修调度工作站、仿真培训工作站以及 $N+1$ 备份工作站和绘图仪、打印机等，根据需要也可为其他工种调度台设置相应终端。此外，根据运输需要并结合调度所房屋条件，可选配大屏幕投影显示设备，并可与其他系统合并设置。

列车调度员工作站主要实现管辖区段范围内监督列车运行位置、指挥列车运行的　　功能，如人工编制和调整列车运行调整计划、下达调度命令、与相邻区段调度员工作站进行交换信息等。CTC 提供详细的列车会让方案，该方案是完成自动控制功能的主要依据。

助调工作站主要实现 CTC 中心人工操作进路、办理闭塞、非正常处理等功能；同时还实现集控车站调车作业计划的编制、调整和指挥，以及在自律约束条件下调车进路的人工办理等调车相关功能。可以将助调工作站以列车、调车作业进行分设，称为控制工作站（完成列车操作）和助调工作站（完成调车操作）。

综合维修调度工作站主要用于设备日常维护、“天窗”修、施工以及故障处理方面的登、销记手续办理，并具有设置临时限速和封锁区间、股道等功能，同时完成维修调度命令的编辑、下达以及审批等功能。对于不繁忙的调度台，可将其功能合并在列调工作站上。

值班主任工作站供值班主任了解调度集中区段的列车实绩运行图、车站接发车作业情况和调车作业情况，并可发布调度命令及其他管理信息，查询列车运行调整计划和实绩列车运行图，完成高级调度命令的审核工作。

系统培训工作站用于调度员的现场培训。

查询终端主要用于各调度工种查询各个调度台的列车运行调整计划和列车实绩运行图。

另有电务处、电务段终端，用于给电务处及电务段值班人员了解 CTC 调度区段的信号设备状况及列车运行信息。

（2）表示墙系统或大屏幕显示系统。

表示墙系统一般由显示设备及控制器构成，用于显示车站站场作业情况和区间列车运行情况等信息。根据需要，可选配提供全景式信息显示环境的大屏幕显示系统。

（3）打印输出设备。

打印输出设备包括绘图仪及打印机。一般使用绘图仪来打印基本运行图或实绩运行图；使用打印机来打印调度命令及阶段记事等，电务人员使用打印机输出系统运行记录和操作记录等。

#### 2. CTC 中心机房设备

CTC 中心机房设备包括数据库服务器、应用服务器、通信服务器、GSM-R 接口服务器、与其他高速铁路调度所接口服务器、其他应用系统对外信息提供服务器、RBC 接口服务器、系统维护工作站、时钟校核设备、电源设备、防雷设备。根据需要配置复示终端查询服务器。

### （二）CTC 车站系统

车站系统主要设备包括车站自律机、车务终端、综合维修终端、电务维护终端、网络设备、网络安全设备、电源设备、防雷设备，以及CTC与联锁、列控、信号集中监测系统的接口设备和无线系统接口设备等。

CTC控制区段的划分，应根据行车调度区域确定。系统宜将同一调度区段内、同一联锁控制范围内车站（车场、线路所）的信号、联锁、闭塞设备纳入控制范围。

调度集中区段的两端站、区段站以及调车作业较多的中间站，因车站作业较忙，如仍由列车调度员远距离操纵，需要和车站值班员电话联系，既浪费时间，又影响运输效率；有去往区间岔线的列车或中途返回补机的中间站，作业组织较为复杂，这些车站可根据实际情况不列入调度所中心控制。但为了使列车调度员能掌握本区段的行车工作，确保行车安全，这些车站应能通过调度集中车站终端进行自动或人工控制。CTC车站系统如图2-3-6所示。

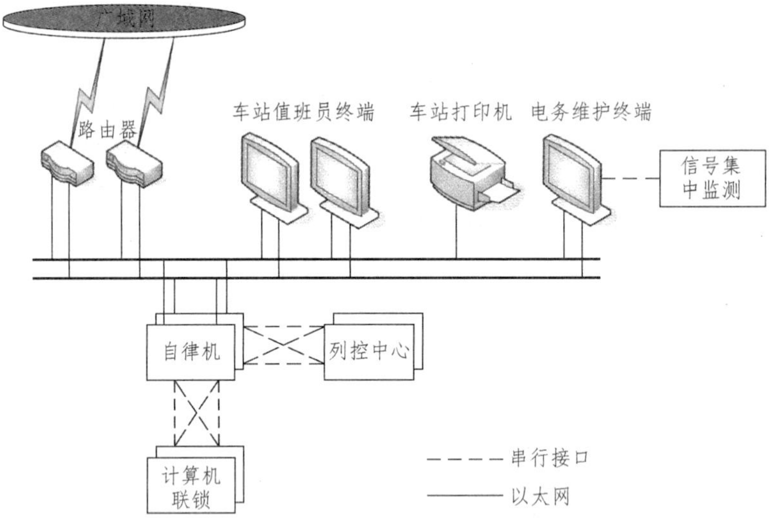


图2-3-6　CTC系统车站主要设备示意图

## 三、调度集中系统（FZy-CTC）车务终端子系统操作

车站CTC子系统是调度集中系统的重要组成部分，是系统实现分散自律功能的基本节点。调度所CTC中心将行车计划下达至车站，车站子系统根据列车运行调整计划完成进路选排、冲突检测、控制输出等核心功能；同时车站子系统还可以实现调车作业计划单编制及调车作业进路控制功能。

### （一）车务终端的主窗口

车务终端的主窗口如图2-3-7所示，主要由标题栏、菜单、工具栏、站场显示控制视图、调车作业单管理视图、进路表视图和行车日志视图等几部分组成。

#### 1. 站场显示控制视图

站场显示控制视图主要用来接发列车进路操作，控制操作站场设备，并可以切换到多站画面，显示站间透明信息，查看上下行各两个站及区间的行车状况、股道占用、车次跟踪等信息。

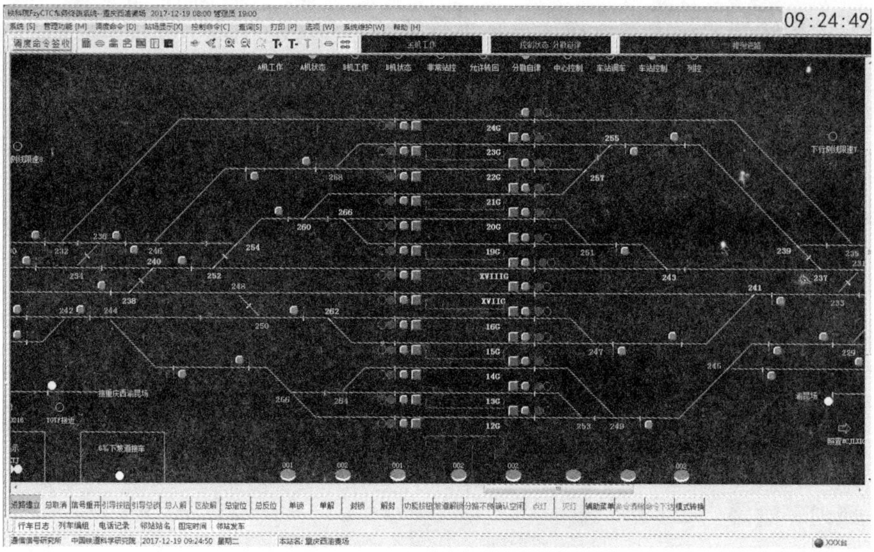


图 2-3-7　FZy-CTC 车务终端主窗口

### 2. 调车作业单管理视图

调车作业单管理视图是管理调车作业单的视图，可编辑、发送、查询、打印调车作业单，可人工触发已发送给车站自律机的调车进路。

左边视图是当前各站调车作业单的索引视图，右边视图是选中的调车作业单的编辑、查看视图。索引视图分为车站、调车作业单、钩计划、进路四级。

当右侧视图选中的是调车作业单时，编辑、查看视图显示该作业单的信息，包括作业单号、车次号、机车类型、机车号、调车组、指挥人、作业项目、控制模式、计划时间、接收/执行状态、钩计划列表、调车进路序列表。

### 3. 进路表视图

进路表视图显示如图 2-3-8 所示，左侧显示列车进路表，右侧显示调车进路表。

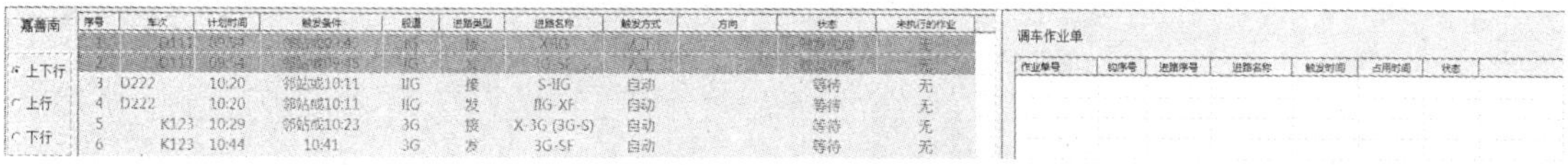


图 2-3-8　进路表视图

（1）列车进路表视图。

列车进路表视图中可看到当前车站自律机收到列车阶段计划后转成将要执行的列车进路命令；每次行调台下达阶段计划，此视图都会自动更新；执行进路命令处于不同状态时，显示不同的颜色。

进路序列的颜色与进路序列状态显示如下：

① 已经触发完成进路但未出清的进路序列显示绿色，文字显示为触发完成。

② 占用进路显示绿色背景，进路文字显示为斜体加粗，文字显示为“占用”。

③ 正在触发的样式与占用相同，进路序列显示为绿色背景，进路序列文字为斜体加粗，文字显示为“正在触发”。

④ 等待进路序列显示为米黄色背景，正常文字，文字显示为“等待”。

⑤ 触发失败的进路序列显示为橙色背景，正常文字，文字显示为“失败”。

（2）调车进路表视图。

调车进路表视图可看到当前车站自律机收到调车计划后转成将要执行的调车进路命令；每次车站发送调车计划时，此视图都会自动更新；调车进路的状态和列车进路的状态相同。

## （二）排列进路

控制命令工具栏的“排列进路”按钮（或菜单“控制命令”→“排列进路”），当前操作模式转为排列进路。

移动鼠标到调车按钮上方时，鼠标指针变成十字形。用鼠标按顺序点击对应的始端按钮和终端按钮，被选中的按钮会闪烁。

### 1. 排列列车进路

当排列列车进路时，系统弹出“选择对应的列车”窗口，窗口中默认的办理方式是“正式办理”，此时系统自动从行调下达的计划中选择与此进路匹配的车次。当用户选择车次，点击确认后，系统检查联锁条件和站细条件（包括站台、发车前是否停稳等），执行命令的同时进路序列中的进路状态同步改变。

点击“确认”按钮则办理对应的列车进路。当命令执行成功，进路变成白色光带，信号机点亮，始端按钮复原。排列ⅡG列车进路如图 2-3-9 所示。

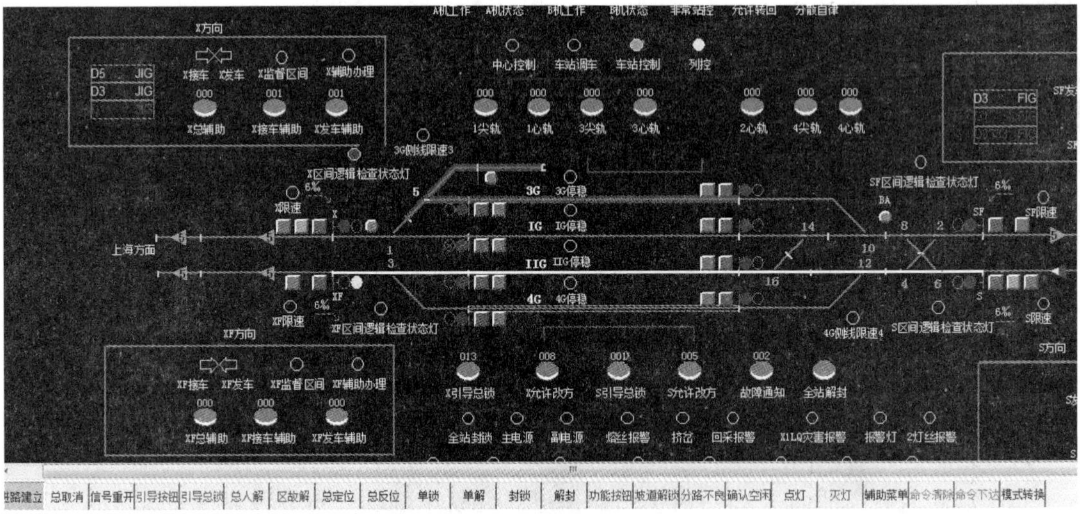

图 2-3-9　排列ⅡG 列车进路

### 2. 排列调车进路

选择调车按钮，执行命令后，系统会弹出钩作业时分对话框；输入钩作业时分，点击确认按钮，当命令执行成功，进路变成白色光带，信号机点亮，始终端按钮复原。排列调车进路如图 2-3-10 所示。

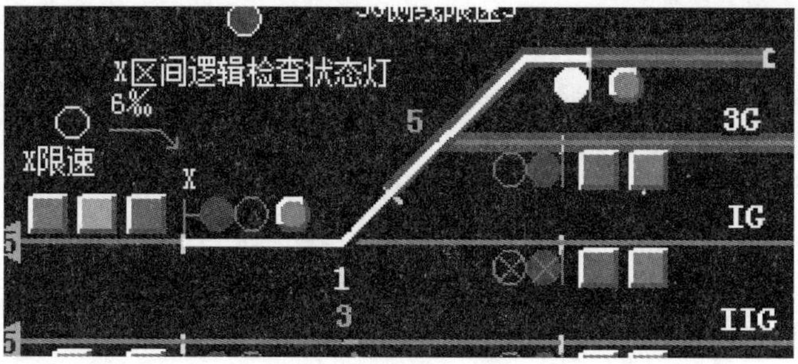


图 2-3-10　排列调车进路

### 3. 排列引导进路

当不能正常排列接发车进路时，通过口令认证，才能执行此命令。排列引导进路有两种操作方式。

（1）始终端按钮方式。

先通过单操道岔命令依次将引导进路需经过的道岔转到目标位置，然后点击菜单“控制命令”→“引导”，当前操作模式转为排列引导进路。然后再点击引导按钮＋终端列车按钮，点击菜单“控制命令”→“执行命令”（或控制命令工具栏的“执行命令”）。

（2）始端信号机右键操作方式。

先通过单操道岔命令依次将引导进路需经过的道岔转到目标位置，再用鼠标右键点击始端信号机，选择“引导”菜单。

排列引导进路命令执行成功，引导进路亮白光带，信号机成红白状态。

当站内第一区段出现故障红光带时，排列引导进路时，为防止引导信号关闭，CTC 系统将每隔 10 s 向联锁系统自动发送补信号的控制命令，直到列车头部越过故障区段或列车尾部出清故障区段之前的接近区段。若要停止自动补信号，可执行总人解命令。若排列引导进路后，列车未压入故障区段前，故障区段恢复正常，应取消引导进路重新排列接发车进路。

排列ⅡG 引导进路如图 2-3-11 所示。

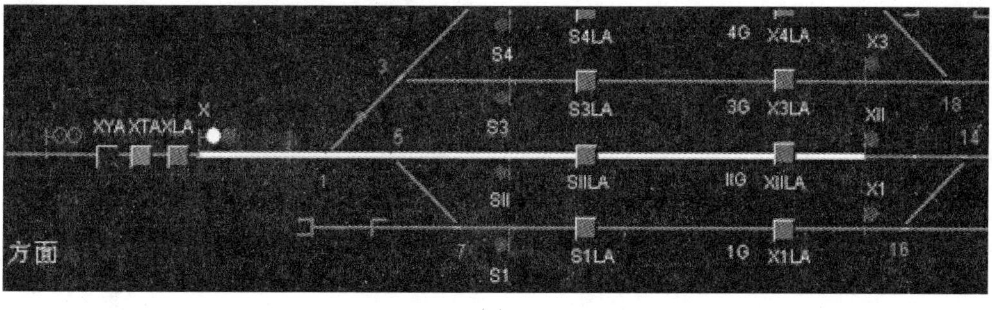


图 2-3-11　排列ⅡG 引导进路

## 任务实施

根据以上相关知识，由老师组织学生分组讨论高速铁路 CTC 调度集中系统的组成及操作方法，各小组指派代表进行总结汇报，并进行小组互评、教师点评，以提高学生运用理论知识解决实际问题的能力。

## 复习思考题

1. 高速铁路列车运行控制系统有哪些主要功能？
2. 高速铁路列车运行控制系统由哪些设备组成？
3. 高速铁路列车运行控制系统车载设备有哪些工作模式？
4. 比较 CTCS-3 级列控系统与 CTCS-2 级列控系统的异同。
5. 叙述进路的种类及概念。
6. 简述 DS6-K5B 型计算机联锁系统的组成。
7. 使用 DS6-K5B 型计算机联锁系统排列进路。
8. 联锁设备应满足哪些条件？
9. 什么是分散自律调度集中？
10. 调度集中系统的功能有哪些？
11. 详细说明分散自律的控制模式。
12. CTC 调度集中系统由哪些设备构成？
13. 如何使用调度集中系统（FZy-CTC）车务终端系统办理进路？

# 项目三　高速铁路旅客列车开行方案

## 项目描述

高速铁路运输组织是一个涉及各类运输资源和运输需求的大规模复杂决策问题。一般运输组织包括列车开行方案、运行图、动车组运用计划、乘务计划、车站作业计划。其中，列车开行方案是运输组织工作的基础，也是完成旅客运输任务的重要保障。旅客列车开行方案要能够反映铁路旅客运输的经营策略和服务水平，优质的旅客列车开行方案能够提高高速铁路旅客运输的经营效果和经济效益，旅客列车开行方案是与其他运输方式有力竞争的体现。符合高速铁路特点的列车开行方案是铁路客运系统的重要工作之一。本项目主要介绍高速铁路旅客列车开行方案、高速铁路列车运行图、高速铁路运输能力的计算与加强、高速铁路动卧夕发朝至天窗设置和高速铁路“工电供”“三位一体”维修管理。

## 任务一　高速铁路旅客列车开行方案

### 能力目标

能认识高速铁路旅客列车开行方案的重要性；能编制简单高速铁路旅客列车开行方案。

### 知识目标

掌握高速铁路旅客列车开行方案的主要内容；掌握高速铁路旅客列车开行对数的确定方法；掌握高速铁路旅客列车停站方案。

### 相关知识

列车开行方案是铁路旅客运输组织的核心，它主要包括旅客列车运行区段、列车种类开行对数的计划等，能较好地反映旅客运输的经营策略和服务质量。旅客列车开行方案的制定不仅与客流量大小有关，还与客流成分及旅客出行特点密切相关。高速铁路旅客列车开行方案是连接客流和列车运行图必需的中间桥梁，直接关系到能否满足旅客运输需求，能否提高高速铁路竞争力来吸引更多的客流。因此，编制旅客列车开行方案是客运组织的关键步骤。

### 一、高速铁路运输组织模式

高速列车开行方案是在高速铁路运输组织模式的基础上形成的。目前，高速铁路运输组织模式主要有两大类，分别为“全高速”模式和“混运”模式。

1. “全高速”模式

采用这种模式时，高速线上只运行高速列车，即列车最高运行速度都在 200 km/h 及以上。此种模式的优点是列车运行速度较高，列车追踪运行时间较短，运输组织相对简单，运输能力较大。我国高铁目前基本上都采用了全高速模式。

考虑到高速列车速度等级的不同，“全高速”模式可进一步细分为相同速度的全高速模式和不同等级速度的全高速模式。“全高速”模式还可按列车是否跨线运行，进一步细分为“全高速本线”模式和“全高速-下线”模式，前者是没有跨线运行的高速列车，跨线旅客全部采用换乘的方式；后者是指高速线上既运行本线高速列车，又运行跨线高速列车，跨线高速列车可在既有线上按其允许速度运行，其优点是可以增加高速列车的通行网络，扩大高速线路服务范围，更多地吸引客流，较好地解决跨线旅客运输问题。但要求高速列车在不同线路上运行必须系统兼容。

2. “混运”模式

“混运”模式下，高速线上不仅能运行高速旅客列车，还能运行较低速度（最高运行速度在 200 km/h 以下）的旅客列车，甚至是高附加值的快速货运列车。此种模式多用于改建既有线为高速铁路的线路上。其优点是当高速列车开行数量较少时，可以最大限度地利用高铁运能；缺点是行车组织较为复杂，对提高线路通过能力不利。

## 二、高速铁路基本生产计划

在我国高速铁路的运输管理和生产过程中，基本生产计划是核心产品竞争力的体现，是高速铁路运营调度管理的核心部分，也是确保高速铁路日常运输工作有序、高效的根本。高速铁路基本生产计划包括列车开行方案、列车运行图、动车组交路计划及乘务计划等，如图 3-1-1 所示。

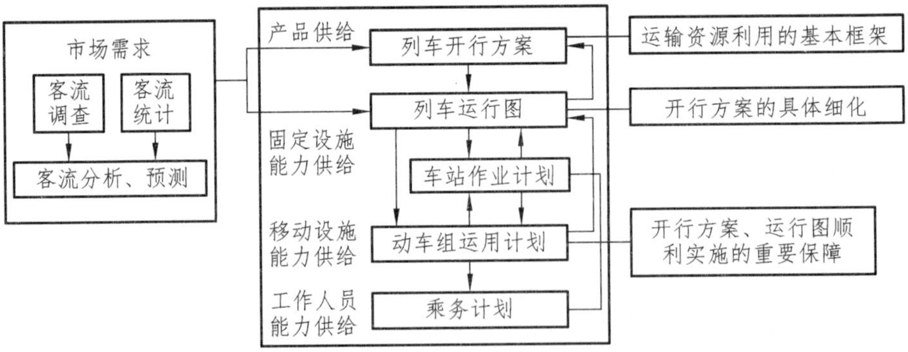


图 3-1-1　高速铁路基本生产计划

1. 列车开行方案

根据市场需求，考虑部分运输资源的运能约束，制定包括列车运行区段、列车种类及开行对数等信息的列车开行计划，是编制列车运行图的基础。列车开行方案是在空间维度上将客流需求转化为列车开行计划，给出运输资源利用的基本框架。

### 2. 列车运行图

在列车开行方案的基础上，列车运行图紧密结合客流变化，从旅客旅行时间和运营效益最优化角度，严格遵守固定设施能力约束，规定各次列车占用区间的顺序，列车在每个车站到达、出发或通过时刻，列车在区间的运行时间，列车在车站的停站时间等，是运输资源约束下更详细的列车运行计划，是编制动车组运用计划和乘务计划的基础。因此，列车运行图是对列车开行方案的细化，从时间维度确定列车开行计划，确定固定运输资源（线路、车站）的使用计划。

### 3. 动车组运用计划

动车组运用计划是为铺好的列车运行图分配动车组、安排动车组定期检修的动车组工作计划，主要对动车组在何时、何站、担当哪次列车，在何时、何地进行哪种类型的检修做出具体安排，是实现动车组的合理周转，确保列车运行计划顺利实施的重要保证。列车运行图是动车组运用计划的基础，当列车运行图调整时，动车组运用计划也将重新编制；同时，动车组配置数量无法满足列车运行图需求时，则需要对列车运行图进行反馈调整。

动车组运用计划包括动车组运用交路计划和动车组车底分配计划两部分。动车组交路计划与列车运行计划（列车运行图）同时编制；动车组车底分配计划与动车组一、二级检修计划同时编制。我国高速铁路采用计算机编制列车运行图和动车组运用计划，并以图表形式表示。例如，武汉至深圳北动车组运用交路图（摘录）如图 3-1-2 所示。

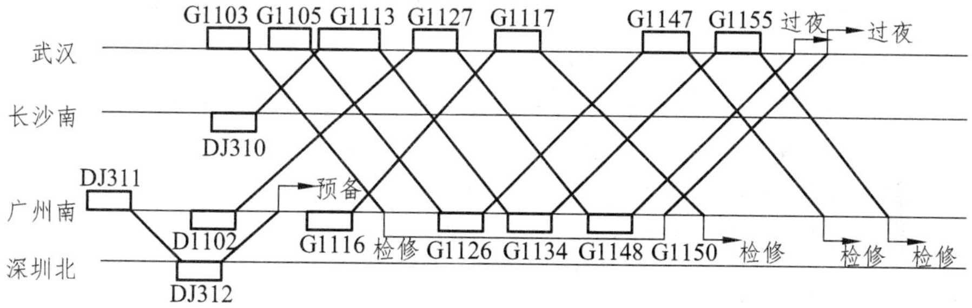


图 3-1-2　动车组运用计划

### 4. 乘务计划

乘务计划是基于编制好的列车运行图和动车组交路计划，安排列车乘务员等工作人员担当列车车次和定期休息的工作计划，包括对乘务员（组）在何时、何地出乘，在何时担当哪次车次，在何时何地退乘等做出具体安排，是运行图顺利实施的基本保障。

### 5. 车站作业计划

车站作业计划是规定高速列车在车站到发线等设施的使用计划，具体包括到发作业、调车作业、出入段作业等作业方案，是列车运行图和动车组运用计划的基本保障，需要与列车运行图和动车组运用计划协同编制。

### 6. 票额分配计划

票额分配计划与列车开行方案相对应，为优化资源配置，分车次建立票额运用档案，分线别、方向、阶段、时段制定列车票额席位复用策略和票额以远站方案，实现一车一策略。票额分配计划是提升列车开行方案科学性的必要措施。

7. 给水、卸污作业计划

给水、卸污作业计划与列车开行方案相对应，为保证旅客旅行中的生活，制定停站给水作业和卸污作业方案。给水、卸污作业计划是列车开行方案的补充。

## 三、高速列车开行方案及其要素

1. 高速列车开行方案概念

高速列车的开行方案，是指确定列车的运行区段、列车种类及开行对数的计划。高速列车的始发站、终到站及经由线路，构成了高速列车的运行区段；列车种类区别出列车不同的速度等级以及不同的停站方案；开行对数的多少表示列车行车量的大小，三者共同组成了一个完整的高速列车开行方案。

2. 动车组列车类型

动车组列车是指由若干辆带驱动力的车厢（简称动车）和若干辆不带驱动力的车厢（简称拖车），按照一定的动力配比，编组而成的列车。

我国高速列车如今已发展了一系列功能完备、高低速搭配、覆盖全面的车型，目前开发的运行速度分别为 160 km/h、200 km/h、250 km/h、300 km/h、350 km/h 等和谐号系列动车组。

2017 年，中国标准动车组——复兴号 CR 系列动车组投入运营，速度分为 400 km/h、300 km/h、200 km/h 三种基本类型，满足不同市场需求。CR400 系列是中国标准动车组的高速挡类型，分 CR400AF、CR400BF 型两种；CR300 系列是中国标准动车组的中速挡类型，最高速度 300 km/h 及以上，持续运行速度 250 km/h，适应于低级中国高速铁路；CR200 系列最高速度 200 km/h 及以上，持续运行速度 160 km/h 或 200 km/h，以适应中国快速铁路（200 km/h）和提速既有铁路（160 km/h）。

3. 我国高速列车运行种类

动车组列车类型不同于高速列车种类，前者是从动车组列车车型出发，是指车底移动设备的型号，后者是从运营组织角度的分类。我国高速铁路目前采用的动车组列车从运营层面主要分为高速列车（G 字头列车）、城际列车（C 字头列车）和动车组列车（D 字头列车）。

城际列车是在城市群之间开行的高速列车，全程运距较短，列车最高运行速度可以有不同的选择。

目前，高速列车速度等级主要有 250 km/h 和 300 km/h 两大类以及部分 350 km/h 等级，在运行图上呈现为 D 字头列车和 G 字头列车。另外，同一等级速度列车，由于其停站次数的不同，其在途旅行速度也有较大区别，通常根据停站次数的多少划分等级，停站次数越少则等级越高，停站次数越多则等级越低。

4. 高速列车编组数量

列车的编组数量是影响列车定员的主要因素，进而影响开行方案中列车的开行对数。列车编组辆数除了动车组运行、制动性能因素外，还要根据列车运行径路上沿途车站的到发线有效长度、站台长度、折返牵出线长度、线路能力等多种因素统一确定。当这些固定设备、移动设备因素确定之后，高速列车编组数量主要根据服务范围的市场因素决定编组辆数，即主要由沿线客流密度、客流波动性、列车服务频率等因素所决定。

当列车为 8 辆编组的单组列车时，列车开行数量增多，即以短编组、高密度的方式，提高服务的频率，且为旅客提供多时段、多车次的选择性服务。当线路能力紧张时，重联动车组、大编组动车组能够充分利用线路通过能力，提高了列车的输送能力。因此，高速列车的编组辆数决定了列车的定员，列车定员进一步影响到列车的开行对数。

## 四、高速铁路旅客列车开行方案的编制

编制高速铁路旅客列车开行方案的步骤主要包括客流调查与预测、确定高速铁路旅客列车开行区段、确定旅客列车开行种类及对数、设计列车停站方案等。高速铁路旅客列车开行方案编制流程如图 3-1-3 所示。

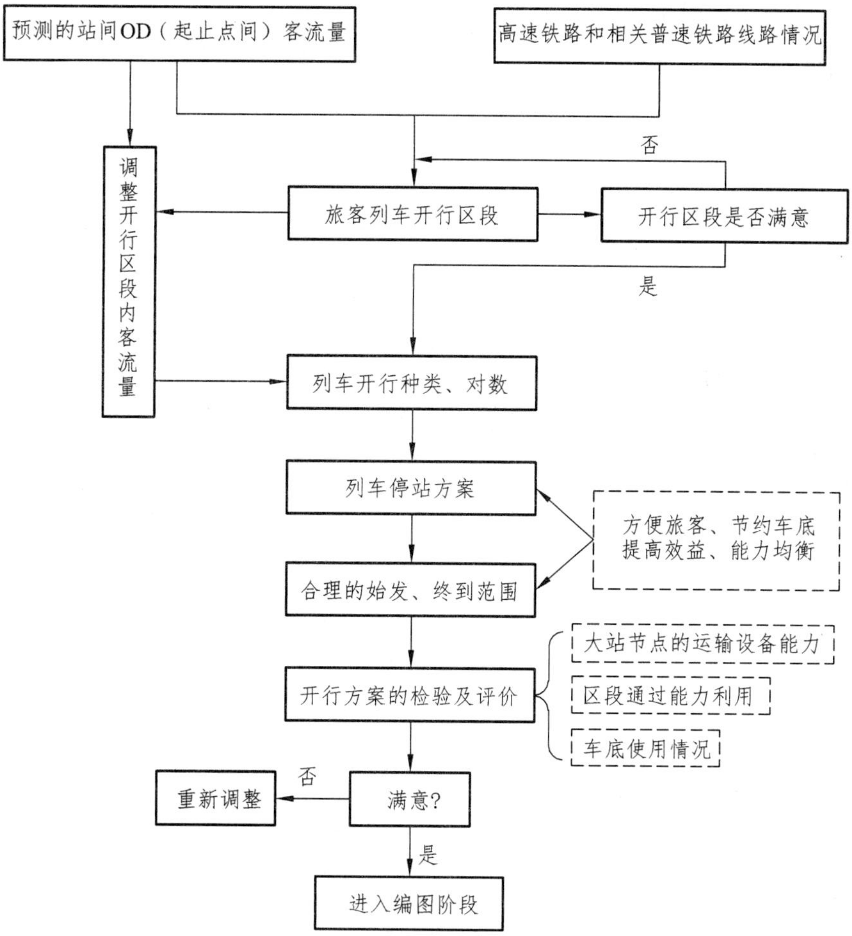


图 3-1-3　高速铁路旅客列车开行方案编制流程

### （一）客流调查与预测

#### 1. 客流量

高速铁路的客流量是旅客出行需求的表现，是制定高速铁路旅客列车开行方案的依据和

基础。“按流开车”是编制开行方案时计算列车开行数量的重要依据。列车开行区段的客流密度确定了开行方案中的客流，在一定程度上决定了车流。

#### 2. 客流调查

客流调查是对高速铁路吸引范围内详细调查公务、商务、旅游、探亲等旅客出行的要求，学生流、民工流的流向和流量，采用历年统计资料和问卷调查等手段，预测未来年度高速铁路的客流总量。其中，平常、周末和节假日客流变化规律及各次列车上座率情况，为编制高速铁路旅客列车开行方案提供比较准确的客流资料。

### （二）确定高速铁路旅客列车开行区段

列车开行区段是高速铁路列车开行最基本的单位，在编制列车开行方案时列车开行的各个要素都要围绕开行区段来考虑。

列车的开行区段由列车的始发站、开行径路和终到站三者共同组成，如图 3-1-4 所示。

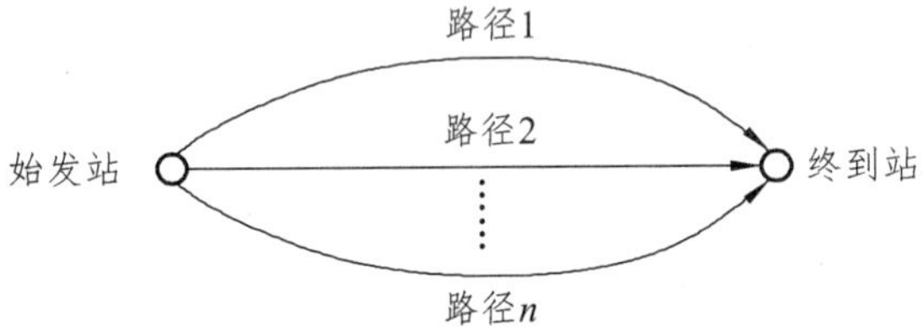


**图 3-1-4　列车开行区段构成**

#### 1. 确定列车始发站与终到站

确定列车的始发、终到站，需要参考车站间的 OD 客流量。确定列车起止点时，应考虑以下条件。

（1）“按流开车”是确定始发、终到站最基本的原则。

始发、终到站之间要有足够强度的客流量才能保证列车开行的经济效益，尤其是开行一站直达列车和停站次数很少的列车。

（2）具备动车组维修与养护条件。

动车组列车起止点应具备必要的检修条件，保证动车组的日常维修与养护检查，确保动车组运行安全，减少动车组进出检查基地的走行时间，提高动车组的运用效率。目前，我国高速铁路每日固定开行的动车组列车的起止点，绝大多数都有动车段，个别起止点暂不具备检修条件，可按交路折返回到检修基地进行检修。例如，广州南—新会区间每日开行 25.5 对动车组列车，新会不具备检修条件，因此，动车组需按检修周期返回广州南进行检修。周末和节假日开行的短途动车组列车，终到站一般都立即折返到始发站检修。

#### 2. 应选择客流量大、设施完善的大型客运站

大型客运站所在地多为直辖市、省会，如京沪线的北京、天津、济南、南京、上海，这些城市经济发达，人口众多，人均收入水平较高，乘坐高速铁路出行的客流量大，大型客运站的站场设备、旅客服务设施和动车组维护设备齐全，最符合长途直达动车组列车始发、终到站条件。

#### 3. 始发客流量（上座率）应满足列车开行条件

按流开车是确定列车开行的基本原则。划定起止点客流量时，不仅要考虑起止点本身的直达客流，而且要考虑归并后的客流。例如，西安北开往深圳北的直达客流量，如只考虑西安地区的客流量（客流量小），只能开西安北至广州南的列车；如把陕西省各地市的客流归并起来，使直达客流高度集中后，其客流量就能满足开行西安北至深圳北长途直达列车条件，这样既能减少换乘时间，方便旅客出行，又能充分利用起止点的客运能力，提高经济效益和社会效益。

#### 4. 选择最优路径

列车开行径路的选择对开行方案编制的合理性有重要的影响，以保证列车能够很好地覆盖旅客运输需求。

（1）以客流的流量、流向、流程为指导，尽量使开行径路与主客流方向一致，减少旅客换乘，选择能够方便大多数旅客的径路。

（2）考虑通过某一径路里面所包含列车的等级组合，以能满足不同需求层次的客流。

（3）综合考虑每条径路的线路等级条件，优化列车开行费用消耗。

（4）合理考虑动车段（所）的布局情况，使开行径路内的列车数量不超出动车段（所）的检修能力范围。

（5）跨线列车合理地确定其跨线衔接点（站）。

高速铁路网上起止站点可能有若干条径路，应选择输送能力大、运输距离或旅行时间短、中转换乘次数少、运输费用低的最优路径，方便旅客快捷出行，吸引更多客流，提高上座率。

#### 5. 应结合普速铁路列车起止点

我国高速铁路列车起止点可以选择一部分普速铁路列车的起止站，如京津城际的天津站、京广线的北京西站，这些车站具有完善的客运设施可供利用，并与城市公共交通衔接紧密，既便于旅客出行，又能节省新建高速铁路站的投资。

### （三）确定旅客列车开行种类及对数

#### 1. 确定旅客列车开行种类

确定旅客列车开行种类主要是确定旅客列车的车辆选型和编组形式，它受到很多因素的影响。

（1）车辆选型考虑的主要因素。

① 高速铁路线路设计的速度目标值。

不同类型的动车组，其设计运行速度和起制动、加减速性能以及造价都有较大的差别。在车辆选型时，要使车辆和线路的速度目标值尽量匹配，以充分发挥固定设备和移动设备的能力。

② 列车的停站次数和平均停站距离。

列车的停站次数越多、平均停站距离越短，对列车的起制动和加减速性能要求越高。铁路部门一般都会对高速铁路旅客列车的全程旅行时间制定一个目标值，可以通过牵引计算软件试跑来选择合理的车型。

③ 列车开行区段的长度。

列车开行区段的长度也要与动车组类型相匹配，开行区段越长，使用速度目标值高的列车越能体现出其高速的优点，以减少列车旅行时间。

（2）列车编组考虑的主要因素。

① 列车开行区段内所有停靠车站的站台长度。

高速铁路旅客列车根据动车组牵引方式，一般都是 8 辆为一个基本单元，所以当两个基本单元重联为 16 辆编组时，就要求列车沿途停靠站的站台长度能满足。

② 列车开行区段内的客流情况以及各种能力限制。

根据客流全天的分布情况和波动的特点，考虑一定的服务频率和车底数量，结合线路通过能力合理确定列车编组方案。列车的编组可以根据单方向线路日通过能力和日客流量得到。

#### 2. 旅客列车开行的对数

确定旅客列车开行对数是编制列车开行方案的重要环节，对满足旅客出行需求、有效利用铁路运力、降低运输成本、保证客运服务质量、提高经济效益与社会效益等方面都具有重要的作用。

旅客列车开行对数是在确定客流总量和列车起止点以后，根据列车运行区段客流密度、列车定员、平均上座率和客流波动等因素，经过计算确定，并根据按流开车的原则，首先确定大流量客流需要开行的列车对数，然后将零星客流和剩余客流合并，然后再计算这部分客流需要开行的列车对数。

列车起止点不同，客流密度不同，各类动车组编组辆数、客座定员也有所不同，要根据具体情况分别计算。8 辆的动车组一般单独开行，根据需要也可以重联开行。因此，各起止点间开行的列车数量，要经过分析客流密度，计算大流，合并小流，考虑客流波动后，再按编组辆数、客座定员数、平均上座率等因素计算，最终才能将客流转换为列车流。

我国客流波动性在日常、周末和节假日表现明显，尤其是春节期间，学生流、民工流、探亲流严重叠加。为了满足旅客出行要求，周末和节假日比日常要多开列车。高速铁路旅客列车开行对数，一般按节假日高峰期最大客流量确定，并据此编制基本列车运行图。平常客流量较小时，采用抽减列车运行线的方式，从而减少列车的开行对数。

### （四）设计列车停站方案

旅客列车停站方案对线路的整体通过能力、列车全程旅行时间、旅客出行选择的方便程度以及能完成的旅客运量都有直接的影响。列车停站方案主要是确定始发、终到站相同的列车里面所有不停站的直达列车比例，每个车站的停站列车数量占所有通过列车数的比例，每一列车的总停站次数以及停靠站点。

减少停站次数，能缩短旅行时间，加速动车组周转，对长途旅客和铁路部门都有好处。增加停站次数，对满足中短途旅客出行需求、提高列车上座率有利，但会降低列车旅行速度，延长长途客流的旅行时间和动车组周转时间，使“高速”失效，对长途旅客和铁路部门不利。因此，编制列车停站方案，既要保证旅客出行需求，又要兼顾经济效益，尽可能做到旅客、地方政府、铁路部门都比较满意。

目前，我国高速铁路动车组列车停站方案有以下几个模式。

### 1. 一站直达，中途不停

这种模式适用于客流集中在列车起止站，旅行时间不超过司机一次乘务时间的时段。

### 2. 长途直达，省会城市停站

京沪、京广直达客流虽然很大，但运营里程较长，旅行时间超过司机一次乘务时间，中途需要更换司机。

### 3. 省际直达，地市级城市交错停站

目前，我国省会城市基本上都已开通高速铁路，省际大量开行直达列车。

### 4. 中短途区段列车，县级城市站站停或交错停站

这种方式能够满足中短途绝大多数旅客乘坐高速铁路的出行需求，对培育市场、提高经济效益都大有好处。

编制高速铁路旅客列车开行方案时，还需根据大型会议、重要赛事和旅游旺季等客流变化的情况，及时增开各种动车组列车，满足旅客出行的需要。

某运行区段动车组开行方案见表 3-1-1。

**表 3-1-1　动车组开行方案**

| 始发 | 终到 | 上行 | 下行 | 车组 | GSM-R | 机械师 | 一级修修竣 | 出库顺位 | 备注 |
|---|---|---|---|---|---|---|---|---|---|
| 5:29 | 6:21 | DJ5788 | | 2A-2299 | 12985524144 | 张某 | 05-26 | 00 | |
| 6:41 | 7:32 | | DJ5787 | | | | | | |
| 8:10 | 11:52 | D2502 | | | | 李某 | | | |
| 12:12 | 15:55 | | D2533 | | | | | | |
| 18:50 | 22:15 | D2534 | | | | 王某 | | | |
| 10:25 | 14:08 | | D2505 | 2A-2306 | 14985523124 | 刘某 | 05-25 | 00 | |
| 15:00 | 18:00 | D2512 | | | | | | | |
| 18:33 | 22:40 | | D2515 | | | | | | |
| 13:40 | 17:28 | D2510 | | 2A-2297（东）+2A-2296（西） | 14985524114<br>14985524124 | 孙某/卢某 | 05-25<br>05-25 | 00 | 7月11日—8月31日使用2A重联动车组担当 |
| 17:50 | 21:31 | | D2513 | | | | | | |
| 8:45 | 12:20 | D4024 | | | | | | | 高峰图停开 |
| 12:45 | 16:26 | | D4027 | | | | | | |
| 17:48 | 21:31 | D4030 | | | | | | | |

## 五、高速铁路旅客列车开行方案调整

高速铁路旅客列车开行方案确定之后，相应的列车开行区段、列车开行种类和数量、列车停站模式和列车始发、终到时间范围等都确定了，接下来的工作就是要进行旅客列车运行

图的编制，这是列车开行方案的最终体现。在此之前，有必要对编制的列车开行方案进行检验，以判定其是否能实现，包括车站的运输设备能力（含动车组列车的检修、整备）和开行区段通过能力。若能够较好地满足这些能力，则进入旅客列车运行图的编制阶段，反之则应该找到相应的薄弱环节进行调整。

### （一）车站运输设备能力检查

车站运输设备能力主要包括客运站列车到发线、道岔咽喉区通过能力，有始发、终到作业车站的动车组列车检修、整备能力，客运站旅客集散能力等。在开行方案编制完毕后，需要对这些能力逐个检查。

### （二）高速铁路开行区段通过能力的检查

高速铁路开行区段通过能力受到诸多因素的影响：开行列车的种类（包括列车速度等级、列车自身性能、列车途中停站设置等）、各种列车开行数量占列车总数的比例、列车追踪间隔时间、线路情况及车站站间距离、综合维修天窗设置、不利于旅客乘降的无效时间等。在开行方案确定后，就可以检验各个开行区段的通过能力是否能够满足列车开行的需要，如果不满足，就要对部分列车进行调整，如调整列车的运行结构、开行区段和停站设置等。

### 任务实施

根据以上相关知识，由老师组织学生分组讨论高速铁路旅客列车开行方案的主要内容及编制方法，各小组指派代表进行总结汇报，并进行小组互评、教师点评，以提高学生运用理论知识解决实际问题的能力。

## 任务二 高速铁路列车运行图

### 能力目标

能描述列车运行图的要素；能识读列车运行图。

### 知识目标

掌握高速铁路列车运行图的表示方法、分类；掌握高速铁路列车运行图的编制流程。

### 相关知识

高速铁路列车运行图是高速铁路行车组织工作的基础，所有与列车运行有关的铁路部门，必须按照列车运行图的要求组织本部门的工作，以保证列车按列车运行图运行。

## 一、列车运行图的概念

列车运行图是利用坐标原理描述列车在轨道上运行的时空关系，直观显示列车在沿途各站到达、出发、停站或通过的时间，是各类列车在沿途各区间运行状态的一种图解形式。简单地说，列车运行图就是“距离-时间”关系曲线。我国列车运行图的纵轴为列车沿途运行的距离，被不同的站间距切分，横轴为一天 24 h 的时间轴，图上的斜线即为列车运行线，向右上方运行的为上行列车运行线，向右下方运行的为下行列车运行线，斜率代表列车的运行速度，如图 3-2-1 所示。

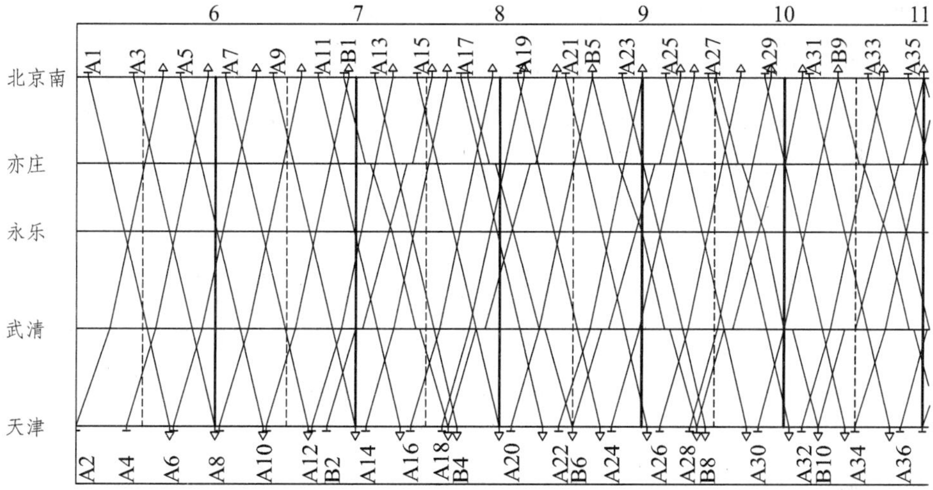


图 3-2-1　高速铁路列车运行图（局部）

## 二、高速铁路列车运行图的特点

线路平纵断面（平面和纵断面的简称）的参数不同，即曲线半径和坡道坡度不同，列车实际运行速度有很大的波动，此外，由于途中停站需要，列车进出站速度也有很大的变化，因此，真实的列车运行线应随着速度的变化绘制成曲线。但为了运行图铺画的方便，均以斜直线表示，且斜直线的表示方法能够满足运输组织的需要。

高速铁路列车运行图上铺画的都是旅客列车运行线，主要分布在符合人们出行习惯的 6:00—24:00 范围内，夜间主要是高速铁路综合维修的天窗时间。

列车运行图综合反映了铁路工作的各种质量指标和数量指标，编图时应尽可能方便旅客出行、尽量安排在合适的时间到发、充分兼顾沿途各站需要等。

### 1. 高速铁路运行图的稳定性

旅客运输的安全、快速、准确、便捷、舒适，是高速铁路吸引客流的主要优势，要保证实现这些指标，除技术上需提供必要的保障外，列车运行图编制是否科学合理也极为重要。高速铁路列车速度高、密度大，列车之间联系紧密，一旦出现干扰，列车调整困难，特别是在高峰时段列车开行密度大。因此，编制高速铁路列车运行图时，要在保证运输能力的基础上，合理安排各列车的到发时间，并在适当的时间与空间加入缓冲时间，使列车运行图具有较好的抗干扰性与自我恢复能力。

### 2. 不同列车运行线的协调优化

我国高速铁路目前大都采用共线运行模式，即多种速度列车共线运行，有最高速度在300 ~ 350 km/h 的 G 字头列车，有 200 ~ 250 km/h 的 D 字头列车，这些列车停站数量不等、旅行速度也不相同，具有列车折返时间短、接续时间紧的特点，而列车均要求高品质的运输服务。因此，一般不允许以牺牲部分列车的服务质量来提高其他列车的服务质量。

我国铁路客流具有平均运距长、跨线客流比重大等特点，除了协调不同速度高速列车以减少列车间速差的运行干扰外，还要兼顾本线与跨线列车的运行组织，合理铺画不同种类列车的运行线，保证跨线列车的合理衔接，从而有效利用线路的通过能力，缩短旅行时间、提高服务质量。

### 3. 列车运行与综合维修的协调优化

为了保障高速铁路的行车安全，需要开设较长时间的综合维修天窗。我国高速铁路采用矩形综合维修天窗，安排在 00:00—06:00 时段内，且天窗内禁止行车。天窗的开设不仅缩短了列车运行图中可供列车运行的时间，且人为地将列车运行图分割为两部分，存在较大的非运营无效时间，对高速铁路通过能力造成了较大影响。

随着高速铁路逐渐成网，长途跨线高速列车开行数量将越来越多，如何有效组织高速列车利用夜间运行、充分利用高速铁路通过能力的问题日益凸显。因此，高速列车运行线的铺画应与综合维修天窗的开设进行综合优化。

### 4. 列车运行与动车组运用的协调优化

列车运行图是列车运行的综合计划，规定了各次列车的始发终到的车站及时间，而这些列车都必须由具体的动车组来实现，列车开行数量受动车组数量制约，同时，列车运行线的分布决定了动车组需承担的运输任务，单从动车组运用计划的优化问题着手，并不能从根本上解决动车组的运用数量问题，必须将运用计划与列车运行线铺画进行综合优化，才能从整体上提高动车组的运用效率和列车运行计划的质量。

## 三、高速铁路列车运行图的格式

列车运行图（见图 3-2-2）是运用坐标原理对列车运行时间、空间关系的图解表示，列车运行图上的水平线表示分界点（车站）的中心线，水平线间的间距表示分界点间的距离，垂直线表示时间。

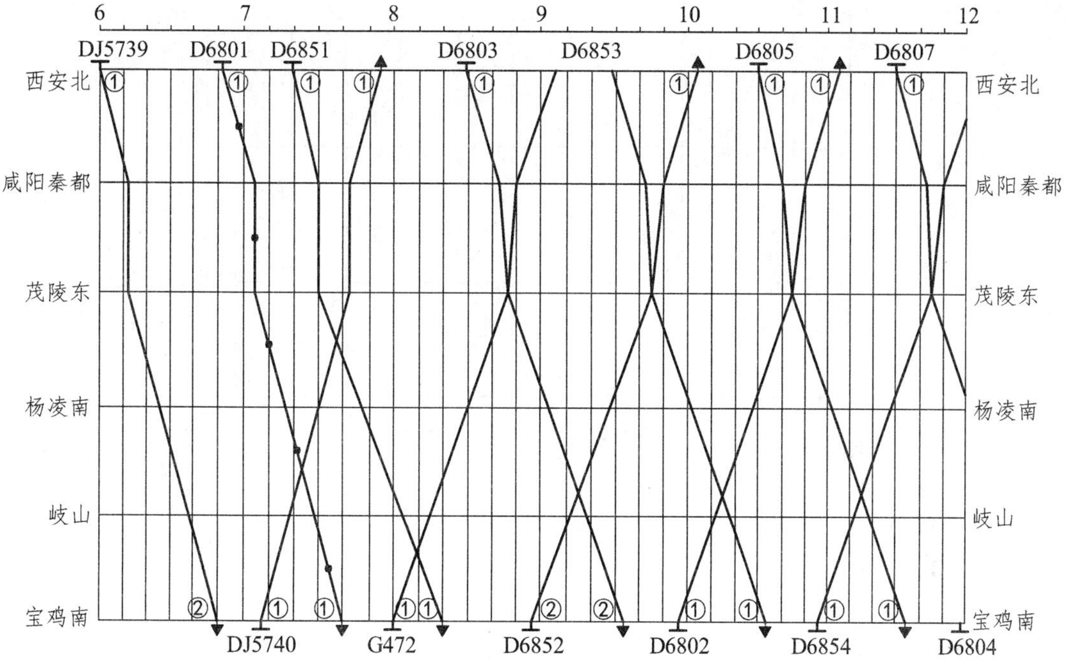


图 3-2-2　列车运行图（局部）

（一）按时间划分格式

为了适应使用上的不同需要，列车运行图按时间划分方法的不同，在使用上有三种格式。

**1. 二分格运行图**

横轴以 2 min 为单位用细竖线加以划分，10 分钟格和小时格用较粗的竖线表示。二分格图主要在编制新运行图时使用。二分格运行图如图 3-2-3 所示。

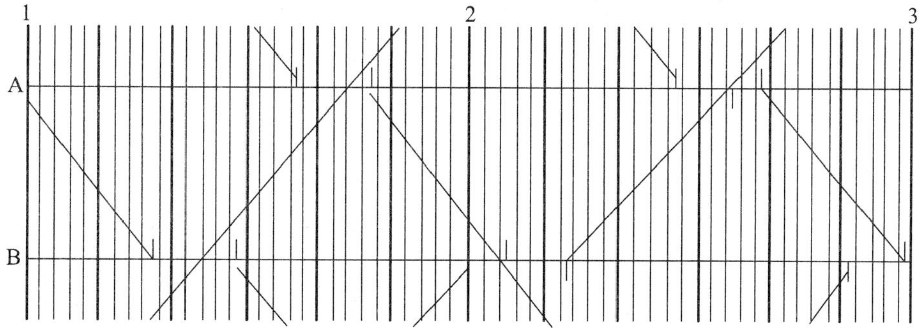


图 3-2-3　二分格运行图

**2. 十分格运行图**

横轴以 10 min 为单位用细竖线划分，半小时格用虚线表示：小时格用较粗的竖线表示。十分格图主要供列车调度员在日常调度指挥工作中编制调度调整计划和绘制实际运行图时使用。十分格运行图如图 3-2-4 所示。

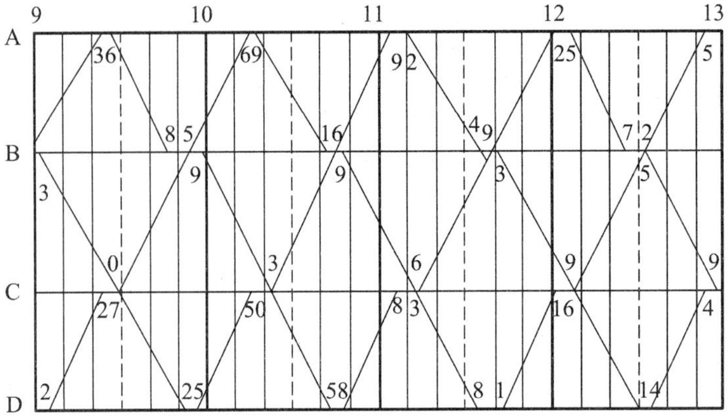


图 3-2-4　十分格运行图

### 3. 小时格运行图

横轴以 1 h 为单位用竖线加以划分。小时格图主要在编制旅客列车方案图和机车周转图时使用。

## （二）站名线的确定

在运行图上，以横线表示车站中心线的位置，它可由下列两种确定方法。

### 1. 按区间实际里程的比例确定

即按整个区段内各车站间实际里程的比例来确定横线位置。采用这种方法时，运行图上的站间距离完全反映实际情况，能明显地表示出站间距离的大小。但由于各区间线路平面和纵断面互不一样，列车运行速度有所不同，这样列车在整个区段的运行线往往是一条斜折线，既不整齐，也不易发现列车区间运行时分上的差错，一般不采用这种方法。

### 2. 按区间运行时分的比例确定

即按整个区段内各车站间列车运行时分的比例来确定横线位置。采用这种方法时，可以使列车在整个区段的运行线基本上是一条斜直线，既整齐美观，也易于发现列车区间运行时分上的差错，站名线的确定一般采用这一方法。

运行图上的列车运行线（斜线）与车站中心线（横线）的交点，即为列车到、发或通过车站的时刻。根据列车运行图的格式，到发时刻有不同的表示方法。在二分格图上，以规定的标记符号表示，不需填写数字（如“ | ”表示 min）；在十分格图上，填写 10 min 以下数值；在小时格运行图上，填写 60 min 以下数值。所有表示时刻的数字，都填写在列车运行线与横线相交的钝角内。列车通过车站的时刻，一般填写在出站一端的钝角内。

在运行图上，铺画有许多不同种类列车的运行线。为了便于识别起见，对各种列车采用不同的表示方法，并对每一列车冠以规定的车次，标在区段的首末两端区间相应列车运行线的上方。上行列车的车次为双数，下行列车的车次为单数。

### 3. 高速列车运行图图示风格

高速列车运行图需要精确到秒，因此，计算机铺画和打印出的高速列车运行图通常以分带秒的方式，表示在目前使用的二分格列车运行图上，且偶数分或偶数分带秒的标点符号画在二分格的格线上，奇数分或奇数分带秒的标点符号画在两格线的中间。

为了在高速列车运行图上能简明地表示出分和秒来，采用标点符号和数字相结合的记录方法，如下行列车时刻可表示成如图 3-2-5 所示。

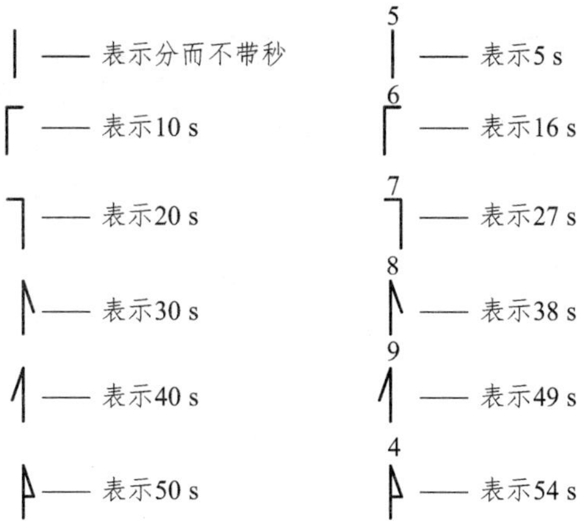


（上行可将以上标点符号倒过来表示）

**图 3-2-5　带分秒的下行列车时刻表示法**

整数秒（即 0、10、20、30、40、50 s）用单一的标点符号表示，每个 10 数倍中间的 1～9 s 用该 10 数倍秒的标点符号加该秒数表示，这样在图上即能准确看出所在站的精确时刻。

### （三）高速铁路列车运行图分类

#### 1. 按列车运行速度分

（1）平行运行图。

在同一区间内，同一方向列车的运行速度相同，且列车在区间两端站的到、发或通过的运行方式也相同，因而列车运行线相互平行。

（2）非平行运行图。

在运行图上铺有各种不同速度的列车，且列车在区间两端站的到、发或通过的运行方式不同，因而列车运行线不相平行。

#### 2. 按上下行方向列车数目分

（1）成对运行图。

成对运行图是上下行方向列车数相等的列车运行图。

（2）不成对运行图。

不成对运行图是上下行方向列车数不相等的列车运行图。

#### 3. 按同方向列车运行方式分

（1）非追踪运行图。

在这种运行图上，同方向列车的运行以站间区间为间隔。单线区段采用这种运行图时，两同方向发出的一组列车之间不能铺画对向列车。

（2）追踪运行图。

在这种运行图上，同方向列车的运行以闭塞分区为间隔，这种运行图在装有自动闭塞的单线或双线区段上采用。

双线成对平行运行图如图 3-2-6 所示，双线追踪非平行运行图如图 3-2-7 所示。

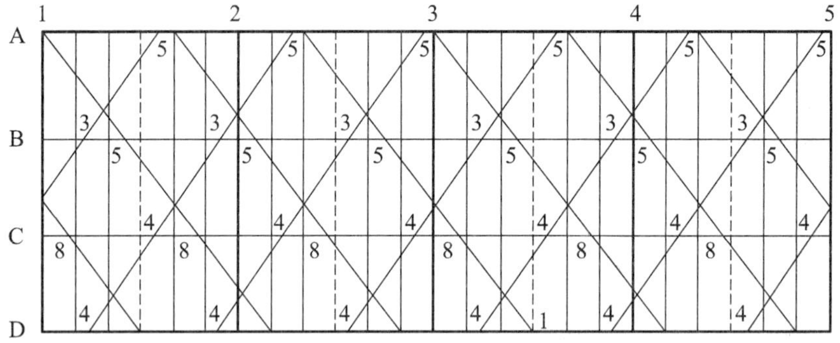


图 3-2-6　双线成对平行运行图

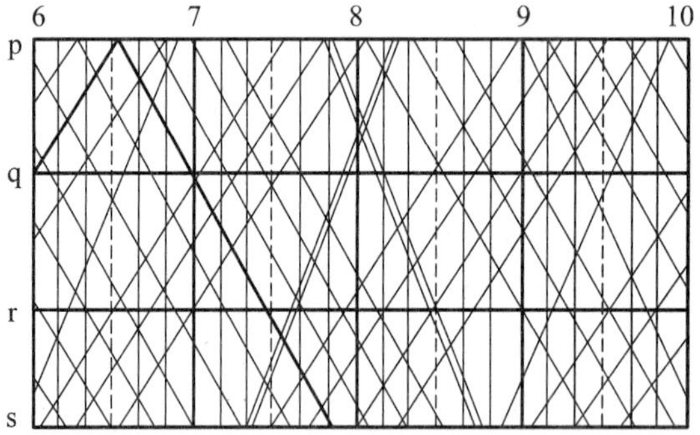


图 3-2-7　双线追踪非平行运行图

### 4. 高速铁路列车运行图

高速铁路列车运行图主要有 3 种。

（1）基本运行图或高峰运行图。

基本运行图或高峰运行图用于节假日，是使用列车对数最多的运行图。

（2）周末（周五至周日）使用的运行图。

周末（周五至周日）使用的运行图是从基本运行图中抽减一定数量的运行线，列车对数较少的运行图。

（3）日常（周一至周四）使用的运行图。

日常（周一至周四）使用的运行图是使用对数最少的列车运行图。

## 四、高速铁路列车运行图的基本要素

列车运行图基本要素在一定程度上影响区间和车站通过能力的充分利用、运输设备的效率及列车的旅行速度。高速铁路列车运行图基本要素的确定应在保证列车运行安全的前提下，按先进的作业组织和操作方法进行确定。

### （一）列车区间运行时分

列车区间运行时分是指列车在两相邻车站或线路所之间的运行时间标准，由采用牵引计算和实际试验相结合的方法进行查定。

列车区间运行时分按车站中心线或线路所通过信号机之间的距离计算。当到发场中心线与车站中心线不一致时，按到发场中心线计算，如图 3-2-8 所示。

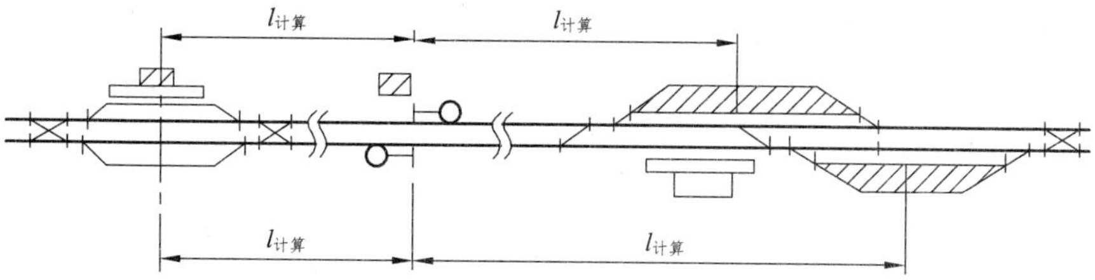


图 3-2-8 车站或线路所间列车运行时分距离示意图

由于旅客列车运行速度不相同，上下行方向的线路平面、纵断面条件和列车质量也不相同，所以列车区间运行时分应按各种列车和上下行方向分别查定。此外，列车区间运行时分还应根据列车在每一区间两个车站上不停车通过和停车两种情况分别查定。

列车不停车通过两个相邻车站所需的区间运行时分称为纯运行时分。对于区间纯运行时分（$t_{运}$），在线路条件以及动车组型号确定的情况下，通常可以根据牵引计算和牵引试验确定。

列车起停车附加时间采用牵引计算结果，高速及中速的起车附加时分均应不大于 2 min，停车附加时分均应不大于 1 min。

### （二）列车在中间站的停站时间

列车在中间站的停站时间是指动车组列车在中间站上办理必要作业所需要的最小时间，包括列车在中间站办理相关技术作业和客运业务以及列车待避等待等时间。停站时间标准应该根据列车在中间站的作业内容和流程、动车组性能以及列控系统等因素确定。

高速列车在枢纽客运站停车时间为 2 ~ 5 min，在中间站停车时间为 1 ~ 3 min；中速列车在枢纽客运站停车时间为 4 ~ 6 min，在中间站停车时间为 2 ~ 4 min。

### （三）动车在基本段和折返段所在站的停留时间

动车在折返段所在站应办理的作业有在到发线上的到达作业、入段走行、在段内作业、出段走行、在到发线上的出发作业等，如图 3-2-9 所示。该时间取决于动车组的周转方式、车站设备条件、动车组径路和作业方式等。

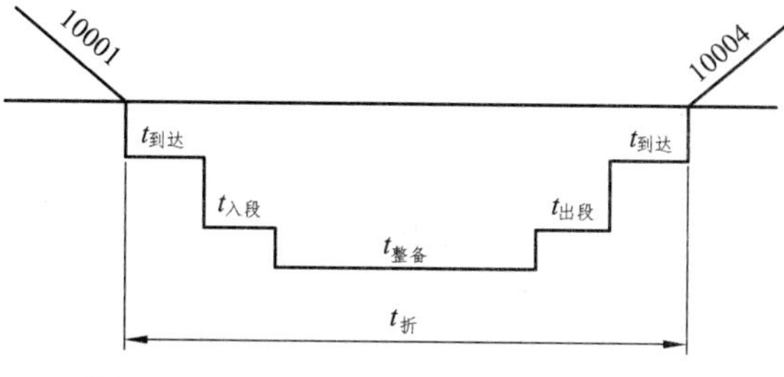


图 3-2-9 动车在折返段所在站作业过程

缩短动车组在本段（站）、外段（站）的折返停留时间，有利于加速动车组的周转，提高其运用效率。动车组到站立即折返为 20 ~ 25 min，入段作业为 90 ~ 120 min。

### （四）追踪列车间隔时间

高速铁路追踪列车间隔时间是指追踪运行的两列车之间的最小间隔时间，如图 3-2-10 所示。

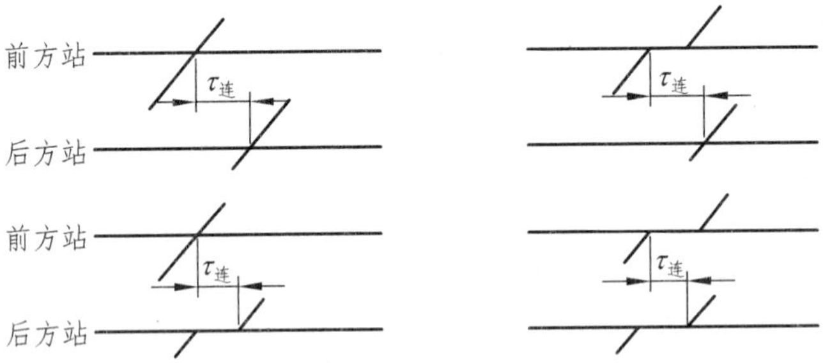


图 3-2-10　追踪列车间隔时间

影响追踪列车间隔时分的因素是多方面的，主要包括列车控制系统技术方案、列车的起动性能和制动性能以及线路的坡度、站场咽喉区的布置、车站信联闭设备以及电分相区的位置等。因此，在确定追踪列车间隔时间时，应根据间隔形成机理对各个追踪间隔进行充分分析和计算。

高速列车的追踪列车间隔时间按 3 min 设计，近期按 4 min 使用；跨线中速列车按 4 min 设计和使用。

### （五）列车库内检修作业时间

列车库内检修作业时间是指动车组列车到达检修基地（动车运用所）到从检修基地出发，在检修基地内的最小停留时间。动车组库内检修作业时间是列车运行图的基本要素之一，决定了动车组的运用效率和检修基地的检修能力。在计算时，应充分分析动车组在库内检修作业流程，使之最大限度地平行作业，并对各项作业时间标准进行查定。

### （六）综合维修天窗开设时间

高速铁路的线路、牵引供电、通信信号等固定设备与设施的养护与维修作业通常在同一天窗时间内进行，我国综合维修天窗时间一般安排在 00:00—6:00，白天一般不安排固定维修天窗。

天窗时间内按单线行车时的车站间隔时间。不同时到达时间为 3 min，会车间隔时间为 1 min，不同时通过连接双线和单线车站的时间为 4 min。

## 五、高速铁路列车运行图的编制

由于列车运行图规定了各次列车在每个车站的“到、发、通”时刻，在区间的运行时间、在车站的停站时间、在折返站的折返时间，以及列车占用区间的先后次序，规定了列车的质量、长度以及运行交路等，因而运行图也规定了铁路线路、站场、通信、信号、动车组车底等设施设备占用的顺序与程度（称之为设备运用），以及与行车有关的各部门的工作要求。

### （一）高速铁路列车运行图的编制原则

基于高速铁路行车组织的特点，高速铁路列车运行图的编制应遵循如下原则：

（1）在严格遵守各种间隔及时间标准的基础上，尽可能压缩列车停站与折返作业时间，合理安排列车停站，以发挥列车技术速度，提高列车旅行速度，提高动车组运用效率。

（2）高速铁路列车运行图编制原则上纳入全路编图工作，先编制跨线列车运行图，后编制本线高速列车运行图。列车等级按速度等级划分，速度高的列车等级高于速度低的列车。低等级列车应尽量减少对高等级列车的影响，高等级列车可越行低等级列车。

（3）适应高速铁路客流特点，最大限度满足旅客出行需要，尽可能按时段、不同频率铺画列车运行线；同时，处理好列车密度、列车种类、到发时刻、动车组运用和综合维修天窗设置等方面的关系。

（4）协调好高速铁路与既有线的衔接，尽可能提高两线的通过能力；兼顾均衡铺画的原则，充分利用线路和车站的通过能力，使高速列车运行与高速客运站的技术作业过程相协调，减少各种列车间的越行与避让，同时使列车运行图保持合理的弹性。

列车运行图的编制管理系统由国铁集团、铁路局集团公司、站段三级机构组成，每个机构的相关部门负责本级机构的技术管理业务。现阶段国铁集团每季度召集各铁路局集团公司运输、客运、机务、车辆等相关部门专业管理人员，集中编制列车基本调整运行图，其中跨铁路局集团公司列车运行线由国铁集团组织各铁路局集团公司协同编制，铁路局集团公司管内列车运行线由铁路局集团公司负责编制。各铁路局集团公司编图人员统一在国铁集团的编图专用服务器上，完成跨铁路局集团公司和管内列车运行图的铺画及相关参数修改。在编图周期结束后，各铁路局集团公司将编制完成的列车运行图和相关技术资料、运输生产指标，以及列车运行图数据库上报国铁集团核备。编图软件日常更新升级和系统数据维护由国铁集团编图中心完成。

### （二）高速铁路列车运行图的编制步骤

我国高速铁路列车运行图编制过程可分以下几步：

#### 1. 列车开行方案建议

在编图前的适当时间，各铁路局集团公司提出跨线、本线列车开行方案建议。

#### 2. 各种列车运行图数据资料的处理与审定

编图前，审核各铁路集团公司的相关资料，如区间运行时分、起停车附加时分、综合维修天窗时间、列车停站及停站时间、各种列车间隔时间标准等。

#### 3. 铺画直通列车运行方案图

全路统一组织研究确定直通列车开行方案，包括列车运行径路、开行对数，在此基础上铺画直通列车运行方案图。主要解决以下问题：

（1）列车运行与动车组周转相协调。

（2）直通列车与管内列车相协调。

（3）与其他交通方式在开行时间上的竞争与配合。

（4）列车运行与客运站技术作业过程和能力配合。

（5）始发终到时刻及通过主要城市时刻与方便旅客出行的关系等。

#### 4. 编制列车运行详图

在直通列车方案基础上，编制高速直通列车运行图、高速本线列车运行图，确定所有列车到发或通过车站的时刻、占用区间顺序等。

列车运行图编制完毕后，计算列车运行图技术指标，打印列车时刻表，为新图的实施做好准备工作。

### （三）高速铁路列车运行图的铺画方法

合理确定高速铁路列车铺画顺序，可减少列车运行线间隔检查与调整次数，提高编图效率。高速铁路列车运行图可按以下方法进行编制：

#### 1. 列车运行线按等级高低顺序铺画

首先将列车按性质及运行距离长短划分等级，按照等级高低顺序铺画列车运行线。在等级划分过程中，应考虑两类高速列车混跑的运输组织模式，兼顾高等级列车的有利发到时刻和均衡性，以及D字头列车与其在既有线上时间的衔接。若先铺画高等级列车，会导致D字头列车速度大幅度下降，可铺画时间带变窄，甚至会有部分D字头列车无法铺画；若先铺画D字头列车，不仅不能保证高等级列车的有利发车时刻，而且，当两类高速列车运行线发生冲突时，不可避免地要调整已经铺画的D字头列车运行线，使其待避高等级列车，这样就会打乱原有的D字头列车运行线，而且调整幅度大，调整起来也比较困难。

综合各类列车性质，将列车划分为中、长途高等级高速列车，跨线D字头高速列车，短途高等级高速列车，短途D字头高速列车等。

（1）中、长途高等级列车的铺画。

中、长途高等级高速列车运行线所形成的基本框架，对整个列车运行图的布局以及能力利用起着决定性的影响，因此，其分布应尽量做到均衡，为D字头列车运行线的铺画创造良好的条件。

（2）跨线D字头列车运行线的铺画。

跨线D字头列车运行线要求与全路直通列车方案相衔接，并保证一定的旅行速度。

（3）短途高等级列车运行线的铺画。

短途高等级列车运行线一般利用中、长途高等级列车运行线与长途D字头列车运行线之间的空隙插入铺画。为了不影响跨线D字头列车运行线与客车方案的衔接，并照顾已建立的整体框架，原则上不应调整已铺运行线，只在特殊情况下，允许进行微量调整。

（4）短途D字头列车。

短途D字头列车运行线不存在与客运方案的衔接问题，一般跨越区段较少，因此，始发终到时刻的选择范围相对较大，可采取插空当的方法铺画。

### 2. 其他情况下不同列车铺画顺序

（1）同级列车按出发时刻先后顺序铺画。

列车运行线按等级由高至低顺序铺画，对同等级列车，首先按出发时刻先后进行排序，然后顺序铺画列车运行线。

（2）高等级及先铺画列车具有优先权。

在运行线铺画及间隔调整过程中，当正在铺画的列车运行线与已铺画列车发生冲突时，先调整本次列车，然后再调整与其冲突列车，这样可减少检查、调整次数，提高铺画效率。

### 3. 挖掘运行图编制质量和潜力

在编制列车运行图过程中，通过挖潜提效的手段，实现点线能力的紧密衔接和匹配，努力提高运行图的旅行速度，不断优化区段和部分车站以及动车运用所在能力紧张时段相适应的程度。列车运行图的编制质量决定了在既有设备条件下通过能力的利用程度。协调优化系统运行图，加强各子系统间的协调配合度，发掘运行图潜在能力，是提高运行图编制质量和通过能力利用率的重要手段。因此，通过优化列车运行图的技术手段，可以挖掘运行图编制质量和潜力。

### 4. 繁忙高铁区段列车运行图编制

编制繁忙区段列车运行图时，尽量减少高峰时段列车的越行次数，有条件时尽量不越行，使区间通过能力最大化；同时，还要确保高峰时段列车运行图具有一定的弹性，要有足够的应变能力，即列车运行线要预留一定的冗余时间，以减少日常运营因个别列车晚点造成其他列车大面积晚点；或者预留一定数量的备用线，让晚点列车按就近备用线运行，当列车运行秩序紊乱时，能尽快恢复正常，以保证能经常处于按图行车的状态。

以京沪高铁最繁忙的徐蚌段（徐州东—蚌埠南）为例，在繁忙的10:00—15:00间，合理安排列车停站，先行列车停前方站、后行列车停后方站，使相同停站的列车追踪铺画，在大部分时间段内采取平行运行图，最大限度地减少列车越行；同时，在3～5列高速列车连续追踪后，预留1～2 min间隔再开行续行列车，使运行图具有弹性，便于日常运营调整。

### 5. 合理的停站方案减少对线路通过能力的影响

列车停站次数与通过能力的大小在一定程度上是对立的，为减少停站损耗，可采取分段式平行运行图，即连续追踪或连续办客模式；如果条件允许，也可适当减少停站数量，优先保证通过能力。

以京沪高铁最繁忙的徐蚌段为例，该段有徐州东、宿州东、蚌埠南3站，徐蚌间通过列车运行时间为37 min，如果在宿州东站停站办客，则列车在该区段运行时间为44 min（含停站2 min），增加7 min，按列车3 min追踪间隔时间计算，增加宿州东1个停站相当于损失了2条以上的列车运行线。因此，在不改变宿州东站总停站数的前提下，适当减少密集时段内该站部分列车的停站，将减少的停站尽量调整到其他时段，在提高徐蚌间通过能力利用效率的同时，确保了宿州东停站办客能力。

### 6. 优化设计基本停站模式

根据客流市场的需求，从区段和时段两方面深入研究，增加开行全程直达列车、优化交错停站列车方案，总体上减少列车停站次数，使列车运行线接近于平行运行图，从而减少能力虚靡现象。

以京沪高铁列车运行图编制为例，列车停站方案选取起止点为北京南—上海虹桥的G字头本线列车，目前停站方案主要有以下3种模式。

（1）仅停一站（南京南站）的直达列车。

（2）省际直达列车（仅停济南西、南京南站）。

（3）以省会城市为固定停站（济南西、南京南站）为骨干、其他城市交错停站。一般停4～7站，其中，德州东、泰安、徐州东、无锡东、苏州北站为基本停车站，其他站因客流需求量相对较小，在总体上兼顾，只能安排若干次停车。

#### 7. 充分利用和发挥车站通过能力

车站衔接方向的数量与形式以及车站咽喉布置形式等影响着到发线运用方案，到发线运用方案又影响着车站通过能力。在编制列车图时，要对高峰时段几个客运量较大的车站（如上海虹桥、徐州东、南京南等）提前安排到发线运用计划，始发和终到站也要提前设计优化动车组运用折返交路，减少咽喉交叉。

咽喉交叉主要出现在始发终到站、转向站，由于后期改造困难，应在线路设计时予以充分考量，通过立交衔接、平行进路等方式，减少咽喉地区进路交叉，减少股道等待。

#### 8. 充分利用长线列车形成的无效时间带的通过能力

针对长线列车无效时间带通过能力虚靡的问题，根据实际的客运需求，开行短交路列车，如能力紧张区段上海虹桥—南京南、蚌埠南—徐州东。在无效时间段内开行通过这些区段的短交路的始发终到列车，可有效缓解该区段能力虚靡，提高能力利用率；通过合理调整开行方案，还能减轻该困难区段部分时段能力负荷过大的问题。

上海虹桥—南京南区段内的列车上座率高，客流量较大，且此区域内的客流呈增长趋势，另外，上海虹桥—南京南的旅行时间在1.5 h内，19:00后开行的列车满足旅客出行需求。因此，在无效时间带加开上海虹桥—南京南的短途列车，不仅能够提高通过能力利用率，也能更好地满足日益增长的客运需求。

## 六、动车组交路图

动车组交路图应与列车运行图同时编制。

### （一）动车组交路

动车组交路是指动车组担当运输任务的固定周转区段，即动车组从动车段或运用所所在站到折返段所在站之间往返运行的线路区段。动车组交路示意如图3-2-11所示。

从图3-2-11中可以看出，交路以里程数表示长度，如北京到天津的交路长度为187 km，到北戴河的交路长度为299 km等。一个运用所（动车段）担当动车组交路的数量，根据其在路网中的位置及运输任务可为一个或几个。如北京所，担当天津、北戴河等几个交路的运输任务。

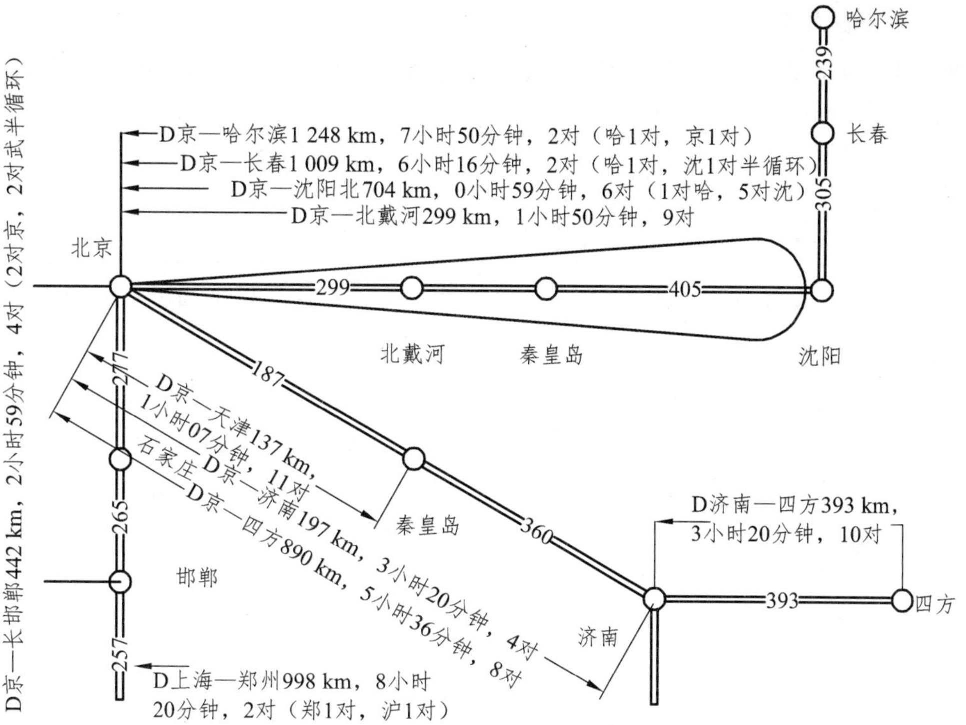


**图 3-2-11　动车组交路示意图**

担当的交路数多、交路长，对减少铁路建设投资和铁路运输费用，以及提高动车组的运用效率是非常有益的。确定交路是一个比较复杂的工作，必须同时考虑现有线路情况、动车组的类型、行车组织的特点及客流情况、沿线的自然条件和生活条件等因素。

动车组的交路按区段长度不同分为一般交路和长交路。对于长交路，在乘务组采用换乘的乘务制度条件下，交路按方向又可分为直线形交路（或称双向交路）和多边形交路（或称多向交路）。

## （二）动车组运转制度

动车组在交路上从事列车运输作业的方式称为运转制度。它是组织动车组运用、确定动车组整备设备布置、决定动车组全周转时间并影响铁路运输工作效率的重要因素。动车组运转制可分为肩回、半循环、循环、环形。

### 1. 肩回运转制

动车组由本段（所）出发，从本段（所）所在站执行列车运输任务到折返段（所）所在站，进入折返段（所）进行整备及检查作业，然后担当另一次运输任务回本段所在站，进入本段进行整备及检查作业。按照动车组的运行方向，肩回运转制可分为单肩回和双肩回两种方式。

动车组担当两个方向相反交路，称为双肩回运转制，如图 3-2-12 所示。在这种情况下，动车组在一个区段内往返一次，就要进入本段（所）一次。图 3-2-11 中北京到沈阳施行的是单肩回运转制。这种运转制下，动车组使用效率是最低的。

2. 半循环运转制

动车组在两个牵引区段上周转循环一次后进入本段（所）进行整备、检查一次的，称为半循环运转制，如图 3-2-13 所示。

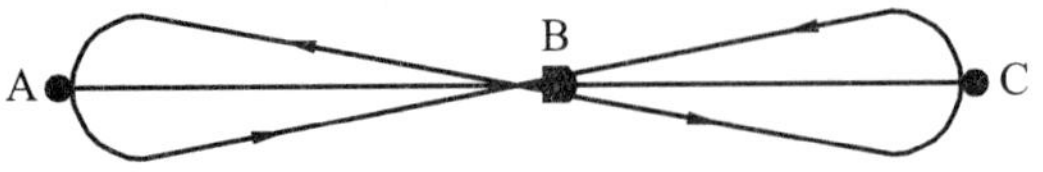


图 3-2-12 双肩回运转制示意图

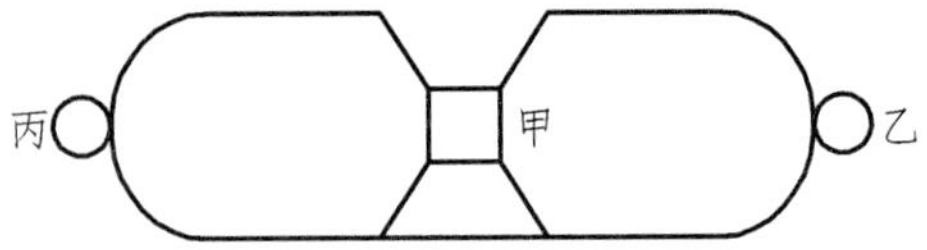


图 3-2-13 半循环运转制示意图

3. 循环运转制

动车组从本段（所）所在站出发，在一个牵引区段（如甲—乙间）上往返担当列车运输任务后回到本段（所）所在站（甲站），仍继续担当其他车次，运行到另一牵引区段（如甲—丙间）的折返段所在站（丙站），再从丙站以某一车次返回乙站。这样，动车组在两个牵引区段上循环运行，平时不进本段（所），直到需要进行检修时才入本段（所），这种方式称为全循环运转制，如图 3-2-14（a）所示。图 3-2-14（b）是乘务员在折返段（所）进行调休的循环运转制。

图 3-2-14 循环运转制示意图

循环运转制的优点是：动车组运用效率较高，能够加速动车组的周转，并减轻车站咽喉的负担。其缺点是：占用到发线时间较长，站内可能需要设整备设备，对动车组质量要求较高。

4. 环形运转制

动车组出段（所）后，在一个或几个方向担当若干次往返作业后，直到进入修程或需要整备作业时，才进入本段（所）进行作业的，称为环形运转制，如图 3-2-15 所示。这种方式适合于距离短而运量大的交路（如广深线）。

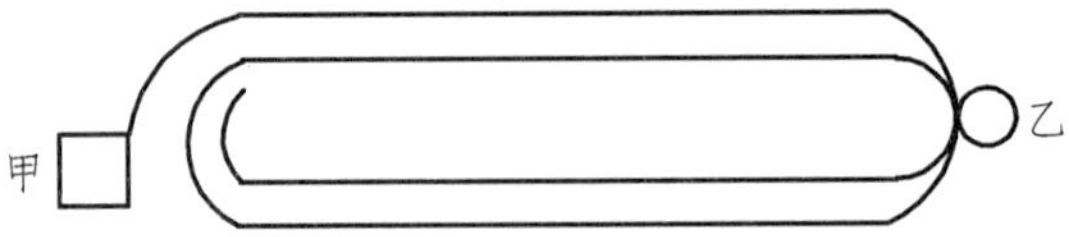


图 3-2-15 环形运转制示意图

（三）动车组的周转图

1. 动车组的全周转时间

动车组从本段（所）出发，完成运输任务后回到本段（所），称为动车组的一次全周转。每周转一次所消耗的全部时间（非运用时间除外），称为全周转时间。全周转时间是考核动车组运用效率的一个重要指标。动车组一次全周转过程如图 3-2-16 所示。

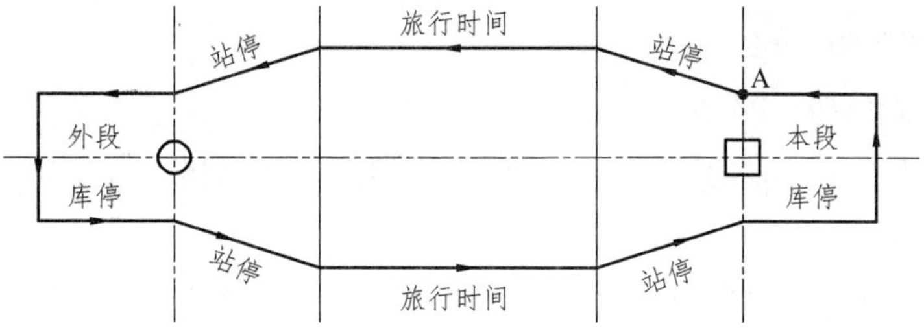


图 3-2-16　动车组全周转使用图

### 2. 动车组周转图

动车组周转图是根据给定的列车运行图、所确定的动车组交路、动车组修程修制、检修基地的条件、乘务制度、乘务员换班方式及动车组在本外段（所）、站的技术作业标准编制的动车组工作计划，对动车组在什么时分、哪个车站、担当哪个车次、在何时何地进行哪个级别的维修等做出具体的安排。

动车组周转图是管理部门组织运输生产的基础，是动车组运用和维修计划的重要组成部分。动车组周转图与列车运行图是相互依存的，应该同时编制完成。正确地编制动车组周转图，对实施列车运行图、保证行车安全、提高运输生产效率和动车组运用效率、完成铁路运输计划具有重要意义。

### 3. 动车组周转图的表示方法

动车组周转图是以横坐标表示时间（使用小时格或十分格）、纵坐标表示距离、斜线表示列车运行线及列车接续连接线组成的图解。动车组周转图的整个横轴代表一天的时间，分成 24 h 等分格，每格代表 1 h，横轴的起终时刻一般以 18 点标注并顺序标注时刻。整个纵轴代表交路区段，距离的比例视使用的交路图图纸的大小而定，对本段、折返点和乘务员换乘所在站以不同横线标注，中间站以细横线标注。动车组周转图的左侧应注明乘务方式、区段里程、动车组最短折返时间标准等，右侧标明站名。动车组周转图运行线与列车运行图运行线的表示方法相同，但只填写动车组折返（含乘务区段）区段站的始发和终到时刻，其分钟数标在相应小时的格内，以数字表示，列车车次和动车组型号标注在运行线的斜线上，如图 3-2-17 所示。

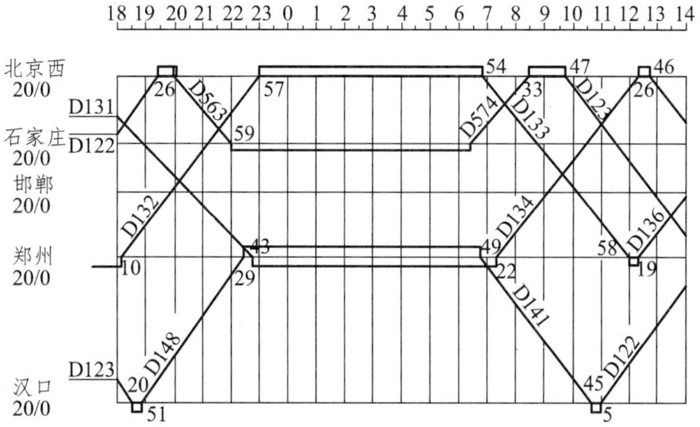


图 3-2-17　动车组周转图示例

4. **动车组周转图的分类**

（1）按适应运输的性质分类。

按适应运输的性质，动车组周转图分为基本周转图、分号周转图（综合分号和独立分号）、旬间记名式周转图、日计划周转图。

基本周转图是对应基本列车运行图的，它适应一定时期的最大行车量，是一切周转图的基础。

分号周转图（包括综合分号和独立分号）是对应同名分号列车运行图的，它基本适应月计划行车量。

旬、月计划周转图是按旬、月计划的行车量对分号周转图略加调整产生的。

（2）按运转制分类。

按运转制的不同，动车组周转图分为肩回制周转图、循环式周转图和半循环式周转图，如图 3-2-18 ~ 图 3-2-20 所示。

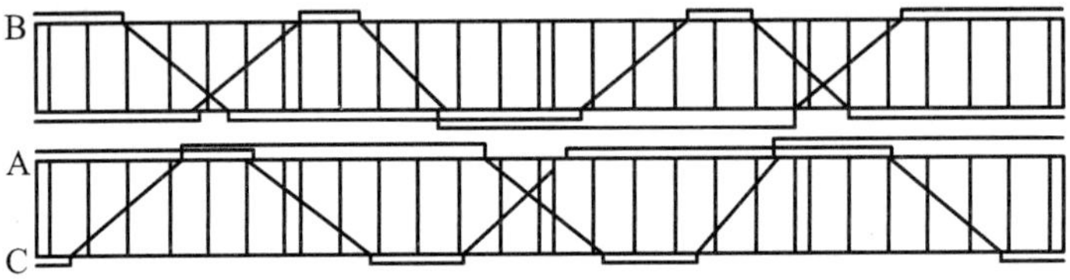


图 3-2-18　肩回式周转图

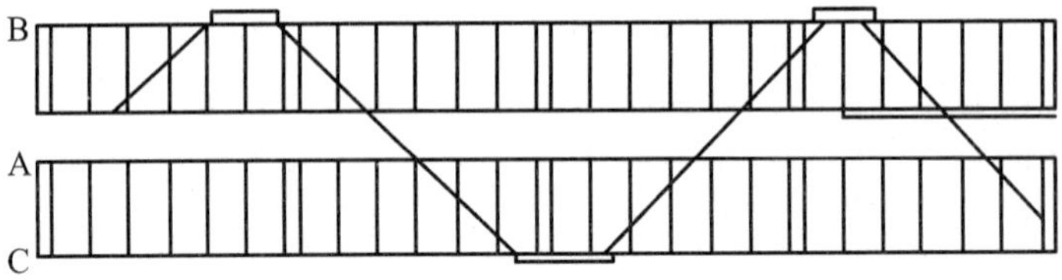


图 3-2-19　循环式周转图

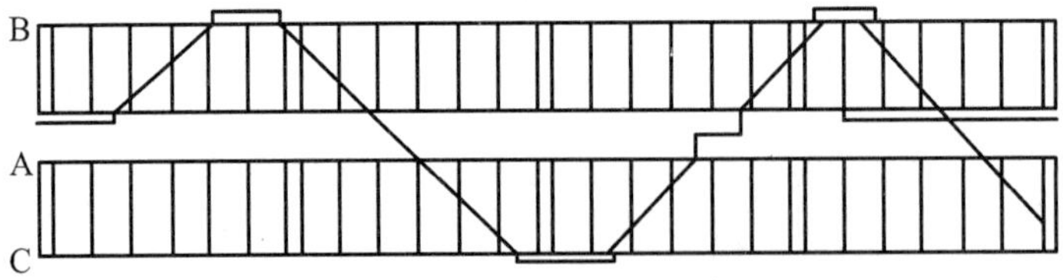


图 3-2-20　半循环式周转图

## 任务实施

根据以上相关知识，由老师组织学生分组讨论高速铁路列车运行图的内容和使用方法，各小组指派代表进行总结汇报，并进行小组互评、教师点评，以提高学生运用理论知识解决实际问题的能力。

# 任务三　高速铁路通过能力的计算与加强

## 能力目标

能采取措施加强高速铁路通过能力。

## 知识目标

掌握高速铁路通过能力的特点；掌握高速铁路通过能力的计算方法。

## 相关知识

高速铁路通过能力是指在一定的运输设备和一定的运输组织方式下，线路在单位时间内运行的能通过的最多的列车数或列车对数。

## 一、高速铁路通过能力的特点

### 1. 高速铁路通过能力以客流区段为单位计算

高速铁路将线路划分为不同的客流区段。由于高速铁路线路逐渐成网，高速铁路线路上存在很多不同交路的列车，而有着始发和终到的区间就被称作一个高速客流区段。每个区段的限制条件都可能不同，一般根据客流分布，以不同的高速铁路客流区段为单位来计算高速铁路通过能力和编制列车运行图。

### 2. 高速铁路线路通过能力昼夜不均衡

高速铁路上运行的列车速度较快，高速铁路客流主要集中在白天，夜间客流较少，考虑到高速铁路夜间运行安全性以及旅客出行规律，高速铁路适宜采用白天运行、夜间停运的运输组织方式，这就造成了高速铁路通过能力的昼夜不均衡。

### 3. 高速铁路线路通过能力时段的差异性

用一段时间内运输的旅客人数来考虑高速铁路线路的通过能力，在白昼的 12 h 里乘客的出行通常与时间有较大的关系，因此会造成通过能力在白昼的 12 h 里存在较大差异。通常将白昼按照客流的分布划分成不同的客流时段来计算高速铁路通过能力，通常时段的划分根据季节不同、地域不同，其划分也会有所差异。

### 4. 高速铁路线路通过能力受列车起、停影响大

根据《高速铁路设计规范条文说明》的规定，一般情况下，运行速度不低于 300 km/h 的列车在车站的停车时间按 1 ~ 3 min 确定，速度在 200 ~ 250 km/h 的列车在车站的停车时间按 2 ~ 4 min 确定。以京沪线路为例，列车在站停留时间一般只有 2 min，而列车在站起车附加时分是 2 min，停车附加时分则达到 3 min。可见，高速铁路起、停车附加时分对通过能力的影响远大于列车在站停留时分。

## 二、高速铁路通过能力的计算

### 1. 高速铁路点线能力

高速铁路车站可分为始发终到站、中间站、越行站等，有些车站不具有列车始发终到作业能力，有的车站甚至不提供旅客乘降的条件。

当列车达到最小追踪间隔时间时，高速铁路区间具有最大通过能力。由于旅客对运输的需求具有一定的波动性，同时铁路部门还需预留线路维修、改造等作业占用的能力，区间通过能力利用水平有一个上限值，因而限制了在一定时间内区间所能通过的最大列车对数。

因此，在编制高速铁路列车运行图时，列车起止点、运行径路、停站方案、开行数量等，都会受到车站和区间通过能力的限制。

通过能力的计算方法主要有图解法、分析法、计算机仿真法 3 种。我国高速铁路通过能力的计算一般采用以扣除系数为基础的分析法。

### 2. 高速列车扣除系数

在高速铁路上，列车速度普遍较高，高速列车采用的是连续式一次速度控制模式运行，追踪间隔时间也相对较小，使得列车停站时分及起停车附加时分对通过能力的影响突出。因此，高速列车因停站而产生的能力扣除成为高速铁路能力计算的一个组成部分，高速列车停站次数、停站时间、停站方式对通过能力都有明显的影响。

在一个客流区段内，高速列车在中间站停车办理作业，与不停车通过列车比较，将产生额外的运行图占用时间。若全程途中不停站高速列车的扣除系数为 1，则每停站一次，前后区间将产生一定倍数的追踪间隔时间，如不互相利用，其扣除系数将大于 1，且停站次数越多，停站时间越长，扣除系数越大。

### 3. 低速列车扣除系数

在两类列车共线运行的模式下，因低速列车运行速度较小，且停车办理作业次数较多，因而占用列车运行图时间也较长。若低速列车在区段内不被高速列车越行，其运行区段距离越长，两类列车间的速差越大，则低速列车扣除系数越大。

实际运行中低速列车经常被高速列车越行。考虑到低速列车旅行速度的要求，合理的铺画原则一般要求低速列车每次停站待避一列高速列车。

### 4. 列车平均扣除系数

影响列车扣除系数大小的因素很多，如不同的高速列车数量及其停站比、不同的低速列车数量及其比例、不同的站间距离、不同的列车运行图铺画方式等，在不同的条件下，高、低速列车的扣除系数也不同。

高速铁路上运行的所有列车的平均扣除系数 $\varepsilon_{均}$ 为 1.64。

### 5. 高速铁路通过能力的计算

为使高速铁路设施设备处于质量良好状态，确保行车安全，高速铁路列车运行图必须预留出足够的综合维修时间，即提供设备日常维修和养护的天窗时间 $T_{天窗}$。高铁天窗时间一般为 4 h，即 240 min。

为了满足和方便旅客出行，高速列车一般在 6:00—24:00 内到发。受这一有效到发时间的限制，列车运行图除了“维修天窗”之外，还将产生无效时间 $T_{无效}$，如图 3-3-1 所示。

**图 3-3-1　无效时间与天窗时间示意图**

故高速铁路通过能力的计算公式为

$$N_{高}=\frac{1\,440-(T_{天窗}+T_{无效})}{I\cdot\varepsilon_{均}}$$

式中　$T_{天窗}$——高速铁路综合维修天窗时间，min；

$T_{无效}$——由于非运营时间等因素造成的无法使用的无效时间，min；

$I$——高速列车追踪间隔时间，min。

当高速铁路采用高低速共线运营模式时，$T_{无效}$ 取 200 min，则高速铁路的通过能力 $N_{高}$ 为

$$N_{高}=\frac{1\,440-(240+200)}{5\times1.64}=121.9\ (对/d)$$

## 三、高速铁路通过能力的加强

随着广大旅客对高速铁路的青睐，高铁客流的增长日益迅猛，进一步强化高速铁路的通过能力，已越来越重要与迫切。

**1．挖掘无效时间带潜在通过能力**

为了满足设备日常维修的需要，高速铁路均设置了时间为 4 h 左右的综合维修垂直型天窗，安排在每日的 0:00—6:00，并保证高速列车在 6:00 后出发、在 24:00 前终到。每个区段对于长线列车存在一个无效时间（$T_{无效}$），如图 3-3-1 所示，斜纹阴影部分即为无效时间。

针对长线列车无效时间对通过能力的影响，可根据实际的客运需求，开行短交路列车。加开列车需要满足以下基本要求：

（1）增开短交路列车的出发到达时间满足旅客需求和天窗时间要求，如到达时间不宜太迟，列车单程运行时间不宜过长。

（2）短交路列车的数量应与客流需求相匹配，保证列车上座率在一定的水平，满足一定的经济效益要求。

（3）短交路两端车站满足折返条件，增开列车数量较大时，应设置相应的存车场。

（4）车底数量充足，能满足短交路列车运营的需要，且不影响其他列车的运行方案。若车底不足，需保证循环交路的合理运行，合理安排运行方案。

### 2. 优化车站间隔时间标准

在列车运行图编制中，标准为 300 km/h 的高速铁路，动车组列车始发站发车间隔 5 min、到达最小间隔 4 min、中间站追踪间隔 3 min、到通间隔 3 min、通发间隔 2 min，起车附加 2 min、停车附加 3 min。由于受起停附加时分、始发站发车间隔、停站到达间隔标准的限制，难以实现追踪间隔 3 min 的标准，区间通过能力难以发挥。

影响 $I_{发}$ 的主要因素是车站咽喉区的长度和列车出站的平均速度，影响 $I_{到}$ 的原因除了咽喉区长度和进站平均速度外，还有列车的制动距离。因此，为缩短 $I_{发}$、$I_{到}$ 的时间标准，可采取以下措施：

（1）优化车站咽喉区布置。

可通过紧凑布置咽喉区，缩短咽喉区过长的距离。

（2）提高列车制动率。

列车制动距离受换算制动率的影响，制动率越大，制动距离越小。在不影响乘客舒适度的基础上，采取较大的制动率。

（3）采用大号码道岔。

不同的道岔允许速度不同，列车在咽喉区的走行时间也不同。道岔号码越大，允许速度 $v_{到达}$ 也越大，走行时间越小，$I_{到}$ 越小。

（4）列车进站提前减速。

列车提前减速可减小列车制动距离，减小同方向列车到达间隔时间，但会增加列车区间追踪间隔时间。$I_{到}$ 为限制通过能力的瓶颈，而高速列车运行速度高，除满足设计区间追踪间隔时间之外还有富余，可牺牲一部分追踪间隔时间来减小到达间隔时间。

### 3. 进一步压缩列车追踪间隔时间

追踪列车间隔时间与线路通过能力成反比，压缩该时间参数对提高通过能力意义重大。

压缩列车间隔时间的方案需要从高速铁路站场及线路条件、列控系统特征、技术管理规章等因素出发，确定列车追踪时间关键因素，形成高速列车追踪间隔时间逐步实现 3 min 综合解决方案，以及有关限制点的改进措施及实施方案。

### 任务实施

根据以上相关知识，由老师组织学生分组讨论高速铁路通过能力的计算及加强措施，各小组指派代表进行总结汇报，并进行小组互评、教师点评，以提高学生运用理论知识解决实际问题的能力。

## 任务四　高速铁路动卧夕发朝至天窗设置

### 能力目标

能识读高速铁路运行图维修天窗。

## 知识目标

掌握高速铁路列车运行图天窗的定义及作用；掌握高速铁路夕发朝至动卧列车的天窗设置方式。

## 相关知识

铁路天窗是列车运行图中不铺画列车运行线，或调整、抽减列车运行线，为运营线路的施工和维修作业预留的时间。天窗资源的科学安排、合理利用至关重要。

## 一、列车运行图中的维修天窗

### （一）天窗的定义

高速铁路的综合维修主要是指对线路、供电和信号等固有设备进行日常维护和检修。通常将在列车运行图上预留的用于维修施工所需要的行车“空隙”称为天窗。它是解决列车运行与设备维修施工之间矛盾的技术措施。在高速度、高密度的行车条件下，综合维修天窗开设方式和维修时间的确定，对高速铁路的通过能力和行车组织方式有很大的影响。

### （二）天窗的种类

#### 1. 工务维修天窗

工务维修的关键在于轨道维修。轨道维修的质量对行车安全和旅客舒适度都非常重要。随着运行速度目标值越来越高，对轨道维修质量的要求也随之提高，难度也越来越高。因此，工务维修天窗实际上是指对轨道维修和行车设备改造等预留的行车“空隙”。工务维修天窗根据维修工作类型可分为以下几种。

（1）行车设备改造施工天窗。

行车设备改造施工天窗主要用于修建第二线及行车闭塞类型和信号设备改造施工时。此类“天窗”对施工的影响很大，在施工方案中应加以注意。

（2）线路大修天窗。

线路大修又分为换轨大修和不换轨大修两类。由于线路大修作业内容较为复杂，占用线路时间较长，对线路经营有较大影响。另外，施工结束，即天窗时间结束后，为保证线路维修质量和行车安全，还要求部分列车限速运行。

（3）线路日常维修天窗。

线路日常维修天窗用于线路维修、养护及重点病害的整治，施工时间较短，需要经常开设。

#### 2. 电务维修天窗

电务维修天窗主要是对信号设备的维护和检修，分为日常维修、中修和大修三类。虽然日常维修工作量较大，但相对来说较为简单，而且只有少部分的作业需要开设天窗，一般与其他线路维修作业同时进行，以减少对线路运营的影响。这类天窗只在日常运营中灵活安排。

3. 接触网维修天窗

接触网的定期检修分为日常维修和大修两个修程。其主要项目是对接触网和附加导线进行较详细地检查、锚段的更换，对接触网参数进行预测，结合日常巡视检测，发现缺陷后集中力量进行检修。检修分为日常维修和大修两个修程，检修方式以周期修和状态修为主。这种天窗开设距离比较大，时间比较固定，一般都会在方案运行图中预留。

（三）天窗的开设方式及特点

1. 矩形天窗

在列车运行图中一个或几个区段内上下行同时形成空白，将其作为维修时间，通常设置在 0:00—6:00 时段内。该维修天窗的形状类似矩形，因此称为矩形天窗，如图 3-4-1 所示。

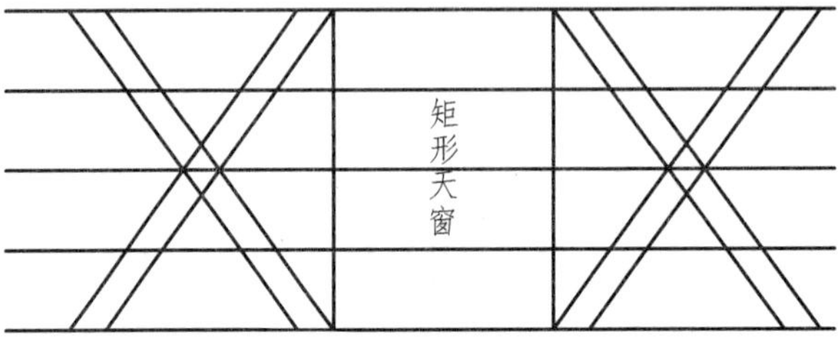


图 3-4-1　矩形天窗

矩形天窗的特点：

（1）在夜间 0:00—6:00 上、下行两线同时开行矩形天窗，能够同时满足工务、接触网、信号综合维修施工的要求，可以连续提供 5 ~ 6 h。若利用天窗外空费时间，甚至可以提供更长的维修作业时间，能够极大地提高维修机组的作业效率。

（2）两线重合开设矩形天窗，对一些相邻渡线等需两线同时封锁维修的设备提供了良好的条件。在维修施工过程中，该天窗不会受到相邻线路行车的干扰。

（3）矩形天窗会影响区段始发、终到车站一定时间范围的发车时段，使其在影响时段内无法发车。

2. V 形天窗

在整个区段内，按上、下行分别形成运行图空白，一条线维修施工时，另一条线组织双向运行。该维修天窗的形状类似字母“V”，因此称为 V 形天窗，如图 3-4-2 所示。

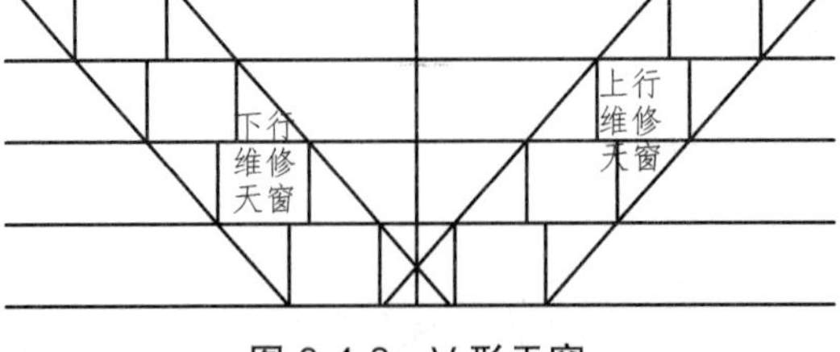


图 3-4-2　V 形天窗

V 形天窗的特点：

（1）不论是在上行天窗，还是在下行天窗内，都需要组织列车反向运行。因此，需要具有组织双向列车运行的能力。

（2）当车站间距较大时，应设置区间过渡线。

（3）牵引供电系统需安装分段开关，维修时应保证上、下行线路分别供电，且保持同相位。

（4）通信、信号设备保证双向行车的安全。

（5）一线维修时，另一线的行车速度一般限定不高于 160 km/h。

（6）应制定一套完善的确保作业安全的规章制度。

#### （四）高速铁路综合维修天窗的设置方式

（1）大型养路机械综合施工天窗应不少于 180 min，维修天窗不少于 90 min。

（2）维修天窗在时间安排上应与施工天窗重叠套用，不得铺画列车运行线。

（3）天窗时间应尽量安排在无缝线路允许的作业轨温范围内。

（4）有条件时，昼间应安排检查天窗，检查天窗也可与维修天窗共用。

（5）一般采用矩形天窗，时间设置在 0:00—6:00。

## 二、夕发朝至列车的含义及其优点

“夕发朝至”列车是我国铁路中长距离运输一种典型的客运产品，其品牌和特色的固有优势较为明显。

### 1. 夕发朝至列车的含义

夕发朝至列车是指运距在 1 500 km 以内，全程旅行时间在 12 h 左右，16:00—23:00 始发，次日 5:00—11:00 终到的列车。这个概念是基于普速铁路提出的，由于高速铁路列车的旅行速度要更高，所以在相同时段内，高速铁路夕发朝至列车的运距会更长。

### 2. 夕发朝至列车的优点

夕发朝至列车之所以具有市场竞争力，主要有以下原因：首先，我国经济发展的地域极度不平衡性，导致全国千千万万务工者前往珠江三角洲、长江三角洲、环渤海等经济圈，这就产生了大量中长距离旅客的出行需求；其次，与其他交通运输方式相比，夕发朝至列车在安全性、舒适性和经济性等方面都有着明显的优势，旅客的始发、终到时间点很合理，在车上过夜也节约了一些旅行费用，所以，它成为我国主要中心大城市之间的主力运输方式；最后，随着我国高速铁路的修建，夕发朝至列车的服务范围正在不断加大，其市场竞争力将更加强大。

## 三、高速铁路动卧夕发朝至天窗设置方式

受高速铁路综合维修、动车组检修及客运组织方案的影响，高速铁路动车组列车基本实行白天运行、晚间维护的模式。为充分利用高速铁路晚间运能，更好地满足市场需求，以及更好地满足旅客出行需求，同时充分发挥高速铁路动车组安全、快捷、舒适和夕发朝至列车的品牌优势，自 2015 年 1 月 1 日起，铁路部门在北京—广州、深圳间，上海—广州、深圳间增开高速铁路动卧夕发朝至列车（简称高速铁路动卧列车）。动卧列车开行显著提升了高速铁路在 2 000 km 左右运距客运市场上的竞争力。

组织高速铁路动卧列车夜间开行关键的技术条件保障之一是综合天窗设置方式问题。周期性夜间行车的组织方式是根据一周内客流的变化规律，以及周期天窗的开设情况，采用不同的行车组织方式对高速铁路夜间列车进行组织管理。高速铁路动卧列车不可避免会在0:00—6:00间产生夜间行车的运输需求，而这个时间段恰巧落在高速铁路维修综合天窗内，高速铁路天窗通常采用垂直矩形天窗方式，即双线双向同时停电检修和维护，检修主要是要对线路、接触网、通信信号设备日常检修和定期检修。高速铁路维修天窗时间受供电专业限制。在保证人员和机具配备的条件下，工务部门每周检修需要4次，通信专业每周检修需要2次，电务信号专业每周检修需要4次，但供电专业每周检修则需要5次。供电专业每周5次检修时间可进行优化调整，采取用“大天窗”和“小天窗”结合并用的方式进行，从而进一步将检修时间缩短到每周4次。

周期天窗是指在确保检修工作内容完成的基础上，以一周为周期，分日期设置正常的天窗和较短天窗。设置周期天窗开行周期性夜间列车，在一个星期的周期内，设置一定天数的时长较短的维修天窗，在一定程度上，可以有效缓解天窗和行车相互影响的矛盾关系。周期天窗适应性较强，通常有3种天窗设置方式。

#### 1. “6＋1”周期天窗

动卧列车开行日开设6天时间较短的“小天窗”，时间长度一般不短于180 min；非动卧列车开行日开设1天时间较长的大天窗，一般逢周四开设，时间一般不短于300 min。

#### 2. “5＋2”周期天窗

“5＋2”周期天窗是指一周内5天（包括周一至周四以及周六）开设4～5 h正常的维修天窗，不开行夜间高速动卧列车；2天（包括周五和周日）开行夜间高速动卧列车，只开设2～3 h的巡检天窗。

#### 3. “4＋3”周期天窗

即一周内，从周二到周四3天不开行夜间列车，天窗时长4～5 h，周五到周日及周一4天开行动卧列车，天窗设时间较短的巡检天窗2～3 h。

根据周客流分布不同的特点，由初期的“6＋1”开行模式改为“4＋3”开行模式，即每周一、周五至周日4天开行，周二至周四3天停运，安排4天“小天窗”和3天“大天窗”的形式进行设备设施检修维护。在确保绝对安全的前提下，通过大小“天窗”综合运用，极大释放了高速铁路晚间运力资源。

以沪深高速铁路动卧列车为例。沪深高速铁路动卧列车主要经由沪杭高速铁路、杭甬高速铁路、杭深线运行，逢周一、周五、周六和周日4天开行，其他3天停运，设置“4＋3”周期性天窗。周二到周四需要对线路进行检修，开设了4～5 h的矩形天窗；周五到周日及周一相应开行动卧列车，天窗内只需进行简单的巡检工作，设置3 h巡检天窗，维修作业完成后，不用开行确认车，大大缩短了天窗干扰的时段，巡检天窗影响时段大幅缩短。分段垂直的天窗形式，使得维修作业在时空上分隔开来，其间隔时间可以方便高速列车运行，节约了旅客的旅行时间。由于杭深线上夜间能力较为宽裕，天窗避开了列车的运行时段，所以沪深高速铁路动卧列车夜间在杭深线上几乎不会占用更多的线路资源。

### 任务实施

根据以上相关知识，由老师组织学生分组讨论高速铁路夕发朝至列车天窗设置的方式，各小组指派代表进行总结汇报，并进行小组互评、教师点评，以提高学生运用理论知识解决实际问题的能力。

## 任务五　高速铁路“工电供”“三位一体”维修管理

### 能力目标

能掌握高速铁路工务、电务、供电（简称工电供）设备维修的内容。

### 知识目标

了解高速铁路工务、电务、供电设备维修的内容；掌握高速铁路“工电供”“三位一体”维修管理的优势。

### 相关知识

为满足动车组安全、平稳运行，高速铁路设备必须具备高可靠性、高稳定性和高平顺性。从高速铁路基础设施运营维护实践来看，高速铁路设备维护的一体化、专业化将成为发展趋势。

### 一、工务、电务、供电设备的维修

高速铁路工务、电务和供电等基础设施是保障行车安全、提高运输效率的关键设施，是高速铁路列车安全、正点、快速、高密度运行的重要保证。

工务设备设施主要包括轨道、路基、桥梁、隧道等，是高速列车安全、平稳运行的基础。电务设备设施主要包括铁路信号和铁路通信两大系统，可分为电务固定设备和电务车载移动设备。供电设备设施包括接触网、牵引变电、电力等。

为满足动车组高速运营的需求，高速铁路设备必须具备高可靠性、高稳定性和高平顺性。高可靠性是指设备设施适应高速度、高密度的行车要求，能保证高速列车行车安全和秩序，并具有更高的抵御自然灾害和突发事件的能力。高稳定性是指强化设备结构、减少设备故障、延长维修周期、减少维修工作量。高平顺性是指轨道几何尺寸精度高，轨道结构始终处于良好状态，以保证高速列车运行的安全、平稳、舒适。

### 二、“三位一体”维修管理模式

良好的维修管理模式对有效配置维修资源、提高维修效益至关重要。按照高效率、低成本、充分满足高铁运营要求的原则，高铁维修采用“三位一体”维修管理模式。

1. 基本概念

“三位一体”维修管理模式是指工务、电务、供电三个专业，从检修周期、检修项目、计划编制、生产组织、出行方式五方面进行优化组合，消除各专业间结合部问题，实现生产统筹协调、计划统一平衡、劳动组织优化、生产效率不断提高，并以最小的成本投入达到高速铁路基础设施综合维修的目的，为运输提供安全稳定、质量可靠的高铁基础设施。

2. 实施做法

三个专业在作业负责人的统一指挥下，同步作业，一专主导，互为支撑，形成“三位一体”模式的天窗修计划管理、施工维修作业登销记、施工维修作业卡控、防护员（驻所）设置等制度和管理办法。

（1）统筹专业力量。

将原线桥科、信号科、供电科合并为技术科，消除结合部瓶颈，提升专业协同能力；成立集中监测机构，配齐配强检测监测设备，提高过程盯控和预警防范能力；成立道岔整治、电子设备维护等车间直属班组，提升专业管理保障水平。

（2）强化计划管理。

结合实践经验，优化计划编制流程，由技术科统筹安排，自上而下布置每月生产任务；车间结合生产实际，自下而上提报每周计划；段根据车间上报计划召开平衡会，协调天窗资源综合利用、重点任务实施、自轮运转设备运行等事项。上下结合的计划编制规则有利于各级工作统筹推进，避免了专业间各自为战现象的发生，发挥了综合集中管理、统筹协调推进的优势，使天窗资源得到最大化共用。

（3）实施集中作业。

制定“五个统一”和“五个一起”综合集中作业模式，即统一计划管理、统一组织协调、统一作业制度、统一班组台账、统一考核奖惩；一起研究工作、一起制定方案、一起安排劳力、一起组织生产、一起总结完善。不断优化形成“短周期优先、长周期统筹”的计划安排原则、“集中为主、分散为辅”的作业组织形式和“轨道车为主、汽车为辅”的交通出行方式。集中作业模式有效解决了传统生产组织模式下 3 个专业“单打一”问题，提高了天窗综合利用率和劳动生产效率，降低了夜间道路交通等安全风险。

（4）开展综合维修。

将区间的线路结构检查、信号设备巡检、接触网外观巡视及鸟巢检查等单独作业项目纳入一个作业组的工作范围，实行“专业搭配，综合协同”的区间综合巡检作业方法。在道岔设备综合检修等多专业结合部作业项目中，科学界定作业主体和辅助环节，按照“主体环节专业干，辅助环节共同干”的原则开展综合整治，消除设备专业结合部维修不到位问题，减少了重复作业成本投入。

（5）优化劳动班制。

实施“四大三小”天窗制度，在周二至周五凌晨 4 个大天窗内，组织开展综合集中作业、病害整治，完成各类重点任务；在周六至周一凌晨 3 个小天窗内，组织局部基础设施的巡检、检修，完成各类临时任务。

（6）推进岗位融合。

将“线路工”“信号工”“接触网工”等专业职名，整合成为“综合维修工”，进一步提高了劳动效率。

## 任务实施

根据以上相关知识，由老师组织学生分组讨论高速铁路“三位一体”维修管理模式的优势，各小组指派代表进行总结汇报，并进行小组互评、教师点评，以提高学生运用理论知识解决实际问题的能力。

## 复习思考题

1. 高速铁路旅客列车开行方案的作用是什么？
2. 高速铁路旅客列车开行方案的影响因素有哪些？
3. 高速铁路旅客列车开行方案的特点是什么？
4. 简述高速铁路旅客列车开行方案的主要内容。
5. 简述高速铁路旅客列车开行方案的编制流程。
6. 列车运行图的作用是什么？高速铁路列车运行图如何分类？
7. 详细说明高速铁路列车运行图的格式。
8. 详细说明高速铁路列车运行图的基本要素。
9. 高速铁路通过能力的计算要考虑哪些因素？
10. 什么是夕发朝至列车？
11. 夕发朝至列车有哪些开行方式？
12. 什么是运行图天窗？
13. 工务、电务、供电设备的维修内容有哪些？
14. “三位一体”维修的含义是什么？
15. “三位一体”维修管理模式的优势有哪些？

# 项目四　高速铁路列车运行组织

### 项目描述

为了确保列车在区间内的运行安全，列车由车站向区间发车时，必须确认区间（分区）内没有列车，并需遵循一定的规律组织行车，以免发生列车正面冲突或追尾等事故。高速铁路列车运行组织工作需要明确列车运行的间隔，明确区间及闭塞分区的界限，为列车运行、调度指挥、车站技术管理等提供依据。本项目主要介绍高速铁路行车闭塞办理、CTCS-3 级列控系统列车运行场景及高速铁路列车运行调整与限速管理。

## 任务一　高速铁路行车闭塞办理

### 能力目标

能认识行车闭塞的重要性；能识别各种高速铁路行车闭塞法的适用条件。

### 知识目标

掌握高速铁路自动闭塞的办理方法；掌握自动站间闭塞的办理方法；掌握电话闭塞的办理方法。

### 相关知识

列车运行是以车站、线路所划分的区间及自动闭塞区间的通过信号机或区间信号标志牌划分的闭塞分区作间隔。

### 一、高速铁路行车闭塞

#### （一）列车运行的间隔

为保证列车运行的安全，使同方向列车不致发生追尾冲突，对向列车不致发生迎面相撞，列车运行必须有间隔；同时，在满足列车长度、速度、密度、制动力和信号显示距离等条件下，划分列车运行间隔有利于提高铁路通过能力。

《铁路技术管理规程》明确规定：“列车运行是以车站、线路所划分的区间及自动闭塞区间的通过信号机或区间信号标志牌划分的闭塞分区作间隔”。就是将铁路正线分别用车站、线路所和自动闭塞区间的通过信号机或区间信号标志牌(三者统称为分界点),划分为站间区间、所间区间和闭塞分区，作为列车运行的间隔。

目前，保持列车运行之间有一定的间隔距离的办法有两类。

**1. 空间间隔法**

以车站、线路所划分的区间，自动闭塞区间的通过信号机划分的闭塞分区以及列控系统确定的两列车间隔距离，作为两列车间隔的行车方法。即在正常情况下，每个区间（或闭塞分区），在同一时间内，只准有一列列车占用。

**2. 时间间隔法（又称隔时续行法）**

按一定的时间间隔开行续行列车。即第一列列车发车后，经过一定的时间，再发出下一列列车。

我国高速铁路列车运行一般采用空间间隔法。

（二）区间及闭塞分区的界限划分

**1. 站间区间——车站与车站间的线段**

（1）单线站间区间。

在单线上，车站与车站间以进站信号机柱的中心线为车站与区间的分界线，如图 4-1-1 所示。

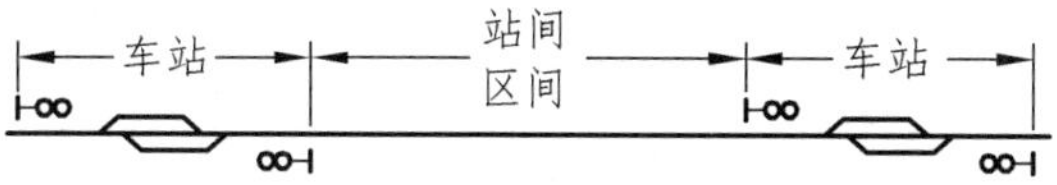


**图 4-1-1　单线区段站间区间界限示意图**

（2）双线或多线站间区间。

在双线或多线上，车站与车站间分别以各该线的进站信号机柱或站界标的中心线为车站与区间的分界线，如图 4-1-2 所示。

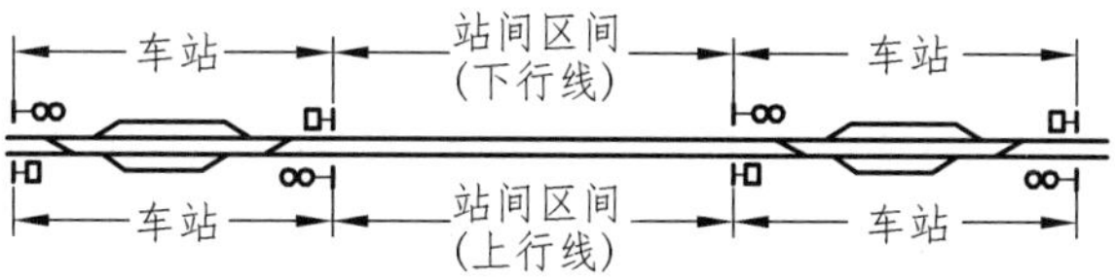


**图 4-1-2　双线区段站间区间界限示意图**

**2. 所间区间—两线路所间或线路所与车站间的线段**

两线路所间或线路所与车站间，以该线上的通过信号机柱的中心线为所间区间的分界线。设有进站信号机的线路所，所间区间的分界方法与站间区间相同。

（1）单线所间区间。

以该线上的线路所通过信号机柱的中心线为所间区间的分界线。

线路所只设有通过信号机，无管辖地段的如图 4-1-3 所示。

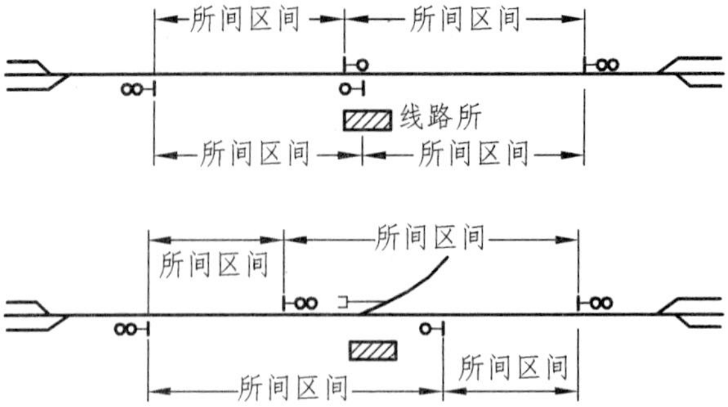


图 4-1-3　单线区间只设有通过信号机的所间区间界限示意图

线路所设有进、出站信号机，并有管辖地段的如图 4-1-4 所示。

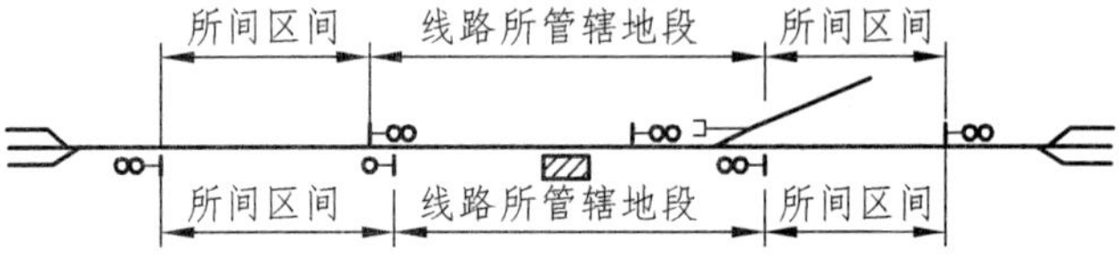


图 4-1-4　单线区间设有进、出站信号机的所间区间界限示意图

（2）双线所间区间。

双线所间区间的划分方法与单线所间区间相同。

线路所只设有通过信号机，无管辖地段的如图 4-1-5 所示。

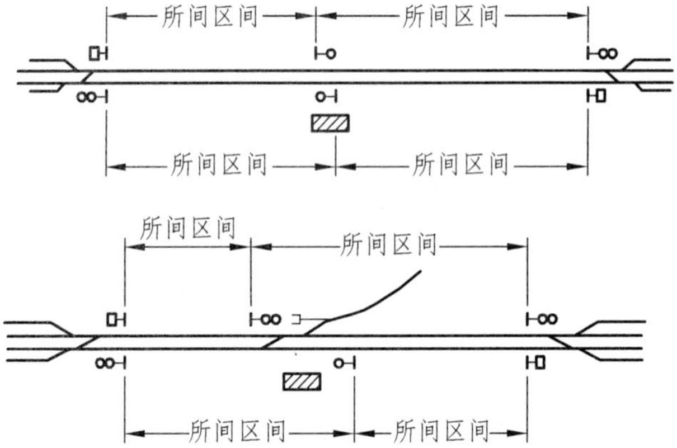


图 4-1-5　双线区间只设有通过信号机所间区间界限示意图

线路所设有进、出站信号机，并有管辖地段的如图 4-1-6 所示。

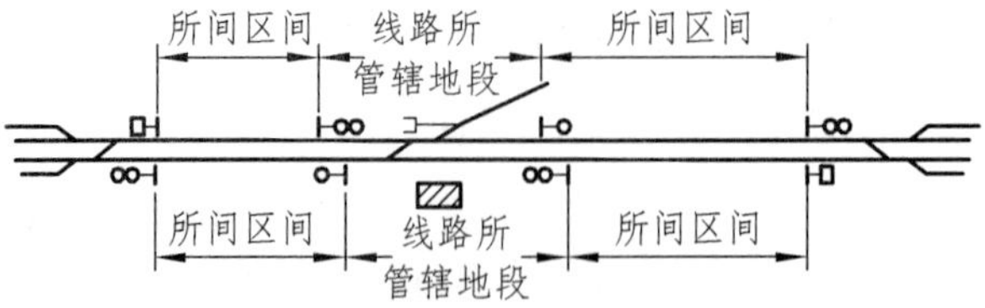


图 4-1-6　双线区间设有进、出站信号机的所间区间界限示意图

### 3. 闭塞分区

闭塞分区为自动闭塞区间同方向相邻的两架通过色灯信号机（区间信号标志牌）间或进

站信号机与通过色灯信号机（区间信号标志牌）间的线段。

自动闭塞区间的闭塞分区，以该线上同方向相邻的两架通过色灯信号机或区间信号标志牌机柱的中心线为分界线。

以设有通过色灯信号机的自动闭塞区间为例，单线区间闭塞分区分界线如图 4-1-7 所示。

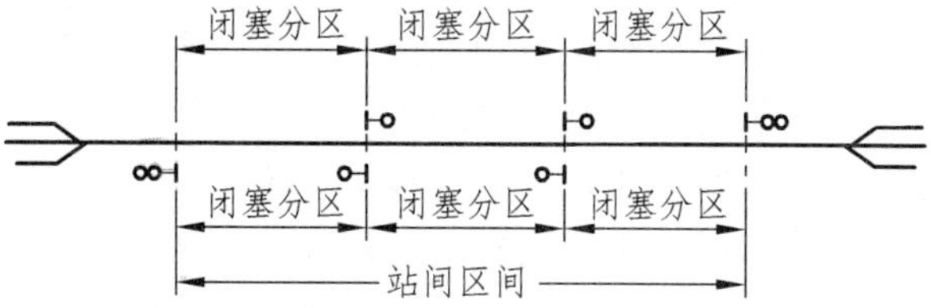


图 4-1-7　单线区间闭塞分区界限示意图

以设有通过色灯信号机的自动闭塞区间为例，双线区间闭塞分区分界线如图 4-1-8 所示。

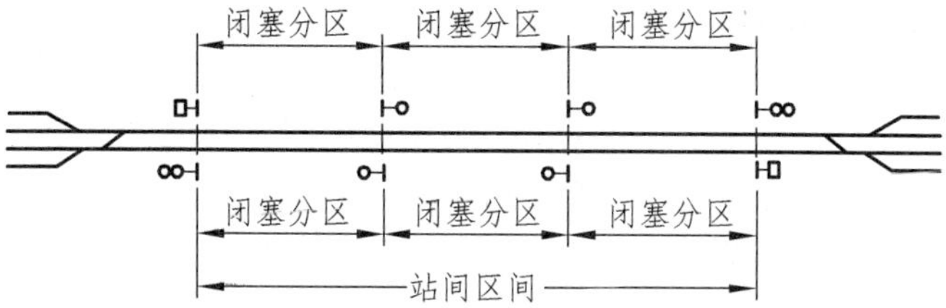


图 4-1-8　双线区间闭塞分区界限示意图

（三）行车闭塞法

基本闭塞设备是控制一个区间（或闭塞分区）同一时间内，只准许一列列车运行的设备。通过调度所、相邻车站、线路所、闭塞分区的设备或人为控制，使列车与列车相互间保持一定间隔，以保证列车安全运行的行车方法，称为行车闭塞法。《铁路技术管理规程》第 275 条规定，车站均需装设基本闭塞设备；第 83 条规定，双线区段自动闭塞设备应具备正方向自动闭塞、反方向自动站间闭塞的功能；第 84 条规定，区间及无配线车站占用时不应改变区间方向。无配线车站两端同一条线路的区间方向应保持一致。

**1. 自动闭塞**

自动闭塞是根据列车运行及有关闭塞分区状态，自动变换通过信号机显示而司机凭信号行车的闭塞方法。其特征为：把站间划分为若干闭塞分区，有分区占用检查设备，一般设有区间信号标志牌或通过信号机；站间能实现列车追踪；办理发车进路时自动办理闭塞手续，自动变换轨道电路信息、通过信号机的显示。

**2. 自动站间闭塞**

自动站间闭塞则是以站间（所间）区间作为列车间隔，其列车运行间隔均属于空间间隔法。

区间不设通过信号机而设区间信号标志牌站内信号机常态灭灯的线路区段，动车组列控车载设备故障不能继续控制列车运行时，为保证行车安全，正向或反向运行，地面信号机应转为点亮状态，按站间组织行车。

我国高速铁路采用的行车基本闭塞法有自动闭塞、自动站间闭塞两种。其中，自动闭塞以闭塞分区作为列车间隔。

### 3. 电话闭塞

电话闭塞是在基本闭塞法不能使用条件下，主要靠人工检查确认和联系制度来保证实现列车运行空间间隔的代用闭塞方法。车站使用电话闭塞法行车须有列车调度员命令，并严格按有关电话闭塞接发列车规定的程序、制度办理行车作业。

车站值班员在办理接发列车时，遇行车设备故障、施工、自然灾害等情况造成基本闭塞法不能使用或在特定行车条件下需停止使用基本闭塞法时，须向列车调度员报告。列车调度员详细了解现场情况后，向有关处所和人员发布停止使用基本闭塞法，改按电话闭塞法行车的调度命令。行车闭塞法的变更或恢复，列车调度员均须发布调度命令。

## 二、自动闭塞的办理

为保证列车在区间内行车安全，列车由车站驶向区间运行需要 3 个必要条件：一要验证区间空闲；二要有进入区间的凭证；三要实行区间闭塞。

目前，我国高速铁路自动闭塞区间通过信号机采用四显示的色灯信号机，当其显示一个绿色灯光时，表示列车运行前方至少有 3 个闭塞分区空闲，准许列车进入闭塞分区后按规定速度运行；当其显示一个绿色和一个黄色灯光时，表示列车运行前方有两个闭塞分区空闲，准许列车进入闭塞分区后按规定速度运行，但要求注意准备减速；当其显示一个黄色灯光时，表示列车运行前方只有一个闭塞分区空闲，要求列车注意或减速运行，按规定速度要求越过该信号机；当其显示一个红色灯光时，要求列车应在该信号机前停车。四显示自动闭塞方式如图 4-1-9 所示。

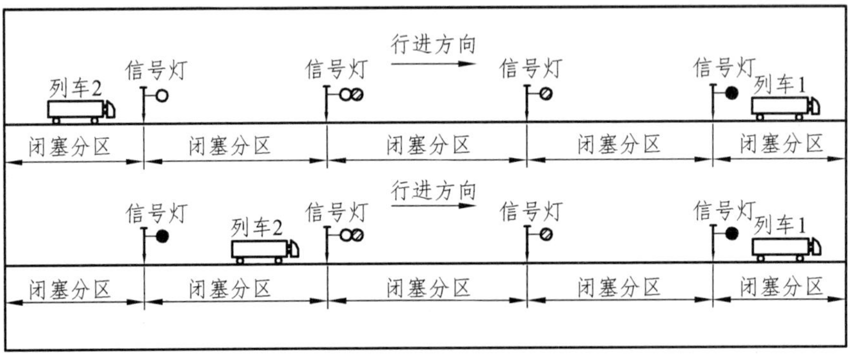


图 4-1-9　四显示自动闭塞方式示意图

### （一）自动闭塞的办理规定

自动闭塞区段，正方向行车，列车按自动闭塞运行；反方向行车，列车按自动站间闭塞运行。

#### 1. 自动闭塞法行车

使用自动闭塞法行车，动车组列车在完全监控、引导或部分监控模式下运行时，动车组通过轨道电路或无线闭塞中心接收行车许可信号，并在列控车载设备上自动显示允许运行的速度值。行车凭证为列控车载设备显示的允许运行的速度值。在同一区间内开行多列追踪运行的列车时，列控车载设备控制列车与前行列车间有必要的空间间隔，既保证了行车安全，又提高了区间通过能力。

动车组列车按 LKJ（列车运行监控装置）方式运行，在信号机常态点灯的区段，进入闭塞分区的行车凭证为出站信号机或通过信号机显示的允许运行的信号；在信号机常态灭灯的区段，进入区间的行车凭证为出站信号机或线路所通过信号机显示的允许运行的信号，信号机应点灯，让司机确认行车凭证。

### 2. 发车站办理发车预告后

无论在双线或单线自动闭塞区段，发车站在办理发车预告后，即确定了列车进入区间的顺序，接车站也应按此顺序做好接车准备。因此，在列车预告后因特殊原因不能发出时，必须通知接车站取消发车预告，避免造成后续发出的列车与前次列车混淆，造成接车站接错车等事故的发生；同时，也避免接车站为接车做好准备后，却无列车到达，影响接车站的其他作业。

### 3. 调度集中区段

调度集中（CTC）区段，一个调度区段内的列车运行均按列车运行图和日计划组织行车，调整和变化相对较少，同时，接发列车均采用 CTC 设备，列车进路可根据列车运行计划自动触发，实现列车运行实时追踪和无线车次号校核，正常情况下不需要各站间人工干预开放信号，而且多数车站由列车调度员一人办理接发列车，所以规定可不办理发车预告手续。两相邻调度集中的调度区段间或调度集中区段车站（线路所）向非调度集中区段车站（线路所）发车时，通过 TDCS/CTC 系统结合，能自动办理发车预告，当 TDCS/CTC 系统故障造成无法自动办理预告时，应由相邻两站的实际控制人人工办理发车预告；当相邻调度区段列车运行调整计划一致时，虽然无法办理自动预告，但考虑到相邻调度区段列车调度员已进行了相互联系和确认，确保了列车运行调整计划的一致性，因此规定了不办理发车预告。非调度集中区段车站（线路所）向调度集中区段车站（线路所）发车时，由于非调度集中区段车站（线路所）是由车站值班员（信号员）人工开放信号，开放的时机是根据列车实际运行时刻来确定的，是动态的，所以设备上无法控制自动办理发车预告，只能由车站值班员向列车调度员（车站控制时为车站值班员）人工办理发车预告。

### 4. 信号机常态点灯的 CTCS-2 级自动闭塞区段

在信号机常态点灯的 CTCS-2 级自动闭塞区段，特殊情况下办理发车的行车凭证规定见表 4-1-1。

**表 4-1-1　信号机常态点灯的 CTCS-2 级自动闭塞区段特殊情况下办理发车的行车凭证**

| 序号 | 特殊情况 | 控车方式 | 行车凭证 | 发给行车凭证的依据 | 附带条件 |
|---|---|---|---|---|---|
| 1 | 出站信号机（线路所通过信号机）故障时发出列车 | LKJ（GYK）控车 | 调度命令 | 1. 确认第一个闭塞分区空闲；<br>2. 确认道岔位置正确及进路空闲 | 以不超过 20 km/h（动车组列车为不超过 40 km/h）速度运行至第一架通过信号机，按其显示的要求执行 |

续表

| 序号 | 特殊情况 | 控车方式 | 行车凭证 | 发给行车凭证的依据 | 附带条件 |
|---|---|---|---|---|---|
| 2 | 出站信号机（线路所通过信号机）故障时发出列车 | 隔离模式运行 | 调度命令 | 1. 确认区间空闲；<br>2. 确认道岔位置正确及进路空闲 | 以不超过40 km/h速度运行至前方站进站信号机（线路所通过信号机） |
| 3 | 发车进路信号机故障时发出列车 | LKJ（GYK）控车 | 调度命令 | 1. 确认发车进路空闲；<br>2. 确认道岔位置正确 | 以不超过20 km/h（动车组列车为不超过40 km/h）速度运行至次一信号机 |
| 4 | 发车进路信号机故障时发出列车 | 隔离模式运行 | 调度命令 | 1. 确认发车进路空闲；<br>2. 确认道岔位置正确 | 以不超过40 km/h速度运行至次一信号机 |
| 5 | 区间一架及以上通过信号机故障时发出列车 | CTCS-2级控车 | 列控车载设备显示的允许运行的速度值 | 确认区间空闲 | |
| 6 | | LKJ（GYK）控车 | 出站信号机（线路所通过信号机）显示的允许运行的信号 | | |
| 7 | 反方向发出列车 | CTCS-2级控车 | 列控车载设备显示的允许运行的速度值 | 1. 确认区间空闲；<br>2. 反方向行车的调度命令 | |
| 8 | | LKJ（GYK）控车 | 出站信号机（线路所通过信号机）显示的允许运行的信号 | | |

### 5. CTCS-3级以及信号机常态灭灯的CTCS-2级自动闭塞区段

在CTCS-3级以及信号机常态灭灯的CTCS-2级自动闭塞区段，特殊情况下办理发车的行车凭证规定见表4-1-2。

表4-1-2 CTCS-3级以及信号机常态灭灯的CTCS-2级自动闭塞区段特殊情况下办理发车的行车凭证

| 序号 | 特殊情况 | 控车方式 | 地面信号机状态 | 行车凭证 | 发给行车凭证的依据 | 附带条件 |
|---|---|---|---|---|---|---|
| 1 | 开放引导信号发出列车 | CTCS-3级控车<br>CTCS-2级控车 | 灭灯 | 列控车载设备显示的允许运行的速度值 | 1. 确认第一个闭塞分区空闲（发车进路信号机开放引导信号时，为确认至次一信号机间空闲）；<br>2. 确认道岔位置正确及进路空闲 | |

续表

| 序号 | 特殊情况 | 控车方式 | 地面信号机状态 | 行车凭证 | 发给行车凭证的依据 | 附带条件 |
|---|---|---|---|---|---|---|
| 2 | 开放引导信号发出列车 | LKJ（GYK）控车 | 点灯 | 出站信号机（发车进路信号机、线路所通过信号机）显示的允许运行的信号 | 1. 确认区间空闲（发车进路信号机开放引导信号时，为确认至次一信号机间空闲）；2. 确认道岔位置正确及进路空闲 | |
| 3 | 出站信号机（线路所通过信号机）故障且引导信号不能开放时发出列车 | LKJ（GYK）控车 | 点灯 | 调度命令 | 1. 确认区间空闲；2. 确认道岔位置正确及进路空闲 | |
| 4 | | 隔离模式运行 | | | | 以不超过 40 km/h 速度运行至前方站进站信号机（线路所通过信号机） |
| 5 | 发车进路信号机故障且引导信号不能开放时发出列车 | LKJ（GYK）控车 | 点灯 | 调度命令 | 1. 确认发车进路空闲；2. 确认道岔位置正确 | 以不超过 20 km/h（动车组列车为不超过 40 km/h）速度运行至次一信号机 |
| 6 | | 隔离模式运行 | | | | 以不超过 40 km/h 速度运行至次一信号机 |
| 7 | 区间一个及以上闭塞分区轨道电路红光带时发出列车 | CTCS-3 级控车 CTCS-2 级控车 | 灭灯 | 列控车载设备显示的允许运行的速度值 | 确认区间空闲 | |
| 8 | | LKJ（GYK）控车 | 点灯 | 调度命令 | 1. 确认区间空闲；2. 确认道岔位置正确及进路空闲 | |
| 9 | 反方向发出列车 | CTCS-3 级控车 CTCS-2 级控车 | 灭灯 | 列控车载设备显示的允许运行的速度值 | 1. 确认区间空闲；2. 反方向行车的调度命令 | |
| 10 | | LKJ（GYK）控车 | 点灯 | 出站信号机（线路所通过信号机）显示的允许运行的信号 | | |

（1）表 4-1-1 中第 1、2 项以及表 4-1-2 中第 3、4 项，是在出站信号机不能开放（有引导信号且引导信号不能开放）时发出列车，此时发车进路与信号机间失去了联锁关系或无联锁关系。列车调度员（车站值班员）必须在做好下列工作后，方准发布调度命令，组织发出列车。

① 确认第一个闭塞分区空闲，当按隔离模式运行时以及在 CTCS-3 级或信号机常态灭灯的 CTCS-2 级区段，须确认区间空闲。

② 确认进路道岔位置正确及进路空闲。

（2）表 4-1-1 中第 3、4 项以及表 4-1-2 中第 5、6 项，是指发车进路信号机（同一发车进路上一架或多架进路信号机）因故不能开放（有引导信号且引导信号不能开放）的情况下发出列车时，列车调度员（车站值班员）确认发车进路空闲、进路道岔位置正确后，发布调度命令发出列车的作业方式。

（3）表 4-1-1 中第 5、6 项以及表 4-1-2 中第 7、8 项，是指区间一架及以上通过信号机故障或区间一个及以上闭塞分区轨道电路红光带时发出列车，列车调度员（车站值班员）确认区间空闲后，对 ATP 控车的列车，列车以列控车载设备显示的允许运行的速度值作为行车凭证；对 LKJ （GYK）控车的列车，在信号机常态点灯的 CTCS-2 级区段，行车凭证为出站信号机（线路所通过信号机）显示的允许运行的信号，在 CTCS-3 级以及信号机常态灭灯的 CTCS-2 级区段，行车凭证为调度命令。

（4）表 4-1-1 中第 7、8 项以及表 4-1-2 中第 9、10 项，是指列车在正方向运行线路上运行时，可自动追踪运行，在反方向线路上运行时，按站间间隔运行。由于我国铁路在双线区间实行左侧单方向行车制度，反方向行车时，应发布调度命令，在发车前必须确认反方向运行的线路上无迎面列车运行，区间空闲，在控制台上确认区间占用表示灯表示区间空闲后，办理改变列车运行方向手续，排列反方向发车进路，组织反方向发出列车。列车进入区间的行车凭证：对列控车载设备方式控车的列车，列车以列控车载设备显示的允许运行的速度值作为行车凭证；对 LKJ（GYK）控车的列车，行车凭证为出站信号机（线路所通过信号机）显示的允许运行的信号。

（5）表 4-1-2 中第 1、2 项，是能开放引导信号时，规定列控车载设备控车、LKJ（GYK）控车条件下发车的行车凭证和有关作业要求。

双线双方向自动闭塞区间的车站，需要改变闭塞方向时，在得到调度命令准许的情况下，通过先按压“允许改方按钮”再按压列车发车进路的始、终端按钮即可开放该方向的出站信号，指挥列车运行。但遇轨道电路发生故障等情况，控制台出现“双接”，或虽区间空闲但因设备故障造成“监督区间”表示灯亮红灯，不能按正常方式操作改变闭塞方向时，则需附加使用总辅助、辅助按钮办理。使用总辅助按钮前，车站值班员应互相联系，必须共同确认该区间空闲，然后再向列车调度员报告。列车调度员接到使用总辅助按钮的请求后，向该区间两端车站发布调度命令。车站值班员接到调度命令后，破封使用总辅助按钮，并在“行车设备检查登记簿”内登记。两端站均由列车调度员办理接发列车时，由列车调度员确认区间空闲，使用总辅助按钮办理，此时不需要发布调度命令。

### （二）固定闭塞及移动闭塞

高速铁路线上列车装备列车运行控制设备，列车运行自动控制系统保证列车按照空间间隔制运行的技术方法是靠控制列车运行速度的方式来实现的。运行列车间必须保持的空间间隔首先是满足制动距离的需要，当然还要考虑适当的安全余量和确认信号时间内的运行距离。所以根据列控系统采取的不同控制模式会产生不同的闭塞制式。列车间的追踪运行间隔越小，运输能力就越大。

从闭塞制式的角度来看，装备列车运行控制系统的自动闭塞可分为固定闭塞和移动闭塞。

### 1. 固定闭塞

列控系统采取分级速度控制模式时，采用固定闭塞方式。运行列车间的空间间隔是若干个闭塞分区，闭塞分区数依划分的速度级别而定。一般情况下，闭塞分区是用轨道电路或计轴装置来划分的，它具有列车定位和占用轨道的检查功能。固定闭塞的追踪目标点为前行列车所占用闭塞分区的始端，后行列车从最高速开始制动的计算点为要求开始减速的闭塞分区的始端，这两个点都是固定的，空间间隔的长度也是固定的，所以称为固定闭塞。

固定闭塞时列控系统采取分级速度控制模式，每两个速度等级间存在一个速差，其对应的信号显示就表达了这个速差意义，所以可以称为速差式信号显示。

### 2. 移动闭塞

移动闭塞方式的列控系统也采取目标距离控制模式。目标距离控制模式根据目标距离、目标速度及列车本身的性能确定列车制动曲线，采用一次制动方式。移动闭塞的追踪目标点是前行列车的尾部，当然会留有一定的安全距离，后行列车从最高速开始制动的计算点是根据目标距离、目标速度及列车本身的性能计算决定的。目标点是前行列车的尾部，与前行列车的走行和速度有关，是随时变化的，而制动的起始点是随线路参数和列车本身性能不同而变化的。空间间隔的长度是不固定的，所以称为移动闭塞。

移动闭塞方式在两列车间自动地调整运行间隔，使之保持一定的安全距离，其闭塞原理如图 4-1-10 所示。这种方法突破了固定闭塞的局限性，摆脱了利用地面轨道电路设备判别列车占用闭塞分区与否的束缚，不需要将区间划分成固定的若干闭塞分区，地面实时地向车载信号设备传递车辆运行前方线路限速情况，指导列车按线路限制条件运行，提高了列车运行的安全性。这种方法的关键技术为列车的精确定位技术和车地间的双向通信问题技术。高一级的移动闭塞还要考虑前行列车的速度。

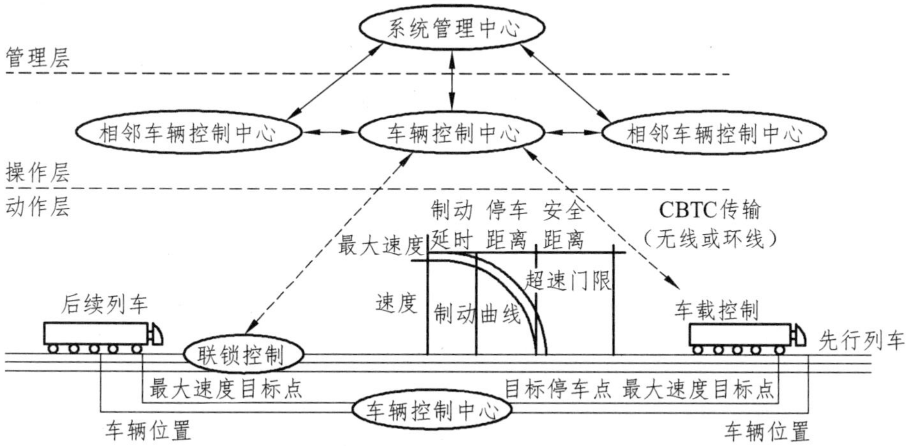


图 4-1-10　移动闭塞原理

## 三、自动站间闭塞的办理

自动站间闭塞是区间两端站的出站信号机和轨道检查装置构成联锁关系，采用轨道检查装置自动检查区间空闲，列车以站间区间为间隔运行，通过办理发车进路和检查列车出清区间的方式，自动实现区间闭塞和区间开通。

（1）使用自动站间闭塞法发出列车时，由于列车按站间（所间）间隔运行，列车进入区间的行车凭证：动车组列车在完全监控、引导或部分监控模式下运行时，行车凭证为列控车载设备显示的允许运行的速度值；动车组列车按 LKJ 方式运行时，进入区间的行车凭证为出站信号机或线路所通过信号机显示的允许运行的信号（在信号机常态灭灯的区段，信号机应点灯）。

（2）自动站间闭塞发车前不需办理闭塞手续，排列发车进路开放出站信号后，即可发出列车，同时列车需按站间间隔行车，因此发车站在办理发车进路前，须确认区间空闲和接车站未办理同一区间的发车进路，否则不能开放信号，形成自动站间闭塞。为使接车站做好接车准备工作，发车站应向接车站发出预告。

（3）自动站间闭塞区间，发车站办理预告后即是“区间闭塞”，接车站必须做好接车准备。如果列车预告后因特殊情况不能发出时，发车站必须通知接车站取消预告，避免长时间占用区间，方便接车站进行其他作业，也能为其他列车运行提供条件。

（4）在信号机常态点灯的 CTCS-2 级自动站间闭塞区段，特殊情况下办理发车的行车凭证规定见表 4-1-3。

**表 4-1-3　信号机常态点灯的 CTCS-2 级自动站间闭塞区段特殊情况下办理发车的行车凭证**

<table>
<tr><th>序号</th><th>特殊情况</th><th>控车方式</th><th>行车凭证</th><th>发给行车凭证的依据</th><th>附带条件</th></tr>
<tr><td>1</td><td rowspan="2">出站信号机（线路所通过信号机）故障时发出列车</td><td>LKJ（GYK）控车</td><td rowspan="2">调度命令</td><td rowspan="2">1. 确认区间空闲；<br>2. 确认道岔位置正确及进路空闲</td><td></td></tr>
<tr><td>2</td><td>隔离模式运行</td><td>以不超过 40 km/h 速度运行至前方站进站信号机（线路所通过信号机）</td></tr>
<tr><td>3</td><td rowspan="2">发车进路信号机故障时发出列车</td><td>LKJ（GYK）控车</td><td rowspan="2">调度命令</td><td rowspan="2">1. 确认发车进路空闲；<br>2. 确认道岔位置正确</td><td>以不超过 20 km/h（动车组列车为不超过 40 km/h）速度运行至次一信号机</td></tr>
<tr><td>4</td><td>隔离模式运行</td><td>以不超过 40 km/h 速度运行至次一信号机</td></tr>
<tr><td>5</td><td rowspan="2">反方向发出列车</td><td>CTCS-2 级控车</td><td>列控车载设备显示的允许运行的速度值</td><td rowspan="2">1. 确认区间空闲；<br>2. 反方向行车的调度命令</td><td rowspan="2"></td></tr>
<tr><td>6</td><td>LKJ（GYK）控车</td><td>出站信号机（线路所通过信号机）显示的允许运行的信号</td></tr>
</table>

（5）在 CTCS-3 级以及信号机常态灭灯的 CTCS-2 级自动站间闭塞区段，特殊情况下办理发车的行车凭证规定见表 4-1-4。

**表 4-1-4 CTCS-3 级以及信号机常态灭灯的 CTCS-2 级自动站间闭塞区段特殊情况下办理发车的行车凭证**

| 序号 | 特殊情况 | 控车方式 | 地面信号机状态 | 行车凭证 | 发给行车凭证的依据 | 附带条件 |
|---|---|---|---|---|---|---|
| 1 | 开放引导信号发出列车 | CTCS-3 级控车<br>CTCS-2 级控车 | 灭灯 | 列控车载设备显示的允许运行的速度值 | 1. 确认区间空闲（发车进路信号机开放引导信号时，为确认至次一信号机间空闲）；<br>2. 确认道岔位置正确及进路空闲 | |
| 2 | | LKJ（GYK）控车 | 点灯 | 出站信号机（发车进路信号机、线路所通过信号机）显示的允许运行的信号 | | |
| 3 | 出站信号机（线路所通过信号机）故障且引导信号不能开放时发出列车 | LKJ（GYK）控车 | 点灯 | 调度命令 | 1. 确认区间空闲；<br>2. 确认道岔位置正确及进路空闲 | |
| 4 | | 隔离模式运行 | | | | 以不超过 40 km/h 速度运行至前方站进站信号机（线路所通过信号机） |
| 5 | 发车进路信号机故障且引导信号不能开放时发出列车 | LKJ（GYK）控车 | 点灯 | 调度命令 | 1. 确认发车进路空闲；<br>2. 确认道岔位置正确 | 以不超过 20 km/h（动车组列车为不超过 40 km/h）速度运行至次一信号机 |
| 6 | | 隔离模式运行 | | | | 以不超过 40 km/h 速度运行至次一信号机 |
| 7 | 反方向发出列车 | CTCS-3 级控车<br>CTCS-2 级控车 | 灭灯 | 列控车载设备显示的允许运行的速度值 | 1. 确认区间空闲；<br>2. 反方向行车的调度命令 | |
| 8 | | LKJ（GYK）控车 | 点灯 | 出站信号机（线路所通过信号机）显示的允许运行的信号 | | |

（6）表 4-1-3 中第 1、2 项以及表 4-1-4 中第 3、4 项，是在出站信号机不能开放（有引导信号且引导信号不能开放）时发出列车，此时发车进路与信号机间失去了联锁关系或无联锁关系。列车调度员（车站值班员）必须在做好下列工作后，方准发布调度命令，组织发出列车。

① 确认区间空闲，在 CTCS-3 级以及信号机常态灭灯的 CTCS-2 级区段，须确认区间空闲并点灯。

② 确认进路道岔位置正确及进路空闲。

（7）表 4-1-3 中第 3、4 项以及表 4-1-4 中第 5、6 项，是指发车进路信号机（同一发车进路上一架或多架进路信号机）因故不能开放（有引导信号且引导信号不能开放）的情况下发出列车时，列车调度员（车站值班员）确认发车进路空闲、进路道岔位置正确后，发布调度命令发出列车的作业方式。

（8）表 4-1-3 中第 5、6 项以及表 4-1-4 中第 7、8 项，是指在自动站间闭塞区段，列车在反方向线路上运行时的组织方式。由于我国铁路在双线区间实行左侧单方向行车制度，反方向行车时，应发布调度命令，在发车前必须确认反方向运行的线路上无迎面列车运行，区间空闲，在控制台上确认区间占用表示灯表示区间空闲后，排列反方向发车进路，组织反方向发出列车，列车进入区间的行车凭证，对列控车载设备方式控车的列车，列车以列控车载设备显示的允许运行的速度值作为行车凭证；对 LKJ（GYK）控车的列车，行车凭证为出站信号机（线路所通过信号机）显示的允许运行的信号。

（9）表 4-1-4 中第 1、2 项，是能开放引导信号时，规定列控车载设备控车、LKJ（GYK）控车条件下发车的行车凭证和有关作业要求。

## 四、电话闭塞的办理

电话闭塞是在基本闭塞法不能使用条件下，主要靠人工检查确认和联系制度来保证实现列车运行空间间隔的代用闭塞方法。当基本闭塞法不能使用时，应根据列车调度员的命令采用电话闭塞法行车。

### （一）电话闭塞的条件

电话闭塞法不能从设备上完成闭塞手续，完全由人工办理，所以两站间的闭塞手续，必须在查明区间确实空闲后，方可办理。

使用电话闭塞法行车时，列车占用区间的行车凭证为调度命令。

遇下列情况，应停止使用基本闭塞法，改用电话闭塞法行车。

（1）自动闭塞设备发生故障，不能保证列车按自动闭塞方式行车时，应停止使用基本闭塞法，改按电话闭塞法行车；自动站间闭塞设备故障，不能保证列车按自动站间闭塞方式行车时，应停止使用基本闭塞法，改按电话闭塞法行车。

（2）自动站间闭塞区间，当出站信号机故障且引导信号不能开放时，不能按自动站间闭塞方式组织行车，应停止使用基本闭塞法，改按电话闭塞法行车。

### （二）电话闭塞法办理规定

（1）使用电话闭塞法行车时，列车占用区间的行车凭证为调度命令。为避免相对方向的两端站同时发出迎面列车，规定单线或双线反方向发车时，除根据《行车日志》等查明区间空闲外，还必须取得接车站的承认后，方可向列车调度员报告，请求发布作为行车凭证的调度命令。双线正方向首列发车时，为保证安全，除查明区间空闲外，也应取得接车站的承认后，方可向列车调度员报告，请求发布作为行车凭证的调度命令。

（2）在双线正方向发车时（首列除外），不必取得接车站的承认，但应根据收到前次发出的列车已到达接车站的电话记录号码，在发车进路准备妥当后，方可向列车调度员报告，请求发布作为行车凭证的调度命令。对办理发车及接车的车站（线路所）为同一车站值班员或列车调度员指挥时，不办理电话记录号码。

（3）办理电话闭塞时，承认闭塞、列车到达、取消闭塞，都须发出电话记录号码（办理发车及接车的车站、线路所为同一车站值班员或列车调度员指挥时除外）。因为这些都是保证行车安全的关键事项，如不正确及时记录，就无法确认区间空闲或占用，无法掌握和组织列车运行，一旦发生失误，后果严重。

办理电话闭塞时，下列各项应发出电话记录号码（办理发车及接车的车站、线路所为同一车站值班员或列车调度员指挥时除外），并做好记录。

① 承认闭塞；② 列车到达；③ 取消闭塞。

电话记录号码自每日 0 时起至 24 时止，按日循环编号，编号办法由铁路局规定。但在同一区间、同一方向一日内不得使用同一号码，以免发生错误。

### 任务实施

根据以上相关知识，由老师组织学生分组讨论高速铁路行车闭塞的办理方法，各小组指派代表进行总结汇报，并进行小组互评、教师点评，以提高学生运用理论知识解决实际问题的能力。

## 任务二　CTCS-3 级列控系统列车运行场景

### 能力目标

能识别高速铁路 CTCS-3 级列控系统主要运营场景。

### 知识目标

掌握 CTCS-3 级列控系统接发车进路场景；掌握 CTCS-3 级列控系统通过进路场景；掌握 CTCS-3 级列控系统区间闭塞分区场景。

### 相关知识

CTCS-3 级列控系统主要运营场景包括注册与启动、注销、进出动车段、等级转换、行车许可、RBC 切换、自动过分相、重联与摘解、临时限速、降级情况、灾害防护、调车作业、人工解锁进路、特殊进路共 14 个主要场景。

### 一、注册与启动

注册与启动是停在车站股道或线路上的列车，从车载设备上电、司机开启驾驶台、具备发车条件至列车启动时信号系统的工作过程。

1. 设备上电

动车组机械师或司机闭合动车组为列控车载设备提供电源的供电开关，车载设备开始自检。完成自检后，列控车载设备自动进入待机模式（SB）。

2. 列车唤醒

司机开启驾驶台，处于待机模式（SB）的列控车载设备将被唤醒，其操作过程如下：

（1）司机开启驾驶台，列控车载设备的 DMI 开始投入正常工作。

（2）列控车载设备提示司机进行制动功能测试，司机按压测试按钮，车载设备触发制动，动车组给出反馈信息，司机确认正常则继续。

（3）司机按照 DMI 提示输入司机号，DMI 验证司机号有效后进入后续操作。

（4）司机输入的有效司机号被自动存入司法记录器。

（5）动车组触发另一端（非本务端）处于待机模式（SB）的车载设备转入休眠模式（SL）。

3. 列车注册

列控车载设备自动进入设备关机前所处的工作等级。车载设备具有断电检查功能，一旦检测到车载设备断电，则此时存储在设备中的位置信息将标识为无效信息。如果关机前工作在 CTCS-3 级时，车载设备将自动转入 CTCS-3 级工作状态。车载设备按照设备关闭前存储的 RBC 信息呼叫 RBC。

（1）呼叫连接成功。

如果呼叫连接成功，则在 RBC 中注册车载设备有效身份；RBC 将注册的车载设备有效身份信息传送给调度集中（CTC）；CTC 在注册列表中显示该列车；继续执行后续的流程。

（2）呼叫不成功。

如果呼叫不成功，车载设备要求司机确认后转为 CTCS-2 级；车载设备停止呼叫 RBC，并删除有关呼叫 RBC 的信息；RBC 向列控车载设备发送位置报告参数信息和行车许可（MA）请求参数信息；列控车载设备向 RBC 报告列车位置信息。

如果列车位置信息标识为无效，RBC 向车载设备发送文本信息“位置未知，选择 C2”，提示司机确认并选择转入 CTCS-2 级；司机选择 CTCS-2 级控车后，车载设备仍保持与 RBC 的通信会话。

如果列车位置信息有效，则 RBC 向车载设备发送配置参数，RBC 根据列车参照位置对列车所处进路位置进行判断。

4. 输入列车数据

当列控车载设备进入确定的工作等级（CTCS-3 级或 CTCS-2 级）后，要求司机输入控车所需列车参数（列车长度）和车次号等数据，其操作过程如下：

（1）司机通过 DMI 输入列车参数（列车长度）和车次号（车次号包括英文字母）。

（2）如果是在 CTCS-3 级工作状态，该数据将传送给 RBC 存储，RBC 再将数据发送给 CTC，并向车载发送回执信息。

（3）列控车载设备提示司机按压“发车”键。

### 5. 准备发车

司机按压“发车”键。如果列控车载设备工作在 CTCS-3 级，车载设备向 RBC 请求行车许可（MA）。

### 6. 启动列车

车载设备正式投入工作后，如果 CTC 控制联锁办理了发车进路，车载设备可以通过 RBC 或轨道电路得到发车的行车许可（MA）。其中，工作在 CTCS-3 级时，车载设备从 RBC 获得行车许可；工作在 CTCS-2 级时，车载设备从轨道电路获得行车许可。

（1）获得行车许可。

① 行车许可（MA）。

行车许可是列车安全运行的行车凭证。一个行车许可（MA）可以包括多个连续的锁闭进路。

② 缩短行车许可（SMA）。

缩短行车许可强制列车以接收到的停车位置作为新的行车许可终点（EOA），列车将根据当前位置，决定是否触发常用制动或紧急制动，如果列车已经越过该位置，将立即触发紧急制动。

③ 无条件紧急停车消息（UEM）。

要求列车立即制动停车，列车接收到该消息后，将实施紧急制动。

④ 有条件紧急停车消息（CEM）。

要求列车在指定位置前停车，车载设备将评估列车当前位置和新的指定位置间的关系，重新计算制动曲线，根据列车到指定位置的距离，存在下述情况：如果列车可以在指定位置前停车，列车司机将使用常用（或紧急）制动停车；如果列车不能在该位置前停车，列车将使用紧急制动，直至列车停稳；如果列车前端已经越过指定位置，列车将拒绝该消息并继续遵照已收到的行车许可行车。

（2）启动列车。

列控车载设备得到行车许可后，司机即可启动列车，其操作过程如下：

① CTC 控制联锁办理了发车进路。

② RBC 根据联锁进路生成行车许可并发送给列车，车载设备根据得到的行车许可和线路参数等信息生成监控曲线。

如果联锁提供的是引导进路，RBC 将向车载设备发送引导模式（CO）的行车许可，司机确认后车载设备转为引导模式（CO）；如果发车信号无溜入防护报警且列车以完全监控模式（FS）进入车站，RBC 将向该端车载设备发送完全监控（FS）行车许可；如果发车信号无溜入防护报警，并且该端车载设备以非完全监控模式进入车站，当车头距发车信号机小于 250 m 时，发送完全监控（FS）行车许可，否则 RBC 将向车载设备发送从列车前端至出站信号机的区段为引导模式（CO）、其余区段为完全监控模式（FS）的行车许可。列车以引导模式（CO）运行时，车载设备提示司机确认前方空闲；如果发车信号有溜入防护报警，RBC 向车载发送从列车前端至出站信号机的区段为引导模式（CO）、其余区段为完全监控模式（FS）的行车许可。列车以引导模式（CO）运行时，车载设备提示司机确认前方空闲。

③ 如果联锁不能提供进路，进路防护信号关闭，司机将与调度联系并取得调度同意，司机操作选择目视行车模式（OS）。

④ 司机根据车载设备提供的允许运行的监控曲线，启动列车。

## 二、接发车进路

### （一）接车进路

列车侧线停车，进路区段随列车的顺序占用和出清逐段解锁，当列车全部进入股道后，给 RBC 的接车股道信号授权需要继续保持有效，直到判断列车停稳计时时间结束（列车完全进入股道后开始计时，暂定 40 s）。接车进路状态无效后，行车许可缩短到列车前端位置。接车进路如图 4-2-1 所示。

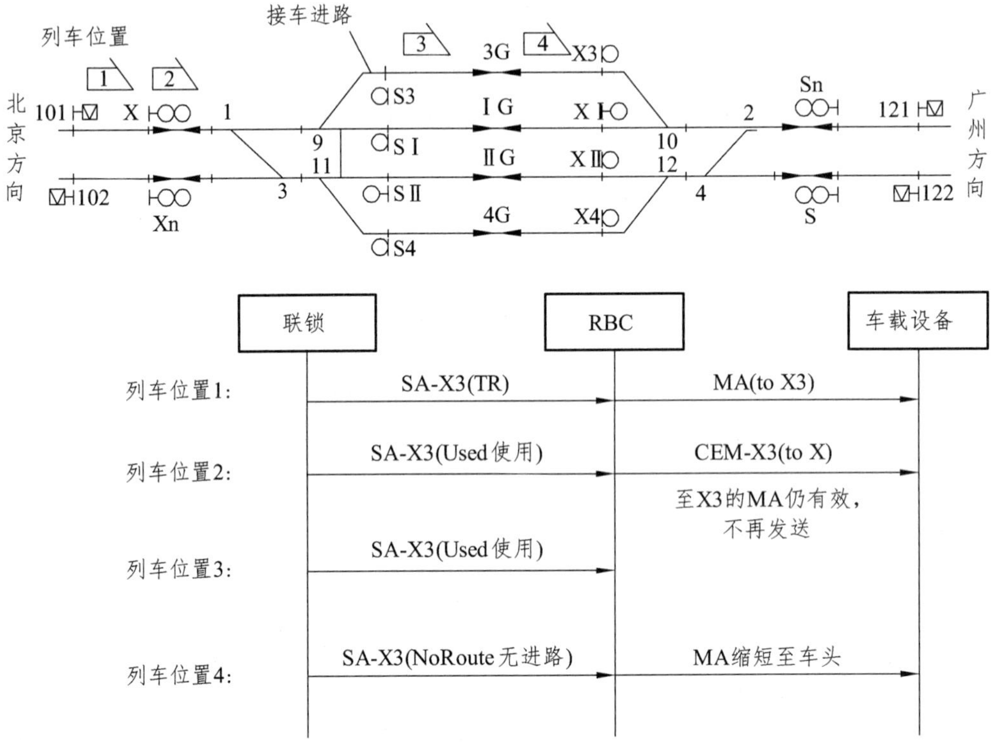


图 4-2-1 接车进路示意图

#### 1. 列车位置 1

（1）联锁办理接车进路：X→X3，向 RBC 发送信号授权（SA-X3）。

（2）RBC 向列车发送行车许可：→X3 MA （FS）。

#### 2. 列车位置 2

（1）联锁向 RBC 发送接车进路状态信息：（SA-X3）“使用（Used）”。

（2）RBC 以进站信号机 X 为目标点，向列车发送有条件紧急停车消息（CEM）。

（3）正常运行列车将忽略该有条件紧急停车消息（CEM）。

### 3. 列车位置 3

（1）联锁向 RBC 发送接车进路状态信息：（SA-X3）“使用（Used）”，联锁解锁“X→S3”的进路。

（2）联锁启动股道判断列车停稳计时。

### 4. 列车位置 4

（1）RBC 向联锁报告列车停稳状态信息“列车速度为零（TrainSpeed=StandStill）”。

（2）判断列车停稳计时 40 s 结束。

（3）接车股道进路解锁，联锁向 RBC 发送接车进路“无进路（No-Route）”信息。

（4）RBC 向列车发送列车前端的行车许可。

（5）列车将行车许可缩短至列车前端。

## （二）发车进路

联锁将根据闭塞状态逐个闭塞分区地向 RBC 发送信号授权，RBC 根据收到的信号授权向前延伸行车许可。为减少缩短行车许可的情况发生，联锁一次向 RBC 发送的信号授权以不超过 15 个闭塞分区为宜。发车进路如图 4-2-2 所示。

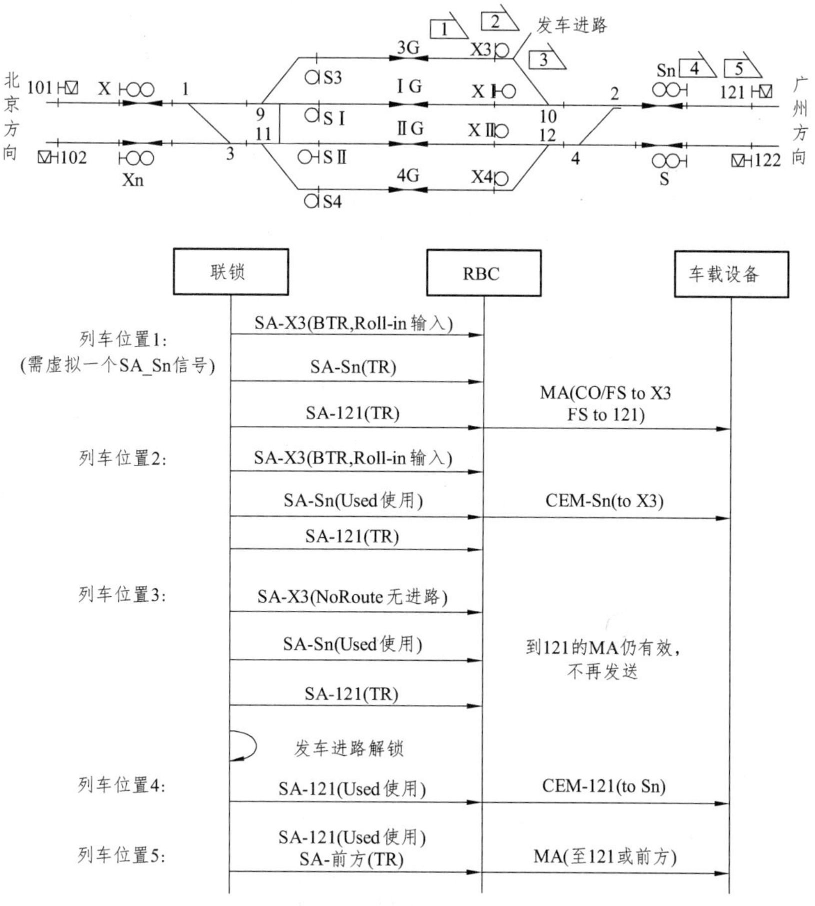


图 4-2-2　发车进路示意图

### 1. 列车位置 1

（1）联锁办理发车进路：X3→121，向 RBC 发送信号授权（SA-X3-BTR）、（SASn）、（SA=121）。

（2）RBC 向列车发送行车许可。

如果出站信号机 X3 有“溜入”标志，则发送：列车前端→X3 MA（CO）、→121 MA（FS）。

如果出站信号机 X3 无“溜入”标志，并且列车以完全监控模式（FS）进入车站，则发送：列车前端→121 MA（FS）。

如果出站信号机 X3 无“溜入”标志，并且该端车载设备以非完全监控进入车站，若车头距信号机小于 250 m，则发送：列车前端→121 MA（FS）；否则发送：列车前端→X3 MA（CO）、→121 MA（FS）。

### 2. 列车位置 2

（1）联锁向 RBC 发送发车进路（SA-Sn）“使用（Used）”状态信息。

（2）RBC 以出站信号机 X3 为目标点，向列车发送有条件紧急停车消息（CEM）。

（3）列车接收到有条件紧急停车消息（CEM），根据列车所处位置：如果列车已越过出站信号机 X3，将忽略有条件紧急停车消息（CEM）；如果列车还未越过出站信号机 X3，则认为列车前还有其他车的可能。车载设备生成到出站信号机 X3 的缩短行车许可，列车制动停车。

### 3. 列车位置 3

（1）联锁向 RBC 发送停车股道“无进路（NoRoute）”。

（2）联锁向 RBC 发送发车进路（SA-Sn）“使用（Used）”状态信息。

注：由于没有新的信号授权，原行车许可继续有效，RBC 不主动向列车发送该行车许可信息。

### 4. 列车位置 4

（1）联锁向 RBC 发送发车进路（SA-121）“使用（Used）”状态信息。

（2）RBC 以出站信号机 Sn 为目标点，向列车发送有条件紧急停车消息（CEM）。

（3）正常运行列车将忽略该有条件紧急停车消息（CEM）。

（4）联锁解锁已出清轨道区段。

（5）RBC 根据联锁发送的信号授权，延伸行车许可。

### 5. 列车位置 5

RBC 根据联锁发送的信号授权，延伸行车许可。

## 三、通过进路

列车不停车通过车站先办接车进路，再办发车进路，如图 4-2-3 所示。

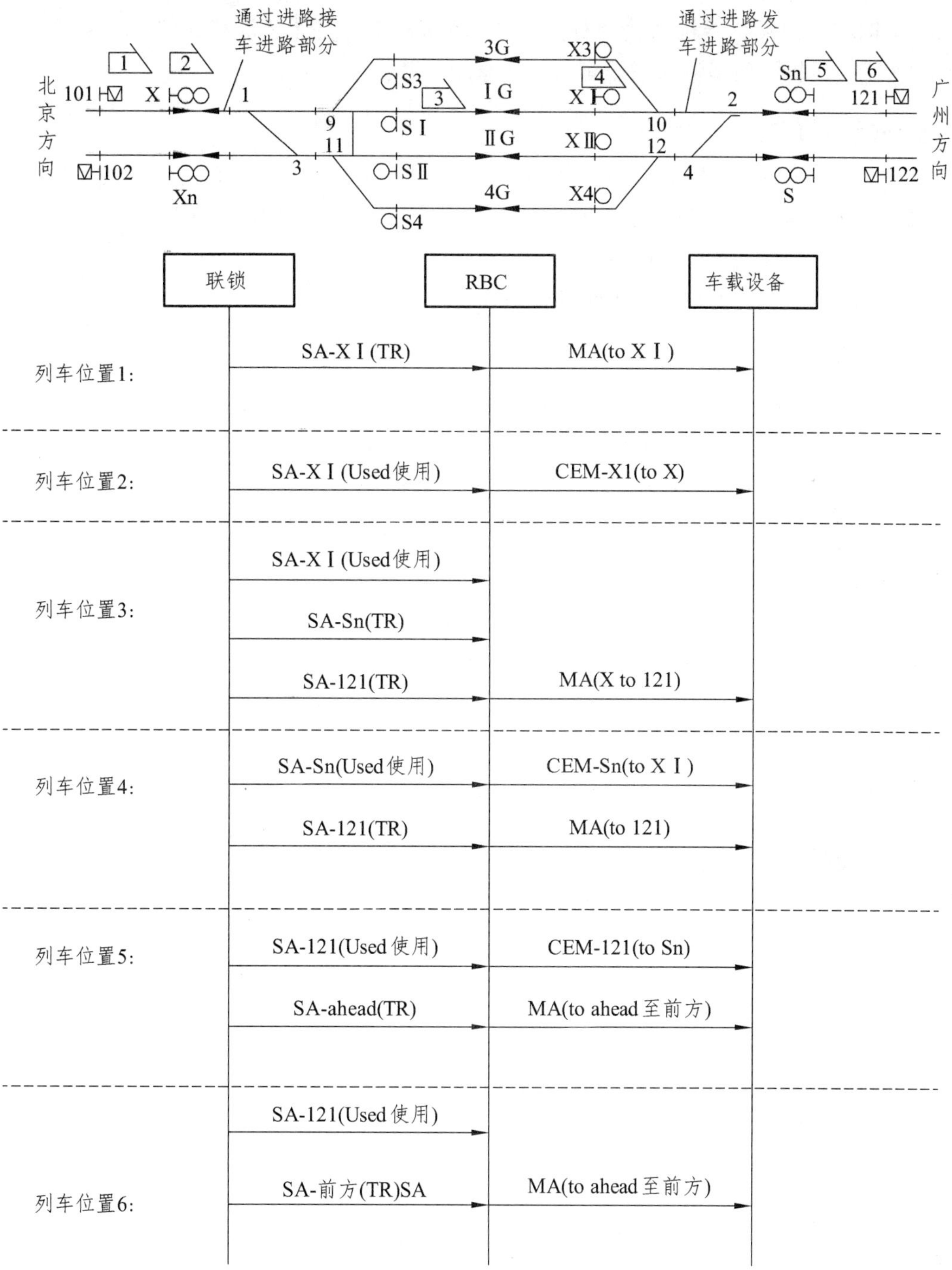


图 4-2-3　通过进路示意图

## 1. 列车位置 1

列车在区间运行，已经得到前方通过车站的行车许可。

## 2. 列车位置 2

（1）联锁向 RBC 发送接车进路（SA-XI）“使用（Used）”状态信息。

（2）RBC 以进站信号机 X 为目标点，向列车发送有条件紧急停车消息（CEM）。
（3）正常运行的列车将忽略该有条件紧急停车消息（CEM）。

### 3. 列车位置 3

（1）联锁向 RBC 发送接车进路（SA-XI）“使用（Used）”状态信息。
（2）联锁办理发车进路，向 RBC 发送信号授权（SA-Sn）、（SA-121）。
（3）联锁解锁已出清轨道区段。
（4）RBC 发送行车许可：→121 MA（FS）。

### 4. 列车位置 4

（1）联锁向 RBC 发送发车进路（SA-Sn）“使用（Used）”状态信息。
（2）RBC 以出站信号机 XI 为目标点，向列车发送有条件紧急停车消息（CEM）。
（3）正常运行的列车将忽略该有条件紧急停车消息（CEM ）。
（4）联锁解锁已出清轨道区段。

### 5. 列车位置 5

（1）联锁向 RBC 发送发车进路状态信息：（SA-121）“使用（Used）”。
（2）RBC 以出站信号机 Sn 为目标点，向列车发送有条件紧急停车消息（CEM）。
（3）正常运行的列车将忽略该有条件紧急停车消息（CEM）。
（4）联锁解锁已出清轨道区段。
（5）RBC 根据联锁发送的信号授权，延伸行车许可。

### 6. 列车位置 6

RBC 根据联锁发送的信号授权，延伸行车许可。

## 四、区间闭塞分区

列车在区间正方向按自动闭塞追踪运行。反向运行采用站间闭塞方式，通过车站联锁控制实现区间只能有一列列车运行，列控系统具备追踪运行的能力。

每个区间闭塞分区只有两种工作状态：锁闭和使用。当闭塞分区空闲时，该闭塞分区自动转为“锁闭”状态。当列车占用轨道区段时，其所处闭塞分区将呈“使用（Used）”状态。列车的行车许可应在“使用（Used）”状态的闭塞分区入口处终止。

当轨道出现不正常占用时，其所处闭塞分区信号授权将呈“使用（Used）”状态，RBC 将向目标点已进入占用闭塞分区的接近列车发送有条件紧急停车消息（CEM），此时如果列车前端还未进入该轨道区段，则实施制动并停车。闭塞分区行车如图 4-2-4 所示。

### 1. 列车位置 1

（1）进路锁闭，联锁向 RBC 发送信号授权：（SA-121）、（S-131）、（SA-141）。
（2）RBC 向列车发送行车许可：→141 MA （FS）。

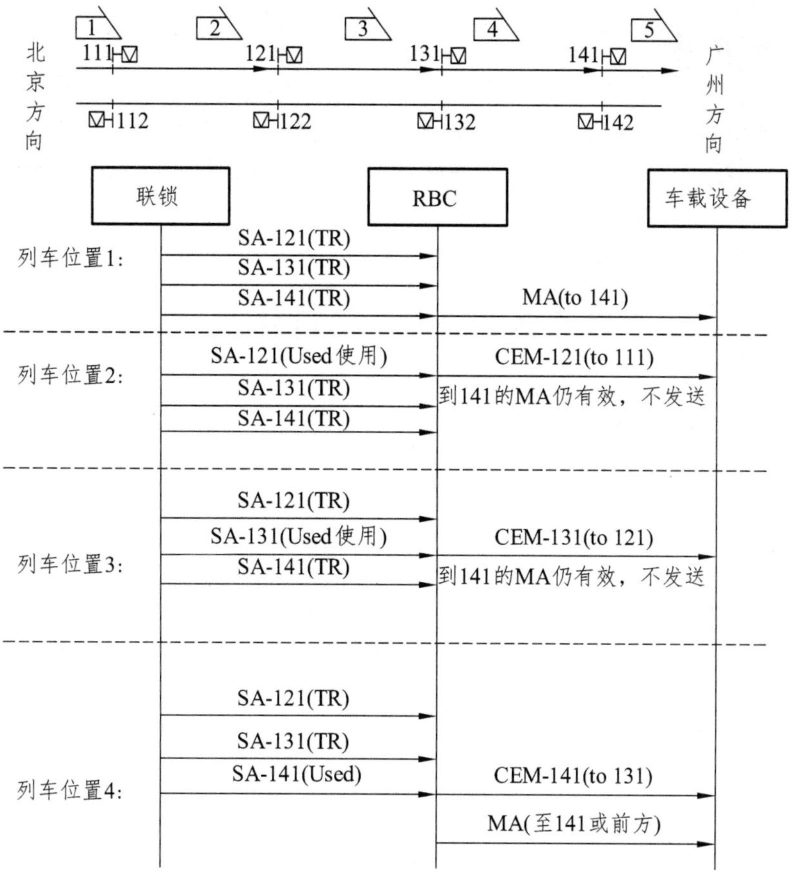


根据连接信息，MA的有效位置被重新调整。

**图 4-2-4　闭塞分区行车许可示意图**

### 2. 列车位置 2

（1）联锁向 RBC 发送：（SA-121）“使用（Used）”状态。

（2）RBC 以 111 为目标点，向列车发送有条件紧急停车消息（CEM）。

（3）RBC 根据信号授权，延伸行车许可。

### 3. 列车位置 3

（1）联锁向 RBC 发送：（SA-131）“使用（Used）”状态。

（2）RBC 以 121 为目标点，向列车发送有条件紧急停车消息（CEM）。

（3）RBC 根据信号授权，延伸行车许可。

### 4. 列车位置 4

（1）联锁向 RBC 发送：（SA-141）“使用（Used）”状态。

（2）RBC 以 131 为目标点，向列车发送有条件紧急停车消息（CEM）。

（3）RBC 根据信号授权，延伸行车许可。

## 任务实施

根据以上相关知识，由老师组织学生分组讨论高速铁路 CTCS-3 级列控系统的主要运营场景。各小组指派代表进行总结汇报，并进行小组互评、教师点评，以提高学生运用理论知识解决实际问题的能力。

# 任务三　高速铁路列车运行调整与限速管理

## 能力目标

能实时调整列车运行计划；在确保列车运行或作业安全情况下进行限速管理。

## 知识目标

掌握高速铁路运行调整常用的基本措施；掌握高速铁路列车运行限速管理的基本要求。

## 相关知识

由于高速铁路列车运行受天、地、人、车等各种因素的影响，运行时间偏离，停站时间延长，以致打乱正常运行秩序的情况时有发生，这就要求要实时调整列车运行计划。

## 一、高速铁路列车运行调整

列车运行调整实质上是在满足一定间隔时间要求的条件下，处理好列车与车站、列车与区间以及列车相互间的关系。而这些关系可以通过列车到发顺序与到发时间体现出来。

### （一）高速铁路列车运行调整基本原则

高速铁路列车运行调整基本原则包括宏观管理的基本工作原则和具体操作的基本技术原则。

#### 1. 基本工作原则

（1）高速铁路列车运行调整应在严格遵循高速铁路各项行车规章制度的前提下进行，并保证高速行车安全。

（2）高速铁路列车运行调整应从全线出发，以整体综合效益最佳为目标。

（3）尽最大努力确保列车按运行图行车，提高列车正点率，并尽可能把列车晚点带来的影响调整到最小。

#### 2. 基本技术原则

进行运行调整具体操作时，应针对不同的情况选择不同的技术原则。

（1）与列车晚点时间有关的调整原则。

对于相同等级列车主要有：正点列车绝对优先，晚点列车后行；同等级列车按最早可能出发时间排序出发；部分有特殊要求的列车优先等。

对于不同等级列车主要有：低等级列车一般不得引起高等级列车连带晚点；部分高等级列车必要时可接受低等级列车一定时间的连带晚点。

（2）列车运行自身约束的调整原则。

总原则是同等级列车之间不越行；低等级列车不得越行高等级列车。

### （二）运行调整常用基本措施

#### 1. 变更列车到发时刻

该方法是使用频率最高的方法之一，一般列车晚点时采用此方法，但在有旅客上下车作业的车站，只能推迟发车时刻。

#### 2. 变更列车到发顺序

此种方法也较为常用。为保证高等级列车的正点率，晚点列车往往需在某一车站避让后续正点列车，此时需变更到发顺序。采用这种方法往往伴随着列车到发时刻的变更。

#### 3. 增开列车

在线路通过能力富余且有可运用动车组时可考虑采用此方法。

#### 4. 取消停站或取消列车

此方法对旅客影响较大，只有在大的自然灾害或其他不可抗力影响下才有可能采用。

#### 5. 变更动车组交路

当动车组担当的车次晚点时，可能无法担当交路计划所安排的下一个车次，此时可通过变更其他动车组的交路计划来替代，而对本动车组的交路计划也同时做出相应的改变。另外，还可以使用备用动车组来替代。

#### 6. 利用冗余时间和储备能力

由于速差及区间的不均衡，高等级列车越行低等级列车时，在一些区间将会留下大小不等的冗余时间，这些时间有的可以被晚点列车利用。同时，由于区间能力不饱和或事先预留的储备能力，也供列车运行调整使用。在不影响正点列车的情况下，晚点列车插空运行。

#### 7. 压缩停站时间

停站比较多的列车，晚点后可以通过逐站压缩停站时间来恢复其正点。但压缩停站时间必须以保证旅客乘降为前提。旅客列车规定停车的车站，不得变停车为通过。

#### 8. 运行速度的控制与调整

为满足列车运行调整的需要，在保证行车安全的情况下，有时要求列车赶点运行，压缩区间运行时间，有时要求列车放点运行，适当延长区间运行时间。

9. 变更越行点

无论是越行列车，还是被越行列车的晚点，都将引起越行点的变化。根据列车晚点情况及其运行速度的变化，正确选择越行点和安排越行方案，是列车运行调整的关键之一。

10. 利用备用运行线

备用运行线在编制计划列车运行图时，是根据一定的原则，与正式列车运行线一起铺画的；如果计划列车运行图是按最大波动量铺画的，节假日、春运和暑运才启用的运行线，平日也可作为备用线使用。当晚点列车采用上述措施仍不能进行有效调整时，可让其利用备用线运行。晚点列车的原运行线可作为前方晚点列车的备用线。

11. 临时停运

当晚点列车，尤其是跨线列车严重晚点，各种措施都无法有效调整，且由于动车组交路的变更将引起返回列车始发晚点时，可选择在有条件的车站运休，并按返回列车在该站的图定发车时间正点发车，返回原始发站。

选择运行调整措施时，必须根据设备条件、调整效果、实施难度等实际情况综合考虑，才能保证以较小的代价获得较好的效果。

## 二、临时限速管理

### （一）临时限速的情形

列车应按列车运行图规定的线路允许速度和车辆构造速度运行，需要临时限速的情形大致有以下几种情况。

1. 固定设备不良

如线路基础、轨道、道岔、桥隧、站台等引起的线路限速，信号通信及接触网供电设备不良、邻线施工作业等引起的限速等。

2. 移动设备不良或达不到规定的技术条件

如动车组牵引力或制动力切除、空气弹簧故障、车窗玻璃破损密闭失效等需自身限速运行。

3. 灾害天气、天气不良等情况

如地震、大风、雨天、冰雪等引起的限速。

4. 异物侵限

如塌方、落石、树木倒伏等影响列车正常运行安全的各种异物侵限引起的限速。

5. 动车组无动力回送

动车组使用过渡车钩无动力回送等需要列车限速运行。

需临时限速时，应由有关单位（人员）提出限速申请或由自然灾害及异物侵限监测系统报警提示。列车调度员接到申请或报警提示后，应立即采取措施使相关列车限速运行，即按规定发布临时限速调度命令并设置列控限速，如来不及发布临时限速调度命令或设置列控限速时，应立即通知司机限速运行，司机按列车调度员通知的限速要求控制列车运行。

由于列控限速是通过列控系统对某一范围区段内采用列控车载设备（ATP）控制运行的列车实施限速控制，对某一列车的限速不设置列控限速。

### （二）临时限速管理规定

（1）为确保列车运行或作业安全，在多种限速条件（要求）下，列车限速应按就低的原则执行，即在同一处所（地段），当多个单位、自然灾害及异物侵限监测系统提出的限速要求不一致时，列车调度员按最低限速值发布限速调度命令。

（2）临时限速需向所有相关列车的司机发布临时限速调度命令，如果临时限速时间过长，24 h 内不能取消的临时限速应纳入运行揭示调度命令，写入 IC 卡，采取设备控制手段，由限速登记单位或设备管理单位提出限速申请，报告主管业务处，再由铁路局主管业务处审核后提交调度所发布运行揭示调度命令。列车调度员确认在途列车司机已收到该运行揭示调度命令后，方可不再向该列车司机发布临时限速调度命令。

（3）已纳入运行揭示调度命令管理的限速发生变化，需变更限速要求时，设备管理单位须进行登记，同时通过铁路局主管业务处向调度所提出新的限速条件或恢复常速申请，调度所根据主管业务处提出的申请，重新发布运行揭示调度命令。

## 三、列控限速管理

列控限速是由列控系统对某一范围（区段）内采用列控车载设备（ATP）控制运行的动车组列车实施限速控制的手段。

列控限速由列车调度员通过 CTC 进行设置或取消，并采用双重口令，由列控系统执行。列控限速数据（固定格式）包括线路号、相关受令车站、限速位置（起、终点里程）、限速值、限速执行方式（定时开始、立即执行）、限速开始和结束时间（定时结束，持续有效）等，侧线列控限速应增加车站号信息。

### （一）列控限速管辖范围

列控中心控制的每个有源应答器只管辖一定范围内的限速，限速区可以设置在区间、站内正线、站内侧线或区间跨站内正线。

#### 1. 列控限速相关编号规定

线路号宜按下行正线、上行正线、下行侧线、上行侧线的顺序编号，若线路号需扩展，宜遵守以下限定：下行线用奇数号标识，上行线用偶数号标识；线路号 3 ~ 9 应仅限于分配给站场侧线分区（侧线区指除正线及正线间渡线道岔外的区域，若侧线区超过 7 个，须对相邻侧线区号归并）。

车站号是列控系统设备和相关设备编号中的车站代码。在列控系统设备中，国家铁路按一定原则划分若干大区，每个大区分成若干分区，每个分区包含若干车站（含区间）。车站、中继站及线路所应编制独立车站编号（代码）。车站代码及单元编号由铁路局（公司）和工程设计部门按应答器编号规则纳入工程设计，并报国铁集团运输局核备。车站代码由二位十进制表示，编号范围为 1 ~ 60。一个分区内的车站数量一般按不超过 55 个进行分配；原则上按分区内线路的下行方向顺次编号；多个线别合并在一个分区时，线别之间车站代码留出适当余量；既有分区内增减车站时，不得影响其他车站代码。

### 2. 列控限速管辖范围

高速铁路一般设有临时限速服务器，每个有源应答器的单向正线临时限速管辖范围内最多允许同时设置 3 处临时限速。侧线限速可按区同时设置。正线上不得设置区域重叠的限速，出现区域限速重叠时，应分段设置。

列控限速的起、终点位置应按线路正方向设置，并不得设置在线路短链点内。

CTCS-3 级和 CTCS-2 级采用统一的临时限速设置原则，限速命令、管辖范围应保持一致。

临时限速管辖范围从本站进站信号机开始至前方站出站口或中继站第二个应答器组再增加一个制动距离，制动距离应保证列车由最高运行速度常用制动至 45 km/h 的要求，且终点应与闭塞分区分界点一致。列控限速管辖范围如图 4-3-1 所示。

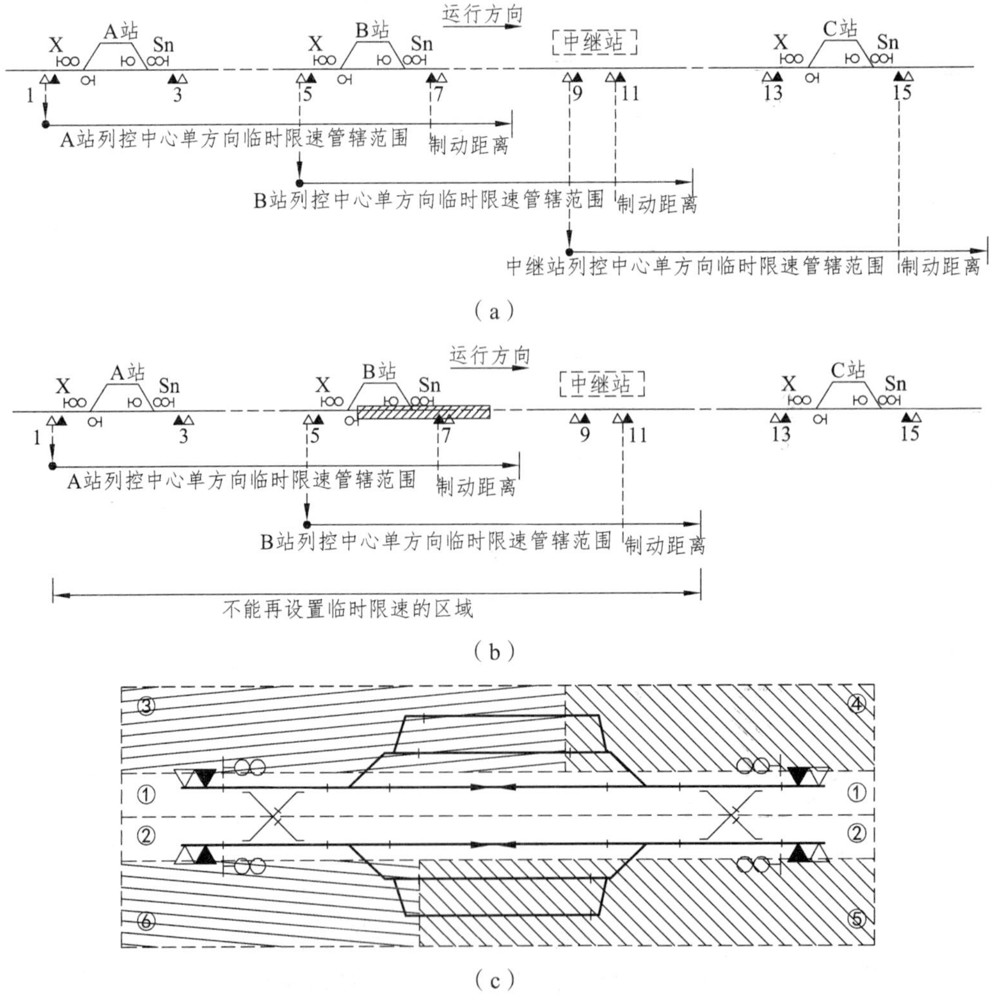


图 4-3-1 限速管辖范围示意图

区间临时限速区域以轨道区段（约 1 000 m）为基本单元，站内正线临时限速以接车进路或发车进路为基本单元，车站侧线限速以咽喉区、到发线为基本单元。

## （二）列控限速设置

### 1. 列控限速挡级

列控限速按挡分为不同的限速等级。各高速铁路由于建设时间不同，执行的标准有差异，列控限速的挡级及设置方式也不相同。区间及站内正线临时限速一般按线路正方向设置，限速值按挡设置，最低 45 km/h，最长限速区长度为临时限速服务器对应的调度台管界范围。

侧线临时限速以上、下行侧线（不含正线）分别按区设置，临时限速值一般设 45 km/h、80 km/h 两挡。

### 2. 列控限速命令下达和取消

列控限速命令应由命令拟定调度台下达、取消和删除。跨调度台界的临时限速命令需由两侧调度台按管辖分界人工拆分后分别下达。

列控限速的取消命令为立即下达方式。临时限速取消命令须与要取消的临时限速设置命令参数一致，不得对某一限速区进行分段取消或覆盖取消。

设置任何列控限速不能影响已存在的临时限速，取消限速命令不能影响其他临时限速。

列控限速的设置和取消，一是要按列控限速命令管理的规定流程办理，二是在 CTC 终端操作时须按系统规定的流程办理。列控限速流程如图 4-3-2 所示。

### 3. CTCS-3 级临时限速的显示

当 CTCS3 级限速命令被完全执行时，对于正线限速，相关限速示意区域显示稳定光带，鼠标移至黄色光带上面有具体限速信息。当同一闭塞分区内存在多条限速时，鼠标移至此区域可显示多条限速信息，如图 4-3-3 所示。

如果限速状态为执行中或取消限速命令已经激活的时候，则采用黄色光带闪烁的方式或侧线限速表示灯黄色闪烁的方式，以提醒调度员注意。

### 4. 低于 45 km/h 的限速处理

由于列控系统最低挡限速值为 45 km/h，对低于 45 km/h 的限速按 45 km/h 设置，此时，调度命令的限速值低于列控车载设备显示的目标速度；动车组列车司机应按调度命令控制列车运行。其他原因（如列车调度员来不及设置或虽已设置但列控车载设备未收到和执行列控限速等）导致的实际调度命令的限速值低于列控车载设备显示的目标速度时，动车组列车司机也应按调度命令的限速值控制列车运行。

由于列控系统有固定的速度等级，实际设置列控限速时按照不高于限速值的原则选择相应限速等级（归档）进行设置，遇实际限速与运行揭示调度命令（临时限速调度命令）限速相符，而列控限速归档造成列控限速与运行揭示调度命令（临时限速调度命令）限速不符时，列车调度员不再向动车组列车司机另行发布临时限速调度命令。

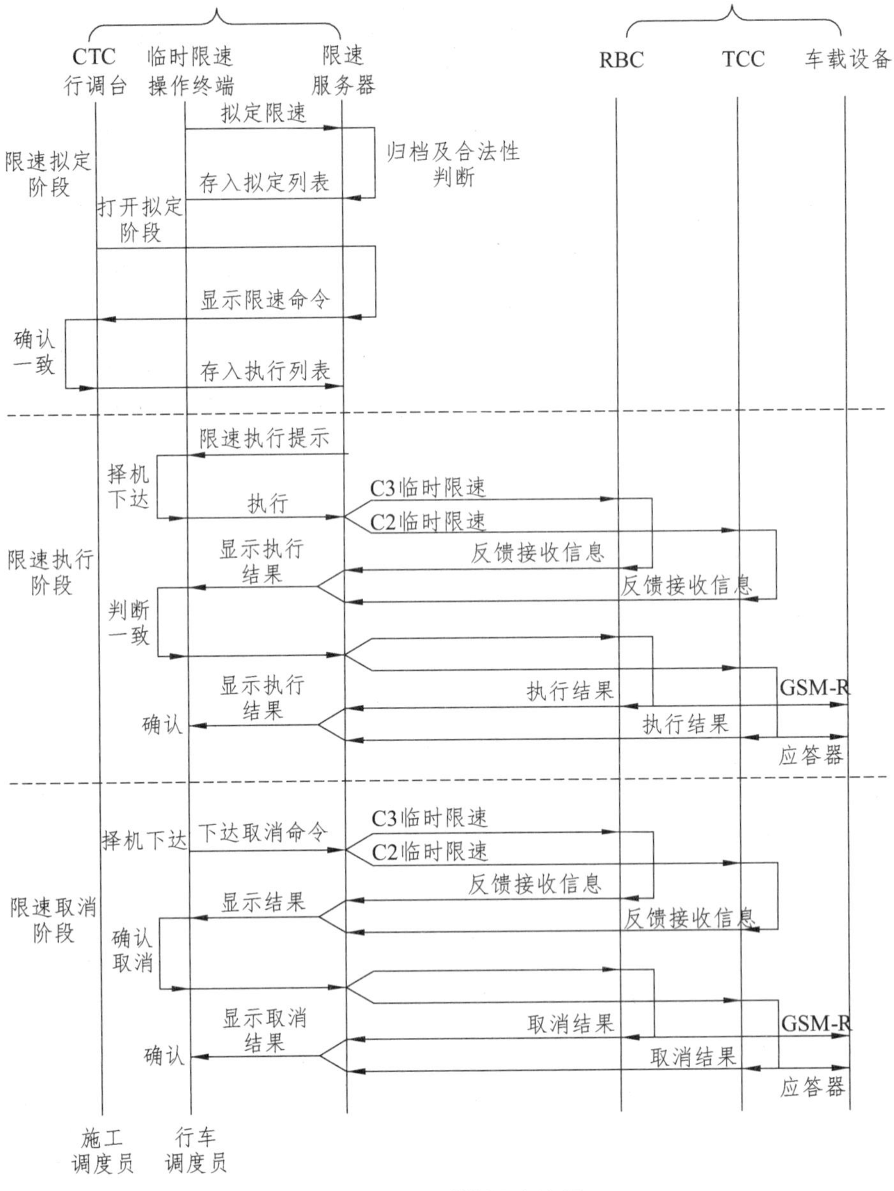


图 4-3-2　列控限速流程

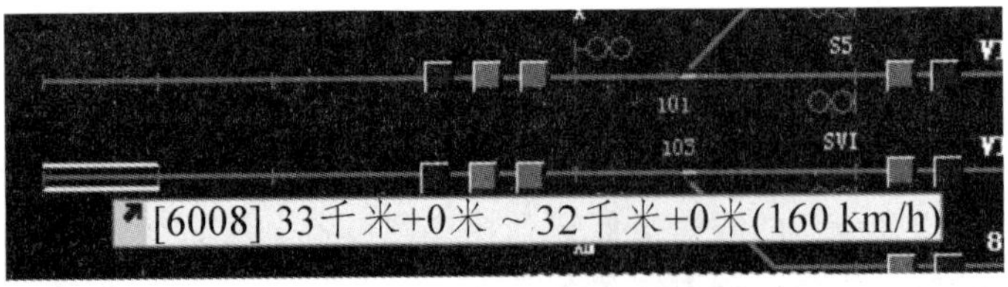


图 4-3-3　CTCS-3 级正线临时限速显示

对于低于 45 km/h 的限速，动车组列车司机按实际限速调度命令的限速值控制列车运行。临时限速已纳入运行揭示命令管理的，已将限速纳入运行揭示和写入 IC 卡。根据设备控制优先的原则，对于装备 LKJ 的动车组列车，列车调度员确认司机已收到运行揭示命令、限速命令已写入 IC 卡后，发布改按 LKJ 方式运行的调度命令，司机在限速地段前一站停车根据调度命令改按 LKJ 方式运行，按限速调度命令和 LKJ 设置控制列车通过限速地段；未装备 LKJ 的动车组列车及虽装备 LKJ 但限速命令未写入 IC 卡的动车组列车，司机应根据限速调度命令人工控制列车限速通过限速地段。

#### 5. 列控限速设置不成功时的处理

对装备 LKJ 的动车组列车，列控限速设置不成功时，列车调度员应关闭（车站控制时为通知车站值班员关闭）进入该限速地段前一站的出站信号，发布动车组列车改按 LKJ 方式行车的调度命令。司机在该站停车转换为 LKJ 方式，按以下方式运行：

（1）动车组列车司机在出乘前已收到该限速的运行揭示调度命令时，列车调度员与司机核对限速的运行揭示调度命令无误后，方可放行列车，司机按运行揭示调度命令和 LKJ 设置控制列车运行速度，通过限速地段。

（2）动车组列车司机在出乘前未收到该限速的运行揭示调度命令时，列车调度员应向司机发布限速调度命令（最高不超过 40 km/h），核对无误后，方可放行列车。司机按限速调度命令人工控制列车通过限速地段。

对未装备 LKJ 的动车组列车，列控限速设置不成功时，列车调度员应关闭（车站控制时为通知车站值班员关闭）进入该限速地段前一站的出站信号，向司机发布限速调度命令（最高不超过 40 km/h），核对无误后，方可放行列车。司机按限速调度命令人工控制列车通过限速地段。

### 四、列车在区间被迫停车限速管理

列车在区间被迫停车后，司机、随车机械师或其他乘务人员需下车处理时，由于邻线列车运行速度高，为了确保下车人员的人身安全，规定列车调度员应发布邻线列车限速 160 km/h 及以下的调度命令，限速位置按停车列车位置前后各 1 km 确定；司机在接到列车调度员已发布相关调度命令的口头指示后，通知有关作业人员办理。需组织旅客疏散时，由于旅客疏散控制难度大，如果邻线再运行列车时，势必危及旅客人身安全，所以必须扣停邻线列车；司机在接到列车调度员已扣停邻线列车的口头指示后，通知有关作业人员办理。

### 五、CTCS-3 级区段与 CTCS-2 级区段级间转换

CTCS-3 级区段与 CTCS-2 级区段分界处，设置了级间转换应答器，当应答器故障或动车组自身原因造成在 CTCS-3 级区段与 CTCS-2 级区段级间自动转换失败时，司机应立即报告列车调度员或车站值班员，并按下述规定办理。

（1）由 CTCS-3 级区段向 CTCS-2 级区段运行时，由于动车组还是在 CTCS-3 级列控车载设备方式控车下，是通过无线闭塞中心向动车组传送行车许可，进入 CTCS-2 级区段后不是无线闭塞中心覆盖的范围，动车组列车无法收到行车许可，会触发紧急制动，所以规定司机应停车后手动转换。

（2）由 CTCS-2 级区段向 CTCS-3 级区段运行时，当列车进入 CTCS-3 级区段运行时，因

为列车还是按 CTCS-2 级列控车载设备方式控车，能按照司机控制台显示的目标距离、目标速度控制列车运行，所以可维持按 CTCS-2 级继续运行。

## 任务实施

根据以上相关知识，由老师组织学生分组讨论高速铁路列车运行调整和限速管理相关规定，各小组指派代表进行总结汇报，并进行小组互评、教师点评，以提高学生运用理论知识解决实际问题的能力。

## 复习思考题

1. 高速铁路列车运行调整的措施有哪些？
2. 哪些情形需要列车临时限速？
3. 什么是列控限速？
4. 列控限速的设置要求有哪些？
5. 如何下达和取消限速命令？

# 项目五　高速铁路车站行车作业组织

### 项目描述

高速铁路车站是铁路旅客运输的基层生产单位，是铁路与旅客之间联系的纽带，在铁路旅客运输生产过程中起着重要的作用。它是旅客运输的始发、中转和终到作业的地点，是铁路旅客运输有关的行车、客服、工务、电务、供电、动车段（所）等部门协调地进行生产活动的场所。本项目主要介绍高速铁路非常站控接发列车作业、高速铁路调车作业和高速铁路联调联试行车作业。

## 任务一　高速铁路非常站控接发列车作业

### 能力目标

能正确识别车站股道道岔编号；能熟悉高速铁路车站行车岗位的设置；能正确办理高速铁路车站接发车作业。

### 知识目标

掌握车站的含义及作用；掌握高速铁路车站列车技术作业流程；掌握高速铁路车站接发车作业组织内容。

### 相关知识

为了安全、迅速、准确、及时地完成运输任务，高速铁路车站应设置满足业务性质、运量及技术作业需要的设备。

### 一、高速铁路车站分类

#### 1. 按技术作业性质分类

高速铁路车站按技术作业性质分为越行站、中间站和始发、终到站。

#### 2. 按车站客运量分类

高速铁路车站按车站客运量多少分为大型站、中型站和小型站。

大型客运站多位于直辖市、省会所在地；中型站多位于省辖市所在地；小型站多位于县和县级市所在地。

3. 按基本操作方式对应行车指挥人员的不同分类

高速铁路车站按基本操作方式对应行车指挥人员的不同分为集控站和非集控站。

集控站指行车指挥全面采用分散自律调度集中设备，调度终端具有信号设备的控制权，列车调度员直接办理接发列车作业的车站（线路所）。

非集控站指行车指挥全面采用分散自律调度集中设备，车务终端具有信号设备的控制权，由车站值班员办理接发列车作业的车站。

## 二、车站股道道岔编号

为了便于车站生产指挥作业的联系和对设备的维修管理，站内的股道和道岔均应统一编号，且同一车站或同一车场内股道和道岔的编号不得重复。

1. 股道编号

通过式车站股道编号时，正线用罗马数字，站线用阿拉伯数字；双线区段内的车站，从正线起按列车运行方向分别向外顺序编号，上行编双数，下行编单数。

尽头式车站，站舍位于线路终点时，面向终点方向，由左侧开始顺序向右编号，如站舍位于线路一侧时，从靠近站舍的线路开始，向远离站舍方向顺序编号。特大、大型客运车站，股道编号以主站房基本站台为基准，按顺序编号；划分多个车场时，各车场股道应按顺序连续编号，不按车场别单独编号。

2. 道岔编号

道岔编号时，按上、下行咽喉分别编号，从车站两端用阿拉伯数字由外向内，先编行车进路，后编调车进路；上行列车到达端编双数，下行列车到达端编单数；单开道岔应单独编号，渡线道岔及同一连接梯线上的道岔应连续编号。对应尽头式车站，应从列车到达方向起顺序编号，上行列车到达方向编双数，下行列车到达方向编单数。车站划分车场时，每个车场的道岔应单独编号。

车站股道道岔编号如图 5-1-1 所示。

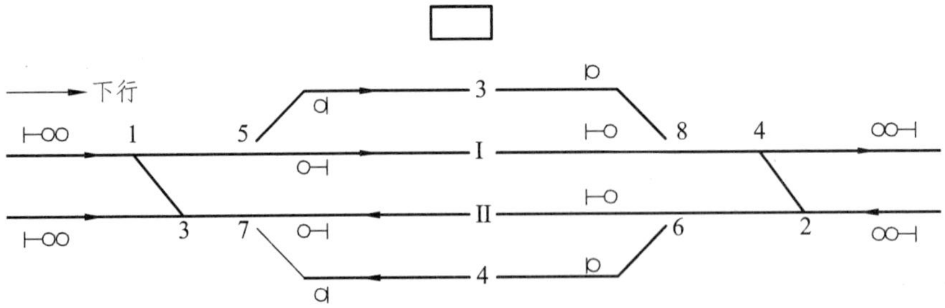


图 5-1-1　高速铁路越行站股道道岔编号示意图

## 三、高速铁路车站行车作业组织

高速铁路车站行车组织作业通常情况下包括列车技术作业和动车组调车作业，核心作业是列车技术作业，动车组调车作业相对较少。

我国高速铁路的行车指挥全面采用调度集中系统（CTC），车站接发列车作业主要由调度中心完成，车站工作人员配合，车站仅在特定条件下暂时接管接发列车的指挥任务，即在分散自律模式下通过操作计算机联锁系统来办理接发车作业。此外，动车组的调车工作也可由调度中心完成。

## （一）高速铁路车站行车岗位设置及职责

在高速铁路信号系统下，自动化程度高，列车调度员可以直接指挥列车司机，使行车效率大大提高；车站值班员的工作包括监视列车作业过程（在特殊情况下使用非常站控模式）、签收和转发调度命令、编制调车作业计划、生成调车作业通知单并组织实施、输入与列车进路冲突的预计作业时间以及办理与列车平行的调车进路等。

高速铁路车站的行车组织工作由列车调度员直接操控，车站值班员负责监视。非集控站设置行车值班员岗位，集控站一般不设固定的车站值班员，而是设应急值守人员。应急值守人员由车务具有车站值班员职名的人员和电务信号人员担任，其中车务应急值守人员在车站行车控制室值守，电务应急值守人员除完成规定的巡视检查、维护工作以外，还需在车站行车监控室参与值守工作。应急值守人员在非常站控模式下，担当车站值班员的职责。

车站值班员正常情况下在车站行车室值守和间休，根据列车调度员的指示协助做好设备故障、施工维修、非正常情况下等有关行车工作。车站值班员具体岗位职责如图 5-1-2 所示。

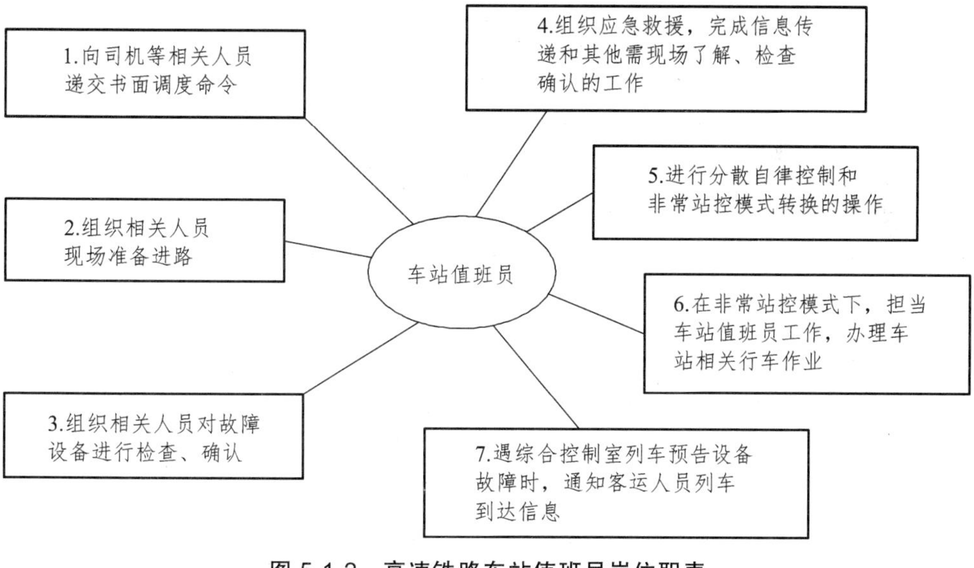


图 5-1-2　高速铁路车站值班员岗位职责

## （二）高速铁路车站列车技术作业

### 1. 高速铁路车站技术作业内容

高速铁路车站技术作业包括客运站车场及线路的专门化、车站作业计划的编制、动车组相关技术作业、接发列车等。车站车场及线路固定使用办法已提前在高速铁路调度系统中设置，旅客列车到发股道有专门的车站到发作业计划具体规定，客运站接发列车作业也主要由调度中心完成，车站仅在特定条件下暂时接管该作业的指挥任务，故一般情况下，高速铁路车站的技术作业相当简单，仅包括 CTC 条件下的接发列车、调车作业组织和动车组的相关技术作业等。

2. 高速铁路车站列车技术作业流程

按照列车在高速铁路车站作业方式的不同，在车站进行技术作业的列车主要包括始发旅客列车、终到旅客列车、立即折返旅客列车和通过（停站、不停站）旅客列车。不同作业方式的列车技术作业流程不同，必须按照规定的流程办理。

（1）始发旅客列车技术作业流程。

高速铁路车站的始发旅客列车从动车段（所）或停留线转入到发线，在进行相应的技术检查并组织旅客乘车完毕后发车，具体技术作业流程见表 5-1-1。

表 5-1-1 始发旅客列车技术作业流程

| 作业顺序 | 作业名称 | 作业内容 | 占用设备 |
|---|---|---|---|
| 1 | 动车组出段作业 | 动车段（所）或停留线转入到发线 | 咽喉 |
| 2 | 出发技术作业 | 技术检查，组织旅客上车 | 到发线 |
| 3 | 发车作业 | 办理区间闭塞，准备发车进路，车站开放信号 | 咽喉 |

（2）终到旅客列车技术作业流程。

终到旅客列车接入到发线，组织旅客上下车完毕后，动车组自行转入动车段（所），或到停留线停留等待下一次运输任务，具体技术作业流程见表 5-1-2。

表 5-1-2 终到旅客列车技术作业流程

| 作业顺序 | 作业名称 | 作业内容 | 占用设备 |
|---|---|---|---|
| 1 | 接车作业 | 办理区段闭塞，准备接车进路，车站开放信号 | 咽喉 |
| 2 | 到达技术作业 | 组织旅客下车 | 到发线 |
| 3 | 动车组入段作业 | 动车组转入动车段（所）或停留线 | 咽喉 |

（3）立即折返旅客列车技术作业流程。

立即折返旅客列车是指终到旅客列车到达车站到发线，组织旅客下车完毕后，不转入动车段（所），直接在到发线上进行整备检修作业后，继续担当另一列旅客列车的运输任务。立即折返列车可以分为本线折返和转线折返两种方式。

本线折返列车的折返作业可以视为始发作业，具体技术作业流程见表 5-1-3。

表 5-1-3 本线折返旅客列车技术作业流程

| 作业顺序 | 作业名称 | 作业内容 | 占用设备 |
|---|---|---|---|
| 1 | 接车作业 | 办理区段闭塞，准备接车进路，车站开放信号 | 咽喉 |
| 2 | 到发线作业 | 客运作业（列车上水、组织旅客下车） | 到发线 |
| 3 | 始发作业 | 旅客上车 | 到发线 |
| 4 | 发车作业 | 办理区间闭塞，准备发车进路，开放车站信号 | 咽喉 |

转线折返列车的折返作业可以视为终到作业、转线作业以及始发作业的一个连续过程。转线折返旅客列车技术作业流程见表 5-1-4。

表 5-1-4　转线折返旅客列车技术作业流程

| 作业顺序 | 作业名称 | 作业内容 | 占用设备 |
|---|---|---|---|
| 1 | 接车作业 | 办理区段闭塞，准备接车进路，车站开放信号 | 咽喉 |
| 2 | 到发线作业 | 客运作业（列车上水、组织旅客下车） | 到发线 |
| 3 | 转线作业 | 通过折返线折返时准备进路，开放信号；通过正线折返时，办理区间闭塞，准备进路，开放车站信号 | 咽喉<br>到发线 |
| 4 | 始发作业 | 旅客上车 | 到发线 |
| 5 | 发车作业 | 办理区间闭塞，准备发车进路，开放车站信号 | 咽喉 |

（4）通过旅客列车技术作业流程。

通过旅客列车可以分为不停站通过旅客列车和停站通过旅客列车。不停站通过旅客列车一般在车站正线上直接通过，有固定的列车进路，无须进行特殊的进路排列，也较为简单，具体技术作业流程见表 5-1-5。

表 5-1-5　不停站通过旅客列车技术作业流程

| 作业顺序 | 作业名称 | 作业内容 | 占用设备 |
|---|---|---|---|
| 1 | 接车作业 | 办理区段闭塞，准备接车进路，车站开放信号 | 咽喉 |
| 2 | 通过作业 | 通过车站正线 | 正线 |
| 3 | 发车作业 | 办理区间闭塞，准备发车进路，开放车站信号 | 咽喉 |

停站通过旅客列车在车站办理旅客乘降作业后按预定方向发出，具体技术作业流程见表 5-1-6。

表 5-1-6　停站通过旅客列车技术作业流程

| 作业顺序 | 作业名称 | 作业内容 | 占用设备 |
|---|---|---|---|
| 1 | 接车作业 | 办理区段闭塞，准备接车进路，车站开放信号 | 咽喉 |
| 2 | 停车作业 | 停在到发线进行客运作业（列车上水、旅客上下车） | 到发线 |
| 3 | 发车作业 | 办理区间闭塞，准备发车进路，开放车站信号 | 咽喉 |

（三）高速铁路车站接发列车作业组织

接发列车作业是车站办理列车由区间接入、向区间发出和通过所进行的作业，是列车运行不可缺少的重要环节。合理正确地组织接发列车作业可保证列车运行安全正点、线路畅通、运输潜能充分挖掘，以完成铁路运输生产任务。

高速铁路车站站控模式下，车站接发列车主要作业内容有：办理区间闭塞；准备接、发列车进路；开放和关闭进站、出站信号；交接行车凭证；接送列车和指示发车等。

## 四、非常站控应急值守接发列车作业

（一）岗位职责

（1）在值班站长的领导和调度员的指挥下，负责车场行车工作和车站控制模式下接发列车工作，严格执行各项规章、文件、电报、命令和安全管理制度。

（2）在车站控制模式下，严格执行接发列车作业标准，确保动车组的安全行车。

（3）负责在本站登记的各项施工组织工作，严格执行“行车不施工、施工不行车”的原则，遇车站控制和在本站登记的施工时，正确填记运统-46。

（4）遇暴风、雨、雾、雪天气不良时，将本站情况及时报告列车调度员。

（5）随时监视各种信号显示状态及光带变化，发现异状及时报告列车调度员并按照其指示处理。发生设备故障时，及时通知有关部门处理、签认。

（6）值班时严格执行车站的相关规定，衣帽整齐，精神集中，严肃认真。交接班时按照作业标准认真检查交接，保持室内整洁卫生，台面上的物品应进行定置管理。

京津城际一班作业流程及标准如图 5-1-3 所示。

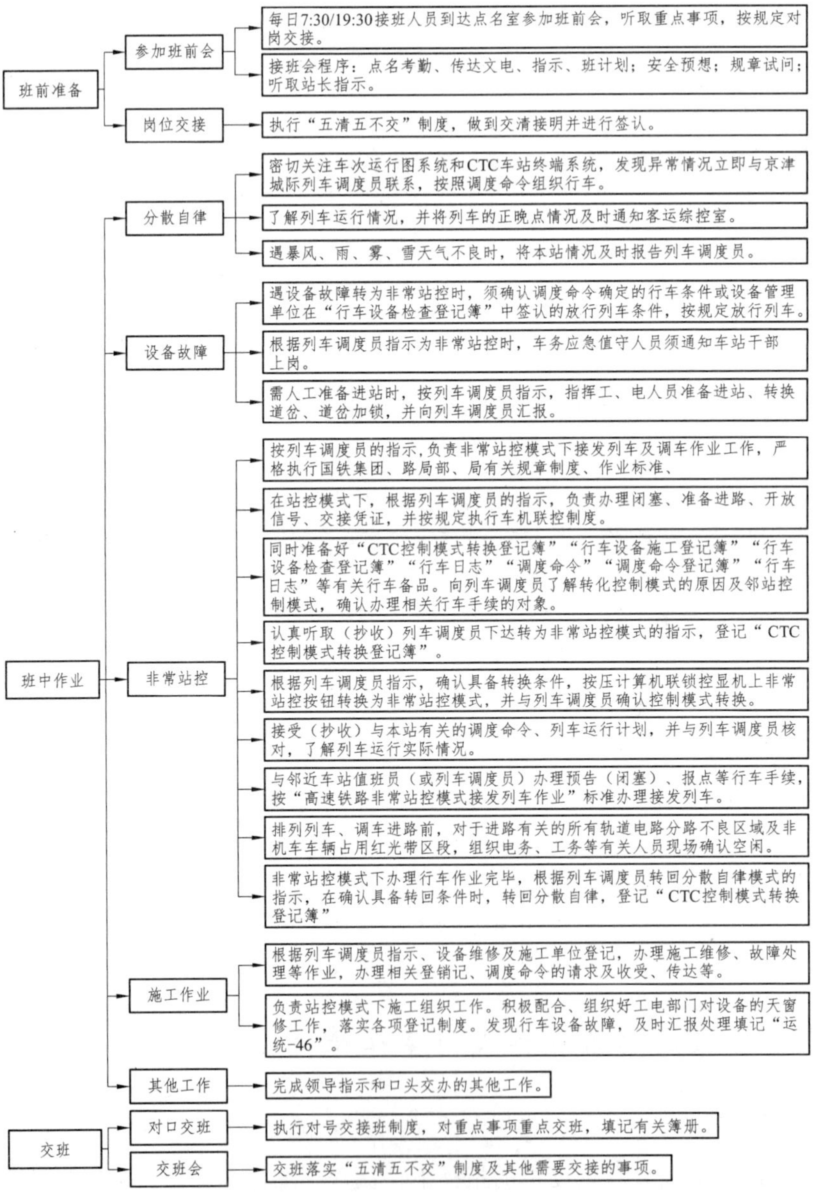


图 5-1-3　车站应急值守一班作业流程及标准

## （二）车站技术设备

### 1. 车站信联闭设备

某高铁车站信号联锁设备：使用 DS6-K5B 计算机联锁型计算机联锁设备和 EI32-JD 计算机联锁型计算机联锁设备；闭塞设备为 ZPW—2000K 四显示双线双向自动闭塞。列车调度指挥系统使用列车调度指挥系统（CTC）设备。CTC 站场显示界面如图 5-1-4 所示。

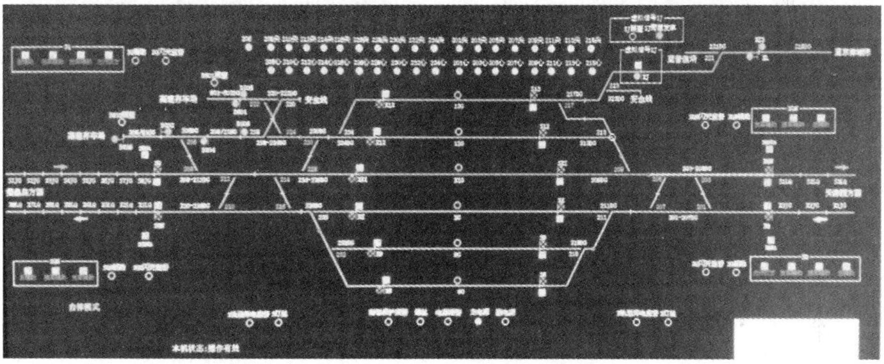

图 5-1-4　某高铁车站 CTC 站场显示界面

### 2. 通信设备

KENWOOD TK-3360 型便携手持台 2 部，GSM-R 手机 2 部，调度通信终端（FAS）1 台，行车室调度 FAS 台 1 部，可以与高铁列调、高铁电调高铁助调进行通话联系，用于办理分散自律与非常站控模式下的通话。GSM-R 手机如图 5-1-5 所示。

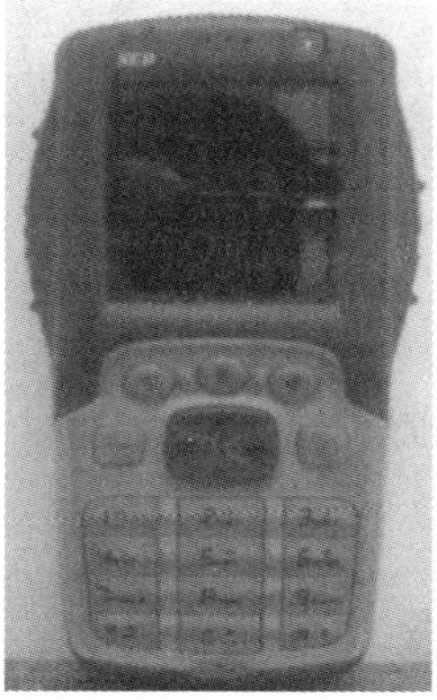

图 5-1-5　GSM-R 手机

## （三）非常站控模式下接发列车作业流程、标准

正常情况下，车务应急值守人员在行车监控室值守，不参与行车作业。

### 1. 非常站控模式的定义

非常站控模式是遇行车设备故障、施工、维修需要时，脱离调度集中系统控制转为车站联锁信号操作终端人工办理的模式。

### 2. 分散自律模式转为非常站控模式要求

（1）遇调度集中设备故障，行车设备施工、维修时，发生危及行车安全的情况时，可转为非常站控模式情况。

（2）除因危及行车安全必须立即转换为非常站控外，列车调度员提出需转为非常站控时，车站盯控人员必须到岗后，方可转换；车站提出需转为非常站控时，车站盯控人员必须到岗并同意后，方可向列车调度员提出转为非常站控。车站值班员应通知盯控人员上岗盯控。

（3）转为非常站控时，车务应急值守人员须在“CTC 控制模式转换登记簿”内登记，记明转换的原因；车务应急值守人员与列车调度员核对设备状况、站内停留车情况、列车运行计划、邻站控制模式及与本站有关的调度命令等情况。

（4）转为非常站控办理接发列车作业时，车站值班员须通知司机车站已转为非常站控模式。

### 3. 车务应急值守人员非常站控作业流程

（1）在分散自律控制模式下，车务应急值守人员接到或发现危及行车安全的情况需立即转为非常站控时，应立即按下非常站控按钮转为非常站控模式，及时报告列车调度员，并在“CTC 控制模式转换登记簿”内登记，通知相关设备管理单位。同时通知车站值班干部上岗，同时准备好“行车设备检查登记簿”“行车设备施工登记簿”“行车日志”“调度命令”等有关行车备品。

（2）根据列车调度员指示转为非常站控时，车务应急值守人员须通知车站值班干部上岗，同时准备好“CTC 控制模式转换登记簿”“行车设备施工登记簿”“行车设备检查登记簿”“行车日志”“调度命令”等有关行车备品。同时向列车调度员了解转换控制模式的原因以及邻站控制模式，确认办理相关行车手续的对象。

（3）认真听取列车调度员下达转为非常站控模式的指示，登记“CTC 控制模式转换登记簿”。

（4）根据列车调度员指示，确认具备转换条件，按压计算机联锁控显机上非常站控按钮转为非常站控模式，并与列车调度员确认控制模式转换。

（5）接收与本站有关的调度命令、列车运行计划，并与列车调度员核对，了解列车运行实际情况。

（6）遇设备故障转为非常站控时，须确认调度命令确定的行车条件或设备管理单位在“行车设备检查登记簿”中签认的放行列车条件，按规定放行列车。

（7）遇有须书面交付司机、施工负责人等的调度命令时，报告盯控干部提前组织人员做好准备、联系、交付工作。

（8）在非常站控模式下，本站车站值班员与邻站或列车调度员办理接发列车时，通过 CTC 自动办理发车预告、报点。遇无法办理自动预告、报点时，由本站车站值班员与列车调度员或相邻站车站值班员人工办理发车预告、报点。在非常站控模式下，车站值班员按“高速铁路 CTC 区段接发列车作业”标准第 5 部分：非常站控办理接发列车。

（9）根据列车调度员指示、设备维修及施工单位登记，办理施工维修、故障处理等作业，办理相关登销记、调度命令的请求及收受、传达等。

（10）排列列车进路前，对与进路有关的所有轨道电路分路不良区段及非机车车辆占用红光带区段，组织电务、工务等有关人员现场确认空闲。

（11）非常站控模式下办理行车作业完毕，根据列车调度员转回分散自律模式的指示，在确认具备转回条件时，转回分散自律模式，登记“CTC 控制模式转换登记簿”（见表 5-1-7）。

（12）使用带密码、单封单锁按钮及鼠标放置位置规定。

使用带密码按钮的车站，本站车站值班员要将该按钮的计数器号码变化情况记入“行车设备检查登记簿”中。交接班时，车站值班员将“计数器总合计数”和当班使用过的带计数器的按钮及其“计数器号码”在交接班簿中记明，认真办理交接。车站值班员不办理作业时要将鼠标箭头放置在信号操作终端上方的白色条形方框内，不准随意触摸和挪动鼠标，保持定位。

表 5-1-7 CTC 控制模式转换登记簿

| 序号 | 分散自律转为非常站控的原因 | 转入非常站控 | | | | 转回分散自律 | | | | 备注 |
|---|---|---|---|---|---|---|---|---|---|---|
| | | 月日 | 时分 | 列车调度员 | 车站值班员 | 月日 | 时分 | 列车调度员 | 车站值班员 | |
| | | | | | | | | | | |
| | | | | | | | | | | |
| | | | | | | | | | | |
| | | | | | | | | | | |
| | | | | | | | | | | |
| | | | | | | | | | | |
| | | | | | | | | | | |
| | | | | | | | | | | |
| | | | | | | | | | | |

### 4. 非常站控模式转为分散自律控制模式条件

转为非常站控的原因消除后，车站值班员根据列车调度员的指示转回分散自律控制模式，同时在“CTC 控制模式转换登记簿”内登记。

非常站控模式转回分散自律控制模式应符合以下条件：

（1）CTC 设备正常。

（2）非常站控模式下没有正在执行的按钮操作。

### 5. 接车作业程序及要求

接车作业流程如图 5-1-6 所示。

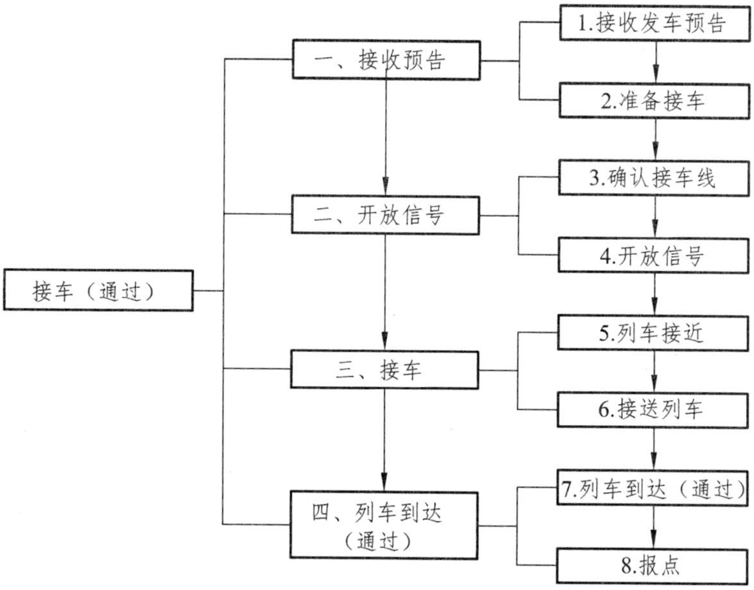


图 5-1-6 高速铁路车站接车作业流程

接车作业程序及要求见表 5-1-8。

**表 5-1-8 接车作业程序及要求**

| 作业程序 | | 岗位作业标准 | 说明事项 |
|---|---|---|---|
| 程序 | 项目 | 车站值班员 | |
| 一、接受预告 | 1. 接受发车预告 | （1）接收邻站车站值班员（列车调度员）预告，按列车运行计划核对车次、时刻、命令、指示接收发车站预告后，口呼："×（次）预告" | 发现问题应及时向列车调度员报告 |
| | | （2）通过电子"行车日志"同意预告。 | 遇无法填记电子"行车日志"时，填记书面"行车日志" |
| | 2. 准备接车 | （3）确定接车线 | |
| | | （4）通过系统确认邻站开车后，口呼："×（次）、（×点）×分开（通过）" | 不具备自动报点功能时，复诵邻站（京津城际列调）开车通知 |
| 二、接车 | 3. 确认接车线 | （5）确认电子"行车日志"邻站发车时刻 | |
| | | （6）通过信号操作终端确认接车线路空闲 | |
| | | （7）通知司机本站已转非常站控模式并听取复诵，用语："××（次）司机，××站已转非常站控" | |
| | 4. 接车 | （8）开放进站信号，口呼："进站"，点击始端按钮；口呼："×道"，点击终端按钮。确认光带、信号显示正确，口呼："信号好（了）" | 需要点灯的情况下点灯。<br>遇下列情况，车站进出站信号机应点灯：① 接入列控车载设备故障转入隔离模式的列车；② 接入动车组以外的列车时或动车组以外的列车，遇机车信号或 LKJ（GYK）故障接车时；③ 在未设调车信号机的线路上进行调车作业以及需越出站界调车时 |
| | | （9）通过信号操作终端监视信号及进路表示 | |
| 三、列车到达 | 5. 列车到达 | （10）通过信号操作终端确认列车到达，确认电子行车日志列车到达时刻 | 不具备自动报点功能时，向邻站及列调报点："×（站）报点，×（次）、（×点）×（分）到" |

## 6. 发车作业程序及要求

发车作业流程如图 5-1-7 所示。

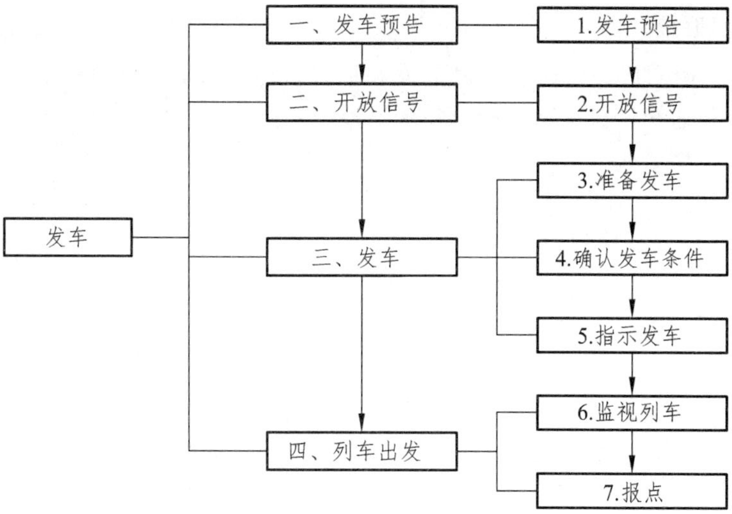


图 5-1-7　高速铁路车站发车作业流程

发车作业程序及要求见表 5-1-9。

表 5-1-9　发车作业程序及要求

| 作业程序 | | 岗位作业标准 | 说明事项 |
| --- | --- | --- | --- |
| 程序 | 项目 | 车站值班员 | |
| 一、发车预告 | 1. 发车预告 | （1）按“行车日志”、调度阶段计划核对车次、股道、时刻、命令、指示（必要时与列车调度员联系），向邻站车站值班员办理预告；接车站为分散自律模式时，向列车调度员办理预告 | 发现问题及时向列车调度员报告 |
| | | （2）通过电子“行车日志”发出预告。钮解相应股道发车始端信号按钮 | 遇电子“行车日志”故障时，填记书面“行车日志”；邻站为分散自律时，此项省略 |
| | 2. 准备发车 | （3）检查确认第一离去区段空闲（或区间空闲） | 发车不需要点灯时，确认第一离去区段空闲；发车需要点灯时，确认区间空闲 |
| | 3. 发车 | （4）开放出站信号，口呼：“×道”，点击始端按钮；口呼：“出站”，点击终端按钮。确认光带、信号显示正确，口呼：“信号好（了）” | 遇下列情况，车站进出站信号机应点灯：①发出列控车载设备故障转入隔离模式的列车；②发出动车组以外的列车时或动车组以外的列车，遇机车信号或 LKJ（GYK）故障发车时；③在未设调车信号机的线路上进行调车作业以及需越出站界调车时 |
| | | （5）通过信号操作终端监视信号及进路表示 | |
| 二、列车出发 | 4. 列车出发 | （6）列车起动，通知邻站（列调）：“××（次）（×点）×（分）开”，并听取复诵 | |
| | | （7）核对“行车日志” | 遇列车开车后无法自动采点时，手工填记电子“行车日志”；遇电子“行车日志”无法使用时，填记书面“行车日志” |
| | | （8）通过信号操作终端确认列车整列出站。钮封股道出发信号机按钮 | |

7. 作业车机联控

正常情况下（由 CTC 控制时）不执行车机联控。转为非常站控的车站办理接发列车作业时，车站值班员须通知司机车站已转为非常站控模式。

常用车机联控用语如下：

高铁列车 G×次称为高×次；动车组 D×次称为动车×次；动车组检测车 DJ×次称为动检×次；回送客车底 0×次称为零×次。

任务实施

根据以上相关知识，由老师组织学生分组讨论高速铁路非常站控应急值守接发列车作业过程，各小组指派代表进行总结汇报，并进行小组互评、教师点评，以提高学生运用理论知识解决实际问题的能力。

## 任务二　高速铁路调车作业

能力目标

能根据调车领导人的安排正确进行高速铁路调车工作。

知识目标

掌握高速铁路调车作业的内容及要求。

相关知识

调车工作是铁路运输生产过程中的基本环节，是车站、动车段（所）工作的主要内容之一。高速铁路调车工作主要包括动车组的转线、动车组出入段（所）、重联或解编作业，以及施工路用列车（机车、自轮运转特种设备及其他施工路用列车）的转线、编组、解体、摘挂等作业。调车工作对完成列车技术检查、整备作业，保证按运行图行车、安全正点发车，全面提高服务质量，完成铁路运输的数量与质量指标任务，都有着十分重要的意义。

### 一、高速铁路车站调车作业内容

高速铁路车站调车包括动车组列车出入段调车作业、转线作业、列车解体和重联、特殊情况调车作业等。

#### （一）动车组列车出入段调车作业

在始发终到站和枢纽站，除少量站折列车外，车底在非运营期间可能停留于动车段等地点。动车组列车在夜间不运行，结束一天的运输任务后，列车需进动车段整备和检修，早晨，动车组列车再出段执行一天的客运任务。投入或终止运营时需往返于这些地点与车站到发线间，需要进行出入段的调车作业。由于高速铁路动车组运用一般采取套跑的形式，该调车作业一般按照动车组运用计划投入或终止运营时进行。

对于动车组出入段的调车过程，可以根据动车组走行方式的不同分为两类，即单程调车和双程调车。

#### 1. 单程调车

动车组出入段执行运输任务，在出段过程中，通过动车段走行线与站线衔接处的道岔，一次便完成调车任务到达相应股道，该过程叫作单程调车，其流程示意图如图 5-2-1 所示。

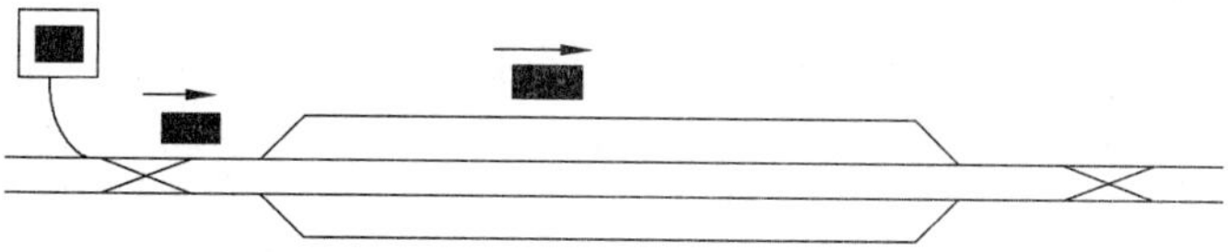

图 5-2-1　单程调车示意图

#### 2. 双程调车

动车组出入段执行运输任务，在出段过程中，通过动车段走行线与站线衔接处的道岔，进入车站正线，接着又反方向再次通过该道岔，经过两次调车过程才进入相应股道，该过程叫作双程调车，其流程示意图如图 5-2-2 所示。

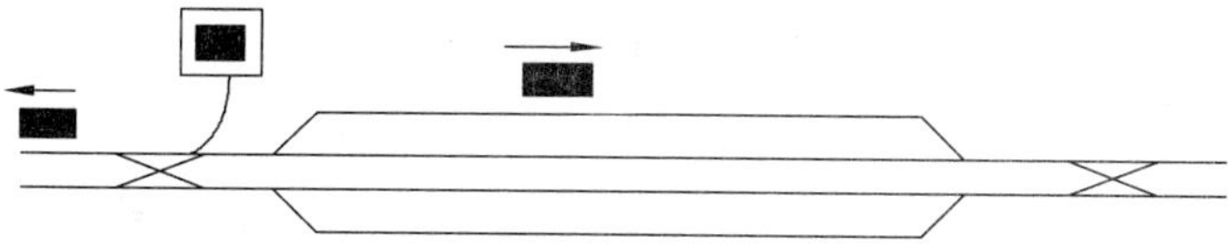

图 5-2-2　双程调车示意图

### （二）动车组转线作业

为充分使用动车组，需要根据动车组运用计划，利用折返线安排动车组在到发线担当另一车次的运输任务。此外，当动车组需要等待进入动车段（所）或进入到达线，可暂时转往车站内停留线停留，等待到发线腾空或动车段（所）出入线腾空后再作业。这些情况都需要进行动车组转线作业。始发（终到）车站如图 5-2-3 所示。

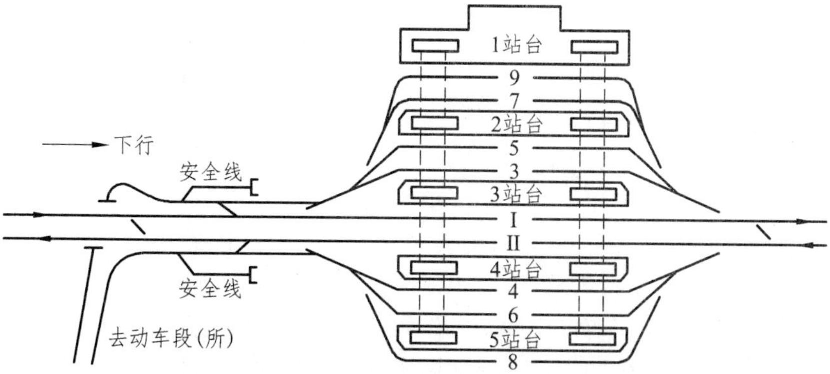


图 5-2-3　始发（终到）车站平面示意图

（三）列车解体和重联

高速铁路动车组列车编组可以为单列动车组，也可以为两列重联，列车的分解和编组一般需要利用专门的牵出线进行。

特殊情况（如动车组出现故障时），需要有其他动车或专设的调机完成牵出作业。

## 二、调车工作一般要求

（1）车站、动车段（所）的调车工作，应按列车运行图、车站或动车段（所）的技术作业过程及调车作业计划进行。

车站、动车段（所）技术作业过程，是在现有技术设备和一定的行车组织方式条件下，有效地利用各项技术设备，合理安排作业，组织均衡生产，在参加运输工作的各部门密切协同动作的基础上制定的技术作业标准。

调车作业计划规定了每批作业的具体任务、内容、方法、顺序、完成时间及注意事项等，是调车作业的依据和具体行动计划。因此，车站、动车段（所）的调车工作必须按车站技术作业过程和调车作业计划进行。

① 及时办理动车组出入段（所）、转线及车底取送等作业，保证按列车运行图的规定时刻发车，不影响接车。

首先明确接发车与调车的关系，即调车作业要保证发车、不影响接车，必须及时按规定的时间标准完成动车组出入段（所）、转线任务，保证列车按运行图规定的时刻正点发车。因此，车站、动车段（所）组织动车组出入段（所）、转线的顺序及完成时间，应按列车运行图规定的各次列车发车时刻去安排。正确编制动车组出段（所）、转线计划，发车前，按运行图规定及时将动车组调入到发线待发。

列车终到后，及时组织进行动车组入段（所）、转线和检修作业，这样既可减少占用到发线时间，又可保证正常接发其他列车。这些作业都必须保证按列车运行图的规定时刻发车，不影响接车。

② 充分运用一切技术设备，采用先进工作方法，用最少的时间完成调车任务。

从保证旅客列车正点始发的原则出发，加强联系，做到车辆检修、取送车底与出入库兼顾。检修车辆按需要应实行定点、定时取送，以保证客车检修作业的正常进行，保证旅客列车安全正点始发。

调车工作一方面要发挥调车人员的积极性，各工种间密切配合、协同动作，不断提高劳动生产率；另一方面要经济合理地运用一切技术设备，采用先进工作方法，周密计划，合理安排，做到及时转线、快取、快送，尽可能组织平行作业，充分挖掘设备潜力，压缩各种非生产时间，提高调车效率，最大限度地发挥技术设备的效能。这是对调车工作的一项基本要求，也是衡量车站行车组织工作水平的一个重要标志。

③ 认真执行作业标准，保证调车有关人员的人身安全及行车安全。

调车工作是在动态中进行的，作业组织复杂，多工种联合动作，时常面对恶劣的天气、多变的环境，影响因素诸多，所以在调车工作中，必须认真执行规章制度，落实作业标准，遵章守纪，防止一切可能发生的事故，保证调车有关人员的人身安全及行车安全。

（2）调车作业时，应使用机车综合无线通信设备、调度台（车站）FAS 终端或注册的 GSM-R 手持终端进行联系。

动车组的调车作业需要严格按照 CTC 设备调车作业的规定进行。正常条件下，严格禁止车站单独下达调车命令。

（3）动车段（所）设动车组地勤司机，负责动车组在动车段（所）内调车、试运行等调移动车组的作业。

除特殊情况外，动车组在站内的调车严格按照动车组运用计划和调度所下达的日常调整计划及调车计划进行。

（4）禁止溜放调车、手推调车和跟踪出站调车作业。

（5）在作业中，调车作业人员须停车上下。

（6）调车作业要准确掌握速度及安全距离，并遵守下列规定。

① 在空线上牵引运行时，速度不准超过 40 km/h；推进运行时，速度不准超过 30 km/h；动车组后端操作时，速度不准超过 15 km/h。

② 调动乘坐旅客车辆时，速度不准超过 15 km/h。

③ 接近被连挂的车辆时，速度不准超过 5 km/h。

④ 在尽头线上调车时，距线路终端应有 10 m 的安全距离；遇特殊情况，必须近于 10 m 时，要严格控制速度。

⑤ 动车组在有接触网终点的线路上调车时，应控制速度，距接触网终点标应有 10 m 的安全距离；遇特殊情况，必须近于 10 m 时，要严格控制速度。

⑥ 遇天气不良等非正常情况，应适当降低速度。

（7）调车信号机故障不能开放时，进路准备人员应将相关道岔操纵至所需位置并单独锁闭，在调车进路准备妥当后通知调车指挥人（司机）准许越过故障的调车信号机。

调车信号机故障不能开放时，调车指挥人（司机）无法从设备上确认进路和取得允许运行的信号，考虑调车作业按计划进行，作业大多是在车站、动车段（所）的咽喉和线路间进行，故障发生后不宜长时间停留、等待，以免影响咽喉能力和调车任务，因此，允许进路准备人员通过 CTC 终端（非常站控时为集中联锁设备）将相关道岔操纵至所需位置并实施单独锁闭，确认调车进路准备妥当后通知调车指挥人（司机）准许越过故障的调车信号机，调车指挥人指挥司机或司机接到通知后越过故障的调车信号机，继续进行作业。

## 三、车站调车作业领导及指挥

高速铁路调车工作是由动车组司机、随车机械师、列车调度员、车站值班员、车务应急值守人员、信号员、调车作业人员、机车或自轮运转特种设备乘务人员等共同完成的，多工种在不同的条件和环境下联合作业，为了安全、迅速、准确、协调地完成调车作业任务，必须有统一领导。

由于高速铁路均采用调度集中，绝大多数车站为集中控制，车站调车作业由该区段列车调度员（由车站负责办理调车进路时为车站值班员或车务应急值守人员）担当调车领导人。分场控制时的调车工作，由负责该场调车进路的列车调度员（车站值班员或车务应急值守人员）领导。

所有车站的调车工作，都应根据调车领导人的命令、计划办理；所有与调车工作有关的人员，必须认真执行调车领导人的命令、指示和工作计划。

（一）确定调车领导人的要求

**1. CTC中心操作方式的车站**

车站调车作业由该区段列车调度员统一领导；由车站负责办理调车进路（CTC车站调车操作方式、CTC车站操作方式和非常站控模式）时为车站值班员或车务应急值守人员担当调车领导人。

**2. 较大的枢纽站、多条高速铁路或高速铁路与普速铁路的交会站**

一般划分多个场，如高速场与普速场、城际场与高速场，或多条高速铁路按场分别组织行车，这类分场组织行车的车站调车工作，由负责该场调车进路的列车调度员（车站值班员或车务应急值守人员）领导。

（二）调车作业单一指挥

调车作业实行单一指挥的制度，是为了保证调车作业有关人员行动一致，密切配合，在保证安全的基础上，提高效率，更好地完成调车任务。

调车作业单一指挥就是对每台担当调车作业的调车动力（动车组、机车或自轮运转特种设备）在同一时间内只准由调车指挥人（无调车人员时为司机）一人指挥。所有调车有关人员（调车组、司机）都必须按调车指挥人的指挥进行作业。

## 四、调车作业计划及准备

（一）计划的编制及下达

**1. 调车领导人应正确及时地编制、布置调车作业计划**

调车领导人应根据列车到发计划、动车组运用计划、车底套用情况、动车组检修计划和施工、路用列车编组需求等，在保证安全的前提下，充分利用线路，合理安排调车作业顺序，做到周密计划、详细安排、正确无误，最大限度地实现动车组出入段（所）、施工及路用列车编组、检修车摘挂及取送等各项作业均衡衔接，使车辆部门有足够的时间进行检修作业和客运部门进行整备作业，保证旅客列车的正点始发。

在编制计划时，要在充分考虑各方面因素的基础上，努力提高作业效率，用最少的作业钩数，最短的调车行程，占用最少的线路，消耗最少的时间，完成日计划、列车运行图和车站技术作业过程所规定的各项调车工作任务；要根据日计划、列车运行图和列车运行计划等资料，全面了解列车到达和始发情况，提前做好计划，使调车作业连续衔接；计划内容要正确，注意事项齐全，避免错漏，减少变更，并要有充分的预见性；计划要完整，不仅要有占用股道、出入段（所）动车组对应车次，而且要有详细准确的注意事项，都必须用易懂易记的符号或标记加以注明，以便作业中执行和引起作业人员的注意。

### 2. 调车作业通知单

“调车作业通知单”上，应明确车次、作业的计划开始与终了时间、使用的线路、摘挂的辆数，以及应注意的事项及经由的车场线路等。

“调车作业通知单”的填记必须准确、清楚。“注意事项”包括的内容、符号、填记方法，由各铁路局规定，并填记在记事栏内。编制调车计划的调车领导人应签名（打印时应有调车领导人姓名或代号）。

调车作业通知单应附有示意图。考虑目前大量采用计算机系统编制、传输调车作业计划，示意图难以植入系统，一些车站站场较大、线路复杂，调车作业通知单上的示意图受页面大小限制看不清，因此，示意图可在调车作业通知单外另附。

### 3. 变更调车作业计划

调车作业计划下达后或调车作业过程中遇特殊情况需变更调车作业计划时，调车领导人应通知调车指挥人（无调车指挥人时为司机）先停止作业，重新编制并下达调车作业计划；调车指挥人重新制定作业方法和分工，连同注意事项等一并向司机和有关调车人员传达，确认司机和有关调车人员清楚无误后，方可组织继续作业。

调车指挥人确认有关人员均已了解调车作业计划后，方可开始作业。

动车组、路用列车及机车、自轮运转特种设备需转线时，司机根据需要向列车调度员（车站值班员或车务应急值守人员）提出申请。列车调度员（车站值班员或车务应急值守人员）可不编制书面调车计划，但须将作业办法、内容和注意事项向司机传达、布置清楚并听取复诵无误，在准备好进路后，通知司机开始作业。

### （二）调车作业准备工作

（1）提前核对计划及相关调度命令，确认进路。

（2）进行车辆摘挂、转线的作业，提前检查线路、道岔（集中联锁区除外）、停留车及车辆防溜等情况。

（3）准备足够的良好防溜器具。

动车段（所）调车工作的计划编制及下达办法由铁路局规定。

## 五、动车组调车作业

（1）动车组进行调车作业时，原则上采用自走行方式，凭地面信号机的显示运行。

动车组自带动力，基于安全、构造特点、作业方式等原因，一般情况下动车组进行调车作业应采用自走行方式（故障救援、非电化区段调车等必要时才采用动车组无动力调车方式）。司机根据调车作业计划并凭地面信号机的显示进行作业。

（2）动车组禁止连挂其他机车车辆（救援机车、附挂回送过渡车以及动车组无动力调车时的调车机车、公铁两用牵引车除外）调车。

动车组是固定编组、单独运用，一般情况下不具备与其他机车车辆连挂的条件，连挂时需使用过渡车钩。

（3）动车组调车作业时，司机应在运行方向的前端操作，前方进路的确认由司机负责。

在不得已情况下必须在后端操作时，应指派随车机械师或其他胜任人员站在动车组运行方向的前端指挥，发现危及行车或人身安全时，应立即使用紧急停车按钮（紧急制动装置）或通知司机停车。

动车组调车作业司机在后端操作时，司机无法瞭望前方的进路和信号，只依靠前端负责瞭望的随车机械师或其他胜任人员指挥，而个人反应、通信联系等需要时间，一旦发生险情，司机制动的时机有可能延迟，容易造成事故，所以从调车速度上加以限制，速度不得超过 15 km/h。

## 六、在正线、到发线上的作业

（1）在正线、到发线上调车时，须经过列车调度员（车站控制时为车站值班员）准许。

（2）接发列车时，应按高速铁路《行车组织细则》规定的时间，停止影响列车进路的调车作业和对列车运行安全有影响的其他作业。

（3）接发旅客列车时，与接发列车进路没有隔开设备或脱轨器的线路，不准向能进入接发列车进路的方向调车。

隔开设备系指安全线、避难线及平行进路和能起隔开作用的有联锁的防护道岔。

（4）同一股道只允许一端调车作业，禁止两端同时向同一股道排列调车进路。

（5）调车作业中，应执行钩钩联系制度：每钩作业前，司机（调车指挥人）应主动向列车调度员（车站负责办理调车进路时为车站值班员或车务应急值守人员）请求进路；进路准备妥当后，列车调度员（车站值班员或车务应急值守人员）方可通知司机（调车指挥人）。

（6）越出站界调车。

① 越出站界调车时，必须区间（自动闭塞区间正方向为第一个闭塞分区）空闲，单线区间闭塞系统必须在发车位置；由列车调度员发布准许越出站界调车的调度命令后，方可进行。

② 越出站界调车期间，相邻站（线路所）禁止向该区间放行列车。越出站界调车作业完毕，司机或调车指挥人应报告列车调度员（车站负责办理调车进路时为车站值班员或车务应急值守人员）。车站值班员、车务应急值守人员应及时报告列车调度员，列车调度员通知两端站（线路所）后方可组织行车。

③ 需在未设调车信号机的线路上调车作业时，根据需要可按越出站界调车作业办理。办理列车进路（进、出站信号机常态为灭灯时，应点灯），由列车调度员发布准许越出站界调车的调度命令，司机根据调度命令和进、出站信号机的显示进行调车作业。

## 七、动车组防溜

（1）动车组无动力停留时，有停放制动装置的动车组，由司机负责将动车组处于停放制动状态；动车组无停放制动装置或在坡度为 20‰ 以上的区间无动力停留时，由司机通知随车机械师进行防溜，防溜时应使用止轮器牢靠固定。

（2）重联动车组在设置止轮器防溜时，仅设置前列。

（3）如需在同一股道内停留两列不重联的动车组时，两列动车组间应间隔不小于 20 m

的安全防护距离（动车段、动车所内的股道除外），并分别做好防溜。

（4）动车段（所）内动车组防溜办法由铁路局规定。

（5）车站行车室必须配备足够良好的防溜器具，由车站值班员（车务应急值守人员）负责保管和交接。有关作业人员领取、使用、交回时，须办理登记交接手续，领取（交回）人与保管人共同清点数量、编号无误，确认状态良好后分别签认。

（6）车站值班员（车务应急值守人员）须在行车室对停留车及其防溜情况进行揭示。作业人员采取或撤除防溜措施后，应立即告知车站值班员（车务应急值守人员），一批作业结束后双方进行签认。

## 八、CTCS-3 级列控系统重联与摘解作业

列车重联是以列车进路方式将两列相同类型的动车组从区间线路接入车站同一股道并重新连成一列列车的运输作业。

列车摘解是将停在车站股道上的一列列车分成两列列车的运输作业。摘解后的两列列车可以同向/背向分别向区间发车或者转线。

### （一）列车重联

列车重联前，重联前车应关闭驾驶台；列车重联后，本务端司机重新开启驾驶台，输入新的列车数据后，列车转入正常运行。

重联动车组间应传递车载设备休眠模式（SL）触发信号，当司机开启本务端驾驶台时，非本务端转入休眠模式（SL）。

当车站两条正线之间设有道岔交叉渡线，并将股道分成三段：即两段无岔区段和一段道岔区段。道岔区段两端设置列车防护信号机。

正线股道可接发一列 16 辆编组的动车组，两段无岔区段可分别接发一列 8 辆编组的动车组。

当股道需接两列 8 辆编组的动车组时，应将交叉渡线道岔锁定在直股定位，利用交叉渡线道岔区段做安全防护区段。

当该股道接第二列列车时，RBC 向列车发送目标点（EOA）为道岔防护信号机的行车许可，通过变量 D _ DP 给列车发送从行车许可终点到危险点的距离（道岔区段长度），实现将安全防护区段设置在信号机后方。

下面将两列车从区间分别以列车进路方式接入车站股道并重联，说明重联的过程。

#### 1. 列车 1 进入股道区段并停车

（1）调度员办理联锁接车进路 X→XI，联锁向 RBC 发送信号授权：（SA-XIL）、（SA-XI）。

（2）RBC 向列车 1 发送行车许可：→X1MA（FS）。

（3）列车 1 完全进入 1BG 股道区段并停车。

（4）联锁逐段解锁已出清轨道区段。

（5）1BG 股道区段判断列车停稳计时时间结束（40 s），1BG 股道解锁。

（6）1BG 接车股道进路解锁，联锁向 RBC 发送“无进路（NoRoute）”信息。

（7） RBC 向列车 1 发送到列车前端的行车许可。

（8）列车 1 将行车许可缩短至列车前端。

（9）司机关闭驾驶台，车载设备处于待机模式（SB）。

列车 1 进路办理如图 5-2-4 所示。

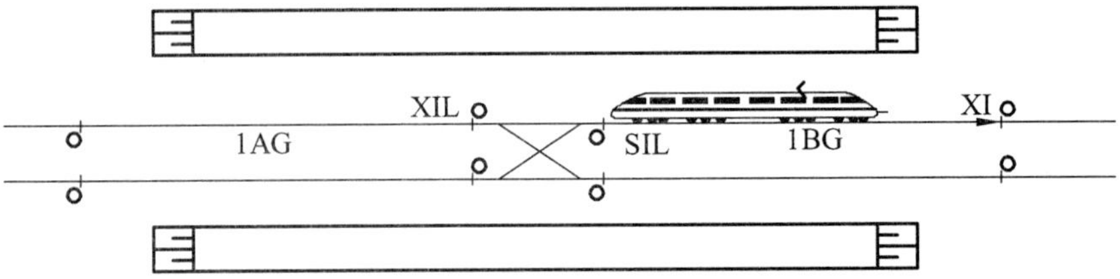


图 5-2-4　列车重联列车 1 进路办理示意图

### 2. 列车 2 进入股道区段并停车

（1）调度员办理联锁接车进路 X→XIL，联锁向 RBC 发送信号授权：（SA-XIL）。

（2）RBC 向列车 2 发送行车许可：→XIL MA（FS）。

（3）列车 2 完全进入 1AG 股道区段并停车。

（4）联锁逐段解锁已出清轨道区段。

（5）1AG 股道区段判断列车停稳计时时间结束（40 s），1AG 股道解锁。

（6）1AG 接车股道进路解锁，联锁向 RBC 发送“无进路（NoRoute）”信息。

（7） RBC 向列车 2 发送到列车前端的行车许可。

（8）列车 2 将行车许可缩短至列车前端。

列车 2 进路办理如图 5-2-5 所示。

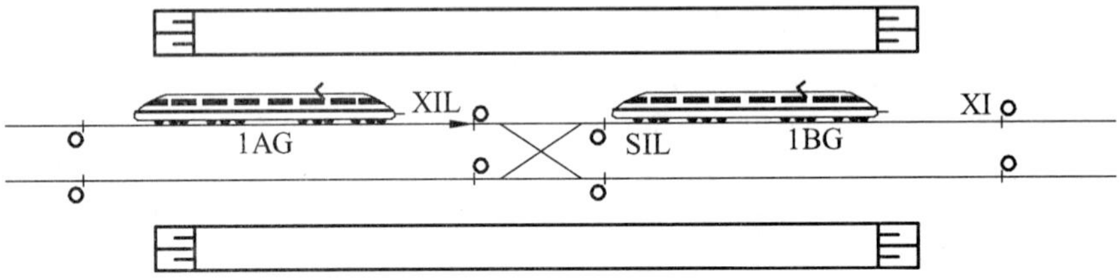


图 5-2-5　列车重联列车 2 进路办理示意图

### 3. 列车 1 与列车 2 完成重联

（1）联锁办理 XIL 至 1BG 的调车进路。

（2）根据调度命令，列车 2 的司机按压调车按钮。

（3）当司机按压调车按钮后，车载设备将向 RBC 请求调车许可。RBC 将对该区域给出调车许可而无须联锁进行确认。

（4）车载设备自动转入调车模式（SH），生成限速 40 km/h 监控曲线自动监控列车运行，向 RBC 报告已转入调车模式（SH）。车载 ATP 然后关闭与 RBC 间的无线连接。

（5）司机移动列车至重联位置，与列车 1 进行重联。

（6）列车 1 与列车 2 完成重联后，列车 2 的司机关闭驾驶台，车载设备进入待机模式（SB）。

列车 1 与列车 2 完成重联如图 5-2-6 所示。

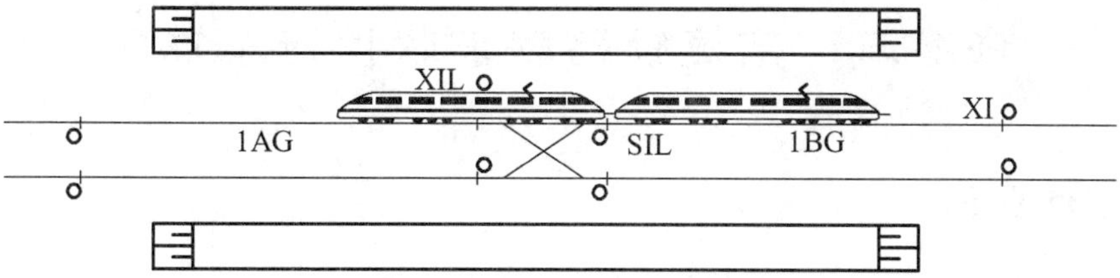


图 5-2-6　列车重联示意图

### （二）列车摘解

一列长车停在车站股道，不需列控系统提供行车许可即可以被摘解成两列短车。摘解后，由于列车长度等参数发生了变化，在列车开始运行前，司机必须重新输入正确的列车数据。

如果联锁锁闭了两个方向的发车进路，摘解列车两部分可以同时离开站台。RBC 将为同时离开的两个列车给出行车许可。

#### 1. 摘解后同向发车

一列 16 辆编组的长列车，以完全监控模式（FS）由进站信号机 X 接入车站股道，在车站股道被摘解成两列 8 辆编组的短列车，先后以同一方向发车进入区间。列车摘解后同向发车如图 5-2-7 所示。

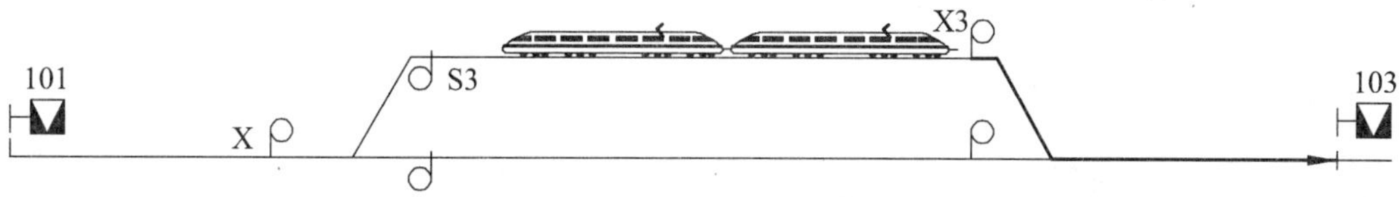


图 5-2-7　列车摘解后同向发车示意图

#### 2. 摘解后同时背向发车

一列 16 辆编组的长列车，以完全监控模式（FS）由信号机 X 接入车站股道，在车站股道被摘解成两列 8 辆编组的短列车，同时背向发车进入区间。列车摘解后同时背向发车如图 5-2-8 所示。

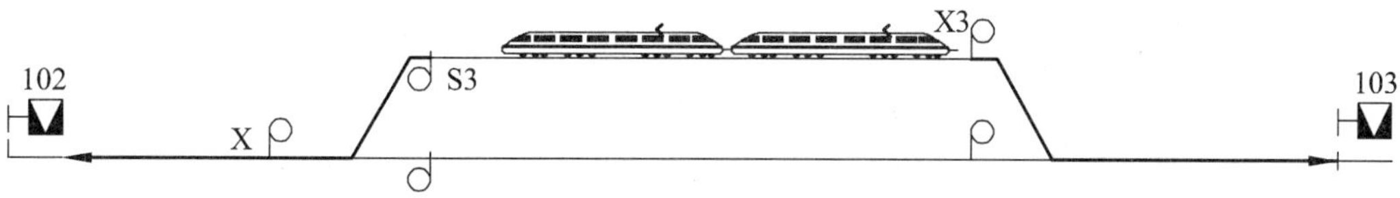


图 5-2-8　列车摘解后同时背向发车示意图

## 任务实施

根据以上相关知识，由老师组织学生分组讨论高速铁路调车工作的内容及要求，各小组指派代表进行总结汇报，并进行小组互评、教师点评，以提高学生运用理论知识解决实际问题的能力。

# 任务三　高速铁路联调联试行车作业

### 能力目标

能对高速铁路联调联试内容及行车作业有初步的认识。

### 知识目标

掌握高速铁路联调联试的概念及目的；了解高速铁路联调联试的内容；掌握高速铁路联调联试行车作业的相关规定。

### 相关知识

联调联试是高速铁路建设与发展过程中的一个必不可少的重要环节，对保证高速铁路工程质量、保障运输生产安全有着至关重要的作用。在新建高速铁路开通运营前，为确认其已具备按设计速度开通运营的条件，我国铁路相关部门按相关技术规范要求，系统地开展了联调联试试验，通过验收使新建高速铁路达到相关设计标准，以满足运营条件。

## 一、联调联试的概念和目的

### 1. 联调联试的概念

联调联试是在高速铁路工程完成静态验收，确认达到联调联试条件后，采用检测列车、试验列车和相关检测设备，对系统的功能、性能、安全性、适用性和接口关系进行验证，并优化各系统的状态和性能，使各系统和整体系统性能、功能均达到设计要求，从而为高速铁路的开通运营提供强有力的技术支撑和科学依据，确保高速铁路开通达到设计速度。

### 2. 联调联试的目的

（1）测试和评价线路、牵引供电、通信、信号、旅客服务、防灾安全等各系统设计的合理性。

（2）测试和评价高速动车组在轨道上运行的安全性、平稳性，跨线动车组的适应性，弓网受流性能，通信信号系统的安全性、稳定性，噪声振动、电磁辐射的环境影响和总体系统功能是否满足运输需求。对全线的各系统和系统之间的匹配进行充分测试、检验、调试、优化。

（3）为高速铁路竣工的动态验收和安全评估提供科学依据。高速铁路竣工验收分为静态验收、动态验收、初步验收、安全评估和国家验收 5 个阶段。动态验收是在高速铁路静态验收合格后，再对高速铁路进行联调联试和动态检测，然后根据动态检测结果和结论，对各系统和整体工程质量、系统功能和安全运行状态进行全面检验与验证，对能否交付安全运营做出评价。

（4）系统验证高速动车组为实现高速、安全运行而采用的关键技术，优化设备的配置和性能，使整体系统满足开通运营的要求，为高速铁路开通运营提供技术支持。

## 二、高速铁路联调联试的测试内容

### 1. 轨道测试内容

根据轨道状态检测和车辆动力学响应、轨道结构动力性能、道岔动力性能测试结果数据，指导轨道状态进行调整和优化，满足列车运行的安全性、稳定性、平稳性要求，为动态验收提供依据。主要检测内容为轨道状态检测、动车组动力学测试、轨道结构动力性能测试、道岔动力性能测试等内容，如图 5-3-1 所示。

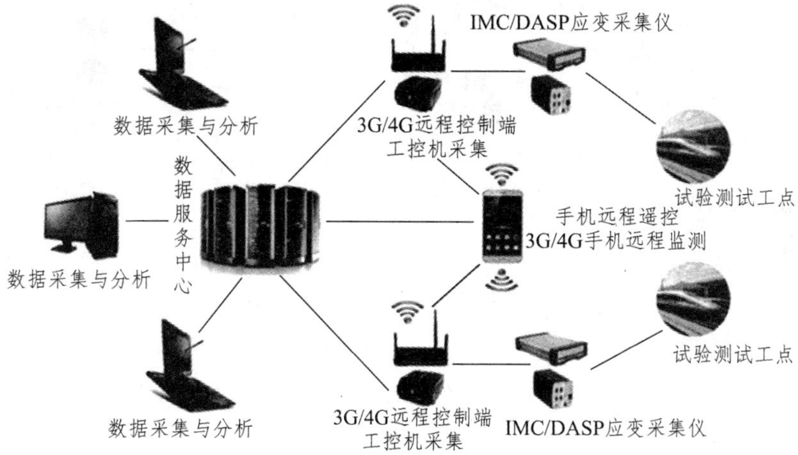


图 5-3-1　轨道测试系统流程

### 2. 路基测试内容

通过探地雷达测试路基地段道床厚度、基床表层厚度和道床及基床的含水情况，分析其不均匀性及异常状况，为轨道结构的调整和维修管理提供基础资料。

通过实车运行测试，分析在动车组运行条件下路基的动力特性。对动车组通过时路基的变形以及振动特性进行测试，评价路基动力性能的工程适应性，为动态验收提供依据。

### 3. 桥梁测试内容

通过检测桥梁自振特性和试验列车以各种速度通过典型桥梁时的动力响应，判断桥梁结构在动载作用下的工作状态，验证桥梁是否具有合理的竖向和横向刚度，分析、评价试验列车通过桥梁时的稳定性和桥梁的动力性能，为动态验收提供依据。桥梁结构测试系统流程如图 5-3-2 所示。

### 4. 隧道测试内容

测试动车组以不同的速度通过隧道过程中车体内外的空气压力，分析动车组通过隧道过程中的空气动力学效应对动车组车体强度、乘坐舒适度等方面的影响是否满足相关标准的要求，为动态验收提供依据。

通过测试隧道内瞬变压力、隧道洞口微气压波、隧道内列车风，验证动车组在隧道内运行时的空气动力效应是否满足相关标准要求，为动态验收提供依据。

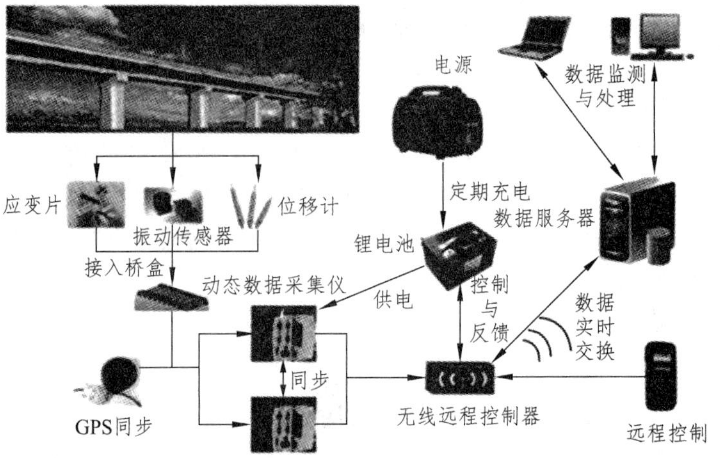


图 5-3-2　桥梁结构测试系统流程

**5. 电力牵引供电系统联调联试**

根据供变电系统运行参数测试数据，考核动车组运行工况下的供变电系统性能，验证牵引网内电流分配是否符合 AT 供电方式要求；检验牵引网内是否存在谐振过电压，考核变电所引入电源的电能质量。通过接触网短路测试结果分析接触网故障点标定装置的准确性和短路点接触网阻抗。根据测试结果，指导供变电系统调整和优化，为动态验收提供依据。综合接地和电磁兼容短路试验方案如图 5-3-3 所示。

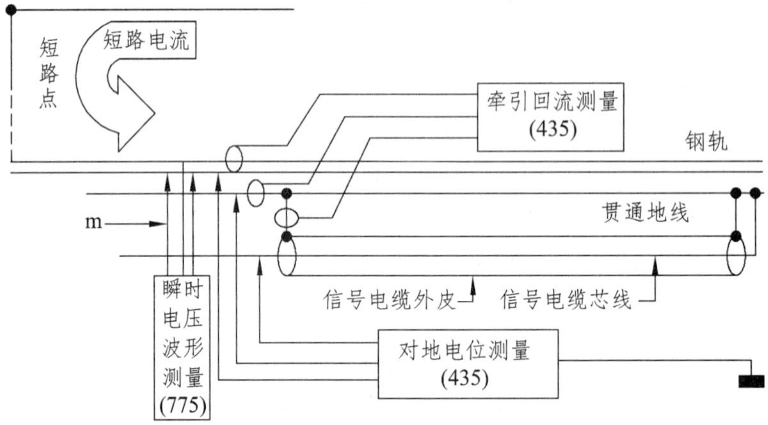


图 5-3-3　综合接地和电磁兼容短路试验方案示意图

**6. 通信系统联调联试测试内容**

通过对新建高铁通信系统的联调联试及动态检测，验证传输、数据网、应急通信、综合视频监控等系统与相关系统的匹配关系，验证综合检测列车按规定速度运行条件下的 GSM-R 场强覆盖、GSM-R 网络服务质量、调度通信、GSM-R 应用业务（调度命令信息无线传送、列车无线车次号校核信息传送、CTCS-3 级列控信息传送）等是否满足要求。依据测试结果，为通信系统进行调试和优化提供数据，使其功能和相关性能达到设计要求。

通信系统联调联试及动态检测包括 GSM-R 系统性能测试、应用业务功能测试、传输通道保护功能测试和综合视频监控系统测试等内容。综合视频监控系统测试如图 5-3-4 所示。

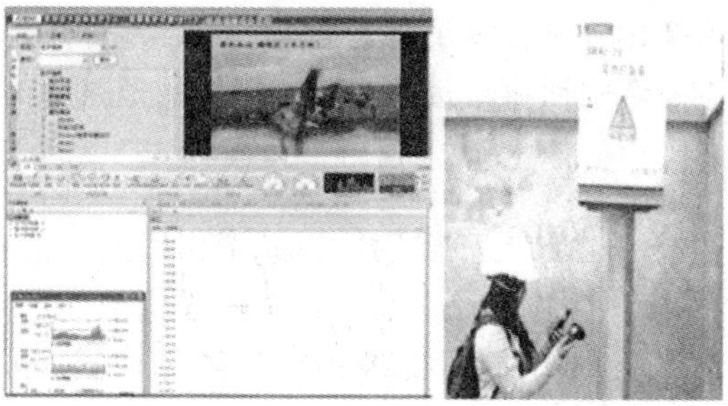

图 5-3-4　综合视频监控系统测试

### 7. 信号系统联调联试测试内容

通过信号系统联调联试及动态检测，检验轨旁信号设备状态，为轨旁信号设备的调试和问题整改提供依据，进一步验证地面列控系统的相关功能、与该列控系统相关的接口关系、CTC 系统的接口及相关功能是否满足相关标准和要求，为动态验收、运营管理细则的完善、系统维护管理规章提供依据。车载设备及 DMI 显示如图 5-3-5 所示。

图 5-3-5　车载设备及 DMI 显示

### 8. 客运服务系统测试内容

通过对客运服务系统功能、接口、性能进行整体测试，验证系统是否满足设计要求。根据测试结果指导系统调试，为动态验收提供依据。

系统主要功能为测试客票系统和旅客服务信息系统在正常情况下购票、实名制验证、候车、进出站检票、上车、出站、到站补票、接站等环节为旅客提供的服务功能，以及系统为管理及运维人员提供的业务功能，主要包括窗口售票、自助售（取）票、自动检票、到站补票、实名制验票、客票管理、旅客服务信息系统集成管理平台、客运广播、引导显示、视频监控、时钟系统、网络冗余等方面的测试内容。

按旅客购票、旅客检票、应急广播、应急引导 4 个场景测试应急售票子系统、应急检票子系统、车站旅客服务信息系统的应急处理、数据备份与同步功能，主要包括应急购票场景、应急检票场景、应急广播场景、应急引导场景几方面的测试内容。

接口关系主要包括旅客服务信息系统集成管理平台与 TDMS、客票系统与旅客服务信息系统等系统间的接口测试。

针对车站新设客票系统安全保障功能，从配置核查、身份鉴别、访问控制、安全管理、集中监控和安全审计 6 个层面进行测试。

### 9. 综合接地测试内容

通过对列车运行和接触网短路条件下钢轨电位和牵引回流等内容的测试与分析，验证综合接地系统的技术性能与技术指标等是否满足相关标准要求，为动态验收提供依据，主要包括钢轨电位、支柱（护栏）电位、牵引回流、接地电阻、接触网短路测试等方面的测试内容。

#### 10. 电磁环境测试内容

通过测量列车运行条件下产生的电磁辐射，以及牵引回路对信号电缆的干扰分量，验证铁路系统对外界辐射的无线电干扰场强及牵引回路对信号电缆的干扰分量是否满足相关标准要求，为动态验收提供依据，主要包括距线路外轨中心线 10 m 处列车通过时电磁干扰辐射强度、列车运行和接触网短路条件下信号电缆芯线感应电动势两方面的测试内容。

#### 11. 振动噪声

通过检测试验列车以不同速度通过典型桥梁、路基区段时的环境噪声影响状况，评价铁路环境噪声是否满足相关标准要求；检测试验列车通过典型声屏障区段时的环境噪声声级水平，评价声屏障降噪效果，为动态验收提供依据。

测试列车以不同速度通过典型桥梁、路基区段时的环境振动，评价环境振动是否满足相关标准要求，为动态验收提供依据。

#### 12. 自然灾害及异物侵限监测系统

通过对自然灾害及异物侵限监测系统风监测、雨量监测、雪深监测、异物侵限监测、设备状态监测、辅助功能的动态测试，验证系统是否符合设计文件及相关技术文件要求。

## 三、联调联试期间行车组织基本要求

（1）联调联试期间的行车工作必须坚持集中领导、统一指挥、逐级负责的原则。联调联试区段内由临时调度所列车调度员统一指挥，由车站值班员组织车站有关行车工作。

（2）临时调度所应具备通过 GSM-R 网络向列车司机发送调度命令、行车凭证和调车作业通知单等功能。如因特殊原因不具备上述功能时，有关命令、指示通过车站按规定使用列车无线调度通信设备或书面向司机下达、转达。

（3）调度集中区段内行车的行车备品配备按照铁路局集团公司《高速铁路行车组织细则》的规定执行，临时调度所按规定配置有关台账、簿册。

## 四、联调联试期间行车作业要求

### （一）高速铁路联调联试试验动车组及机车

#### 1. 试验动车组

试验动车组采用国铁集团统一调配的综合检测列车进行单列动车组逐级提速联调联试及接触网静态几何参数非接触式检测；双组重联采用两组 350 km/h 速度级动车组，配备 CTCS-3 级列控车载设备，该设备具备 CTCS-2 级列控系统功能，并将 CTCS-2 级列控系统作为 CTCS-3 级列控系统的后备模式。其他进行综合性试验的动车组，配备 CTCS-2 级列控车载设备，配备列车运行监控记录装置（LKJ）。需要进行跨线动车组适应性试验时，可采用配属的既有动车组。

### 2. 检测速度

使用检测列车对线路的轨道、接触网、信号设备状态进行检测，最高检测速度为 160 km/h。具体编组由联调联试现场指挥部根据《高速铁路联调联试、动态检测及运行试验大纲》在联调联试日计划中确定。

### 3. 行车备品配备

所有参加试验的动车组由车辆部门按规定配备有关行车备品以及过渡车钩、专用风管、止轮器等，并存放在固定地点。

### 4. 停放制动

试验动车组具有在 20‰ 坡道上无动力停放制动时不溜逸的能力。在超过 20‰ 坡道上无动力停放时，需按规定采取止轮措施。

### 5. 车载自动过分相装置

动车组装备车载自动过分相装置，具备自动过分相功能的，采用自动过分相方式通过电分相。遇试验项目等特殊情况采用手动过分相方式通过电分相，由现场指挥部在当日试验计划中明确。

### 6. 无线通信设备

参加联调联试的机车和动车组均应装备综合无线通信（CIR）设备，列车司机、随车机械师、列车长等相关人员均应配备 GSM-R 手持终端和 450 MHz 手持电台。具体由现场指挥部根据设备开通情况明确联系方式。

### 7. LKJ 方式控车

参加联调联试的机车和装备 LKJ 的动车组应具有相应的 LKJ 数据。动车组按 LKJ 方式控车时，临时调度所列车调度员不再发布改按 LKJ 方式控车的调度命令，由现场指挥部在日计划中明确。

## （二）高速铁路联调联试列车运行有关规定

（1）高速铁路联调联试区段正方向按自动闭塞、反方向按自动站间闭塞行车。使用自动闭塞法行车，动车组列车在完全监控、引导或部分监控模式下运行时，行车凭证为列控车载设备显示的允许运行的速度值。联调联试期间，列车一律按站间组织行车。因试验项目需要按自动闭塞追踪运行时，由现场指挥部在运行试验日计划中公布。因联调联试需要组织列车反方向运行和区间折返需进行区间总辅助改方时，联调联试现场指挥部应在运行试验日计划中明确，列车调度员不再发布反方向运行和总辅助改方的调度命令。

（2）动车组列车列控车载设备转入和退出隔离模式（联调联试试验项目除外，但须在联调联试日计划中明确），列车调度员须向司机及有关车站发布调度命令，司机停车后人工操作。检测列车因联调联试需要按 LKJ 只记录不监控方式运行时，联调联试现场指挥部应在运行试验日计划中明确。

（3）联调联试期间，由于列控系统地面设备在验证中，试验列车进出高铁衔接的既有线车站及在高铁区段试验时的具体控车模式、行车方式由现场指挥部根据设备情况，在联调联试日计划中确定。

（4）列车调度员根据现场指挥部确定的联调联试方案编制列车运行日计划，根据联调联试的具体情况及时调整运行计划。

（5）未装备 LKJ 设备的列车，遇列控车载设备不能使用时，停车后司机应立即报告列车调度员。列车调度员确认该列车至前方站无列车占用后，发布调度命令改为隔离模式，以不超过 40 km/h 的速度运行（在越过接触网分相有困难的特殊情况下，列车调度员可根据司机请求发布调度命令，列车以不超过 80 km/h 的速度越过接触网分相）至前方站进站信号机，按其显示运行。

（6）动车组列车在区间被迫停车须返回后方站时，列车调度员必须确认列车至后方站间空闲，方可发布调度命令。司机根据调度命令，将列控车载设备转入隔离模式，操纵列车返回。因联调联试试验需要，动车组列车需由区间折返并使用辅助改方时，列车调度员不再发布调度命令，并在联调联试日计划中明确。

（7）联调联试期间，所有列车均应执行车机联控，实行“指路式”行车，车站值班员应及时主动呼叫司机。试验列车出站信号开放后，司机确认发车条件具备后，根据行车指挥的指示开车（列车长不参与发车作业）。

（8）联调联试期间，列车最高运行速度原则上不得超过线路允许速度。因试验大纲确定的试验项目需要超过线路允许速度运行时，列车按隔离模式运行，列车调度员布置试验区段内的车站值班员，提前开放车站进、出站信号（含线路所通过信号机）后方可进行。列车按照地面列车信号机的显示运行，运行速度和交会限制条件由现场指挥部根据试验项目需要，在联调联试日计划中确定。

（9）列控限速调度命令由列车调度员拟定并及时发送至临时限速服务器。在列控限速调度命令系统未启用前，有关线路限速试验项目，由电务部门根据列车调度员的布置，统一负责设置和发送，司机仍然按限速调度命令执行。凡低于 45 km/h 的限速，除列控系统按限速 45 km/h 设置外，由列车调度员按规定向有关司机发布实际限速要求的调度命令，司机按调度命令的要求人工控制列车速度。

（10）当车站接发列车进路已经锁闭而列车还未占用进路轨道区段时，如锁闭进路中发生道岔失去表示故障，应立即通知接近该进路的列车停车。

（11）遇进、出站信号机，进路信号机，线路所通过信号机故障且不能开放引导信号时，列车调度员向司机发布调度命令，列车以调度命令作为行车凭证。

（12）车站进站信号机外制动距离内为超过 6‰ 下坡道，而接车线末端无隔开设备时，相对方向同时接车和同方向同时发接列车，必须严格执行《铁路技术管理规程》第 286 条的规定。对禁止办理相对方向同时接车和同方向同时发接的列车，禁止通过 CTC 调度集中系统自动触发列车进路。

在接发列车的同时，接入列控车载设备及列车运行监控装置均故障的动车组列车、制动力部分切除的动车组列车、列车运行监控装置或轨道车运行控制设备故障的其他列车，而接车线末端无隔开设备时，禁止办理相对方向同时接车和同方向同时发接列车。

相对方向不能同时接车时，应先接不适于在站外停车的列车、停车后起动困难的列车或后面有续行列车的列车。

遇两列车不能同时接发时，原则上应按列车运行计划顺序接发。

（13）分散自律调度集中系统在信号设备控制与行车指挥方式上设有分散自律控制和非常站控两种模式。在分散自律控制模式下，车站联锁控制台不起作用，控制台所有控制按钮（非常站控按钮除外）全部纳入调度集中系统；在非常站控模式下，调度集中系统车站终端（简称 CTC 车务终端）不起作用，由车站值班员操纵车站联锁控制台各种按钮，CTC 调度终端对非常站控模式下的车站不起作用。联调联试期间，除进行分散自律控制试验外，各站均采用非常站控模式办理行车。具体在联调联试日计划中明确。

（14）联调联试期间，检测列车运行时，联调联试灭灯区段沿途各站信号机点灯，始发站、终点站检测列车进、出站时信号机点灯。

（15）联调联试速度级试验时，动车组综合检测列车采用 ATP 隔离模式运行。联调联试灭灯区段中间各站（线路所）及两端车站进、出站信号采用点灯方式。列车凭进出站信号机的显示行车。为保证试验安全和提高试验效率，可对高速铁路联调联试区段有关车站及区间封锁合并为大区间，始发站开车前发布调度命令，列车进入区间的凭证为调度命令。联调联试速度级试验时，需提前办理各站接发列车进路和有关信号开放，各车站接发列车进路上的道岔须单独锁闭。

（16）联调联试期间，列车进路上无联锁的道岔均须按规定人工加锁并紧固。因试验项目需要加锁并紧固的道岔，由联调联试现场指挥部确定并公布。当行车设备发生故障时，车站值班员应及时向列车调度员汇报，并在“行车设备检查登记簿”中登记，通知设备管理单位。

设备管理单位应及时组织施工单位、集成商及相关人员进行处置。

## 任务实施

根据以上相关知识，由老师组织学生分组讨论高速铁路联调联试期间的内容及行车作业相关规定，各小组指派代表进行总结汇报，并进行小组互评、教师点评，以提高学生运用理论知识解决实际问题的能力。

## 复习思考题

1. 高速铁路车站如何分类？
2. 高速铁路车站的技术作业包括哪些内容？
3. 简述各种动车组列车在车站的作业流程。
4. 简述高速铁路车站接发列车流程。
5. 高速铁路车站行车岗位职责是什么？
6. 高速铁路车站调车作业的内容有哪些？
7. 高速铁路联调联试包括哪些内容？
8. 简述高速铁路联调联试行车作业要求。

# 项目六　高速铁路调度指挥工作

## 项目描述

现代高速铁路调度体系向综合型、智能型、集中型的方向发展，并将涵盖运输规划、运输管理、运行控制、运行维护、运力资源优化配置等与高速列车运行密切相关的领域，向控制与管理一体化方向发展。本项目主要介绍高速铁路调度组织机构与职责范围、高速铁路调度日常运输组织工作和高速铁路调度命令。

## 任务一　高速铁路调度组织机构与职责范围

### 能力目标

能认识高速铁路主要调度工种及职责。

### 知识目标

了解高速铁路调度组织机构及职责范围，熟悉高速铁路调度工作报告制度。

### 相关知识

铁路运输调度工作，实行“分级管理、统一指挥”的原则。局与局间由中国国家铁路集团有限公司（简称国铁集团）统一指挥，局管内各区段间由各路局集团公司统一指挥，一个区段内由本区段列车调度员统一指挥。高速铁路设有调度集中设备，正常情况下，列车调度员可以利用该设备直接操纵集控站的道岔和信号，可以随时了解区段内各站接发列车进路、道岔、信号和列车运行情况。

### 一、高速铁路调度指挥系统的构成

高速铁路调度指挥系统设计为一体化综合系统，由计划编制子系统、运行管理子系统、动车组管理子系统、供电管理子系统、旅客服务子系统、综合维修子系统组成，遵循以准确的运输计划为核心，实现基本计划、实施计划和运行实绩的统一管理，采用分散自律型结构，通过自动控制方式及时准确地实施调度员的指挥意图，满足高速、高密度运行的需求。高速铁路调度指挥系统层次如图 6-1-1 所示。

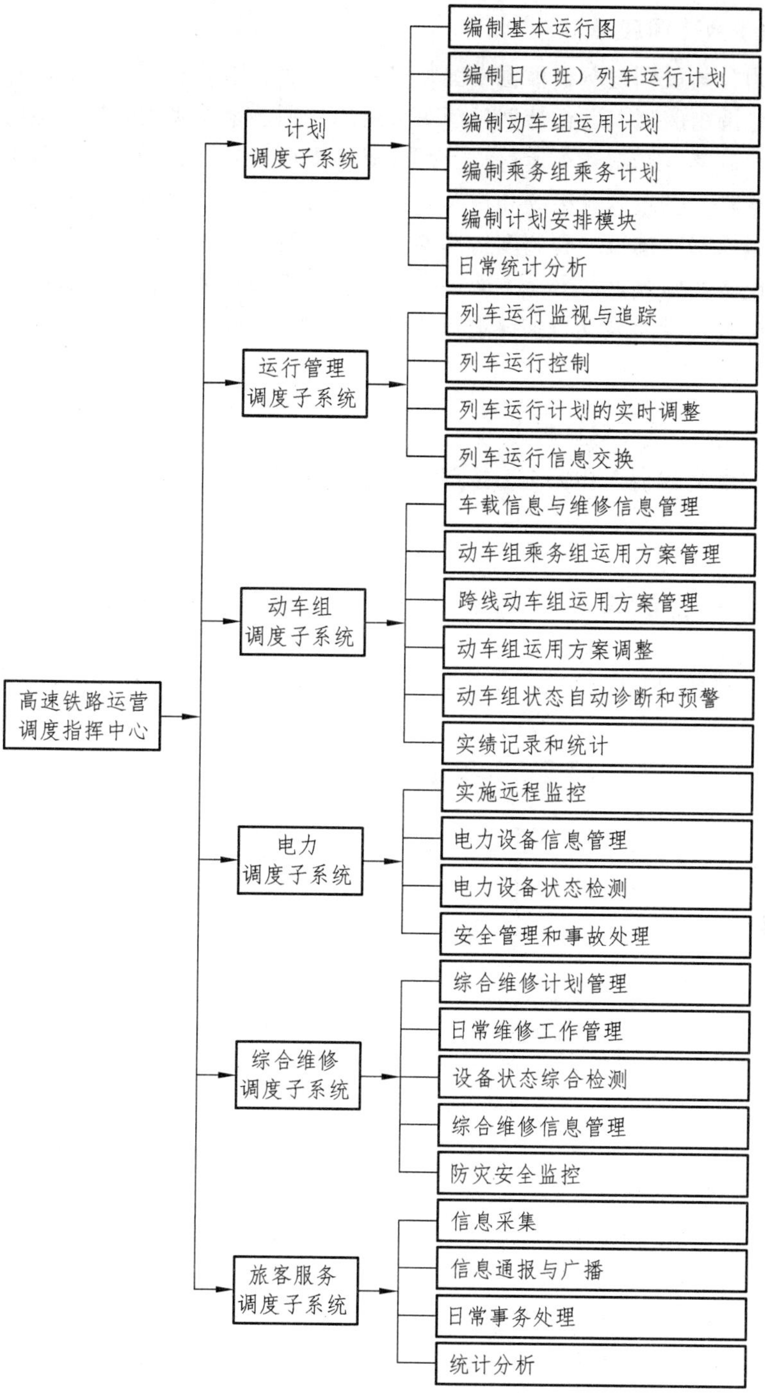


图 6-1-1 高速铁路调度指挥系统层次结构

### 1. 中国国家铁路集团有限公司调度中心（管理层）

中国国家铁路集团有限公司设调度中心，管理并组织全路运输生产，负责组织基本运行计划的编制，安排重要生产任务，处置重大突发事件，监视、协调全路运输生产，必要情况下接管高铁调度所的调度指挥。

2. 高铁调度所（调度层）

各路局集团公司设调度所，根据中国国家铁路集团有限公司调度中心的指令和基本运行计划编制管辖范围内的列车运行计划、动车组运用计划、乘务管理计划、供电计划和维修施工计划，监视、调整、控制列车运行，及时处置各类运行异常情况，管理各类维修作业，组织事故救援和抢险，发布运输指令和行车命令，汇总、统计、分析、上报各类运输指标。高铁调度所是高速铁路运输组织和调度指挥的主要实施机构，一方面通过各专业控制系统对基础设施、移动设备实施监控，另一方面负责对横向业务进行整合，并通过高速铁路调度集成平台实现各高铁调度所间以及与国铁集团调度中心间的互联互通，形成完整的高速铁路调度指挥系统。

3. 站、段、所、车（执行层）

接收高铁调度所的指挥和控制，按照调度指令办理各类作业。特殊情况下直接办理本站作业。

## 二、中国国家铁路集团有限公司高速铁路调度组织机构与职责范围

中国国家铁路集团有限公司调度中心的高速铁路调度部门设值班处长一名，下设行车调度台和动车调度台，如图 6-1-2 所示。

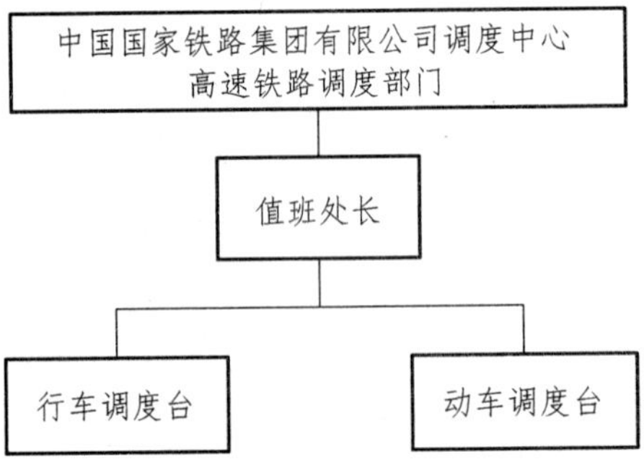


图 6-1-2　调度中心组织机构

中国国家铁路集团有限公司调度中心高速铁路调度部门的主要职责范围如下：

（1）按规定对铁路局调度安全指挥进行监督管理和监督检查工作。维护调度纪律，检查各铁路局调度执行国铁集团调度命令和规章制度的情况，对违令、违章造成不良后果的单位和人员进行通报批评并提出处理意见。

（2）负责全路高铁日常旅客运输组织工作。经济合理地使用动车组，组织各铁路局及时输送旅客，充分利用运输能力，挖掘运输潜力，提高运输效率和效益。

（3）检查各铁路局高铁调度日计划执行情况。

（4）监督、检查各铁路局按列车运行图行车，及时协调处理铁路局间高铁运输工作中出现的问题。

（5）掌握各铁路局动车组配属、转属、借用、调动、运用及检修情况。

（6）掌握动车组列车的运行情况，收集、分析晚点原因，组织有关铁路局及相关单位（人员）采取措施，恢复运行秩序。

（7）了解旅客列车票额利用情况；处理跨铁路局（简称跨局）动车组列车的临时加开、停运、变更径路、途中折返、变更编组、变更客运业务停站等工作；根据需要安排跨局试运行列车开行及动车组回送等；组织和部署专运、中央大型会议及重点任务的乘车计划，并掌握运行情况。

（8）组织和掌握军运、特运工作，安排新兵和退役士兵运输，重点掌握与其有关的动车组列车始发、运行情况。

（9）负责国铁集团抢险救灾物资、人员运输组织工作，跟踪掌握输送情况。

（10）负责审批国铁集团管理施工项目的日计划，组织各铁路局兑现施工日计划。

（11）掌握各铁路局调度工作情况，检查各铁路局日常运输工作完成情况。

（12）检查、通报安全情况，及时收取、掌握铁路交通事故、设备故障、自然灾害等突发事件信息，按规定进行应急处置，并通报信息、组织救援、调整运输。负责调动跨局的救援列车、救援队。

（13）负责国铁集团高铁日常运输工作完成情况和调度安全监督检查情况的分析工作，及时总结、推广调度工作先进经验。

（14）负责检查指导铁路局调度基础管理和技术培训工作，规范调度管理，加强队伍建设。

（15）负责高铁调度信息化需求管理，积极采用、推广先进技术和设备，组织调度信息系统开发与应用，负责调度信息系统运用管理，促进调度指挥工作现代化。

## 三、路局集团公司高速铁路调度组织机构与职责范围

路局集团公司调度所高速铁路调度部门设值班主任、值班副主任，下设计划调度台、列车调度台、动车调度台、供电调度台、施工调度台，如图 6-1-3 所示。

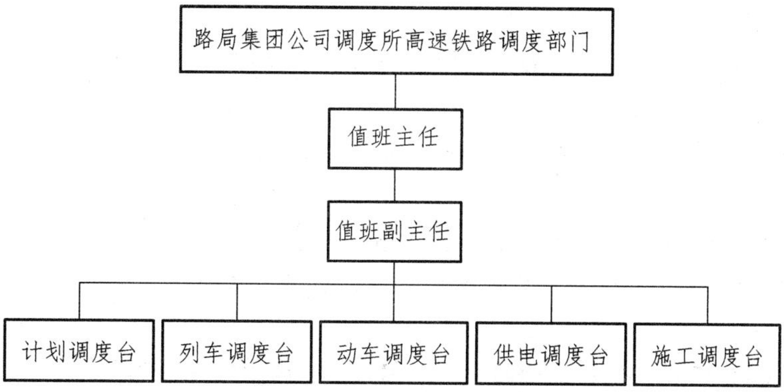


**图 6-1-3　路局集团公司高速铁路调度组织机构**

路局集团公司高速铁路调度主要职责范围如下：

（1）在国铁集团调度的集中统一指挥下，负责铁路局管内高铁运输组织和调度指挥工作。

（2）严格执行各项规章制度、安全管理制度和安全卡控措施，遵守和维护调度纪律，及时处理影响行车安全的有关情况，保证调度指挥安全。

（3）负责铁路局管内高铁日常旅客运输组织工作。组织铁路局管内各运输生产单位密切

配合、协同动作，经济合理地使用机车车辆，充分利用运输能力，挖掘运输潜力，压缩运输成本，提高运输效率和效益，完成运输生产经营任务。

（4）负责编制和下达铁路局高铁调度日计划，并组织有关站段落实，提高计划兑现率。

（5）负责组织铁路局管内各站段按列车运行图行车，及时协调处理铁路局管内高铁运输工作中出现的问题。

（6）掌握管内动车组配属、转属、借用、调动、运用、检修情况。

（7）组织旅客列车按列车运行图正点运行，遇晚点时，积极采取措施，组织相关单位（人员）恢复运行秩序，做好正晚点分析并上报国铁集团。

（8）掌握铁路局票额利用、旅客列车开行及运行情况，掌握重点旅客列车的运行情况及旅客列车超员情况；处理动车组列车的临时加开、停运、变更径路、途中折返、变更编组、变更客运业务停站等工作；组织落实专运及重点任务，并掌握运行情况。根据需要组织和落实试运行列车开行及动车组回送等工作。

（9）组织完成铁路局管内军运、特运工作，组织落实新兵和退役士兵运输任务，重点掌握与其有关的动车组列车始发、运行情况。

（10）负责铁路局管内抢险救灾物资、人员运输组织工作，跟踪掌握输送情况。

（11）负责编制、下达铁路局高铁施工、维修日计划，发布运行揭示调度命令和施工、维修作业的调度命令，协调组织施工、维修作业按计划进行。

（12）向国铁集团调度报告铁路局调度工作情况，检查铁路局管内各站段运输工作完成情况。

（13）及时收取、上报铁路交通事故、设备故障、自然灾害等突发事件信息，按规定进行应急处置，并通报信息、组织救援、调整运输。负责调动救援列车、救援队或向国铁集团调度申请跨局调动救援列车、救援队。

（14）检查各站段执行调度命令和规章制度的情况；对违令、违章的单位和人员进行通报批评并提出处理意见。

（15）负责铁路局高铁日常运输工作完成情况和调度安全工作情况的分析工作，及时总结、推广调度工作先进经验。

（16）负责铁路局高铁调度基础管理和技术培训，规范高铁调度管理、加强队伍建设，指导站段调度日常运输生产工作。

（17）负责铁路局调度信息化需求管理，组织调度信息系统实施应用，负责调度信息系统运用管理，积极采用、推广先进技术和设备，促进调度指挥工作现代化。

### 四、路局集团公司高速铁路各调度岗位的工作职责

高速铁路由于技术装备的先进，作业环节少，自动化程度高，列车调度员可以直接指挥列车司机，调度指挥效率大大提高。高速铁路调度台设有列车调度员和助理调度员两名。正常情况下以分散自律控制模式作为基本行车模式，由列车调度员负责直接指挥和办理调度集中控制区段有关行车工作，司机等相关人员直接向列车调度员报告有关行车工作。

高速铁路车站设应急值守人员（分为车务应急值守人员和电务值守人员），车务应急值守人员在车站行车监控室（设置有调度集中车站控制终端的处所）值守。

## （一）高速铁路值班副主任的主要职责

（1）在调度所值班主任的领导下，负责管辖范围内高速铁路运输生产的集中统一指挥，协调高速铁路各线间，高速铁路与普速铁路间的运输工作，加强与相邻铁路局调度所间的工作联系，并向铁路国铁集团高速铁路调度汇报有关工作。

（2）严格执行各项规章、文件、电报、命令和安全管理制度。

（3）掌握高速铁路列车、动车组列车安全正点情况，遇涉及动车组及高速铁路的非正常行车组织、应急处置等情况时，上台加强组织指挥。

（4）掌握相关区段综合维修计划、试验列车开行、动车组回送情况。

（5）负责审核管内高速铁路动车组列车加开、停运、回送等计划。遇非正常情况时，指导相关调度调整列车开行计划（含客运业务停站股道运用计划）、动车组车底运用计划。

（6）组织协调相关工种调度制定并实施管辖范围内高速铁路站车滞留旅客疏导方案，及时协调处置高速铁路站车发生的与客服相关的突发事件。

（7）负责管内救援用动车组列车的调用。需要跨局调动救援列车时，向国铁集团调度申请。

（8）掌握高速铁路重点任务运输情况，协助列车调度员做好列车运行组织和调整。遇有突发情况，立即向国铁集团报告。

（9）组织实施应急指挥中心确定的救援和处置方案；协调相关单位实施救援、抢修、抢救。

（10）根据文件、电报、有关单位申请，审核管辖范围内动车组试验运行计划，审批施工天窗内的临时施工、维修作业计划。

（11）负责国铁集团调度命令申请单的审核，并督促有关工种调度转发国铁集团的调度命令。

（12）负责高速铁路安全信息的收集、通报和高速铁路列车正点统计分析上报工作。

（13）完成领导临时交办的工作和任务。

## （二）列车调度员（列车调度岗位）的主要职责

（1）严格执行各项规章、文件、电报、命令和安全管理制度。

（2）接收调度日计划，负责本调度区段行车指挥工作，编制和下达列车运行调整计划，组织并监控列车运行，调整列车运行计划和到发线使用。

（3）负责与相邻调度台交换列车运行计划。

（4）掌握管辖范围内车站及列车的技术设备和作业过程，注意列车的运行情况，掌握重点列车运行信息，正确及时地发布与行车指挥有关的调度命令、行车凭证和口头指示。

（5）需人工办理进路时，负责布置进路，并听取助理调度进路准备妥当的汇报，确认进路正确。

（6）转为非常站控时，负责向车站应急值守人员下达列车运行调整计划（包括车次、股道、方向、到开时刻）、布置进路并听取进路准备妥当的汇报，调度集中控制（CTC）终端能够正常显示时需与助理调度共同确认进路正确；收取列车到发时刻（能通过计算机报点的除外）。

（7）遇发生铁路交通事故、设备故障、自然灾害、防灾安全监控系统报警及列车报告异常信息等情况时，正确及时处理，通报信息，并按规定填写“安监报-1”。

（8）掌握救援列车的分布情况，根据值班（副）主任的指示，及时发布救援列车运行的调度命令。

（9）对列控限速调度命令（数据格式）与助理调度执行“二人确认制度”。

（10）完成领导临时交办的工作和任务。

### （三）列车调度员（助理调度岗位）的主要职责

（1）严格执行各项规章、文件、电报、命令和安全管理制度。

（2）接受列车调度员（列车调度岗位）的领导。

（3）掌握管辖范围内站、段及列车的技术设备和作业过程，注意列车的运行情况和有关安全监控设备工作情况，注意管辖各站列车进路和调车进路的排列情况。如需人工办理进路和开放信号时，根据列车调度员的指示人工办理。

（4）负责进行控制模式转换、列控限速设置、接触网有（无）电状态、线路（道岔）封锁等操作。

（5）在分散自律模式下，担任调车领导人，及时编制调车作业计划，向调车指挥人和司机下达调车作业计划，并负责办理调车进路。

（6）遇使用无线传送系统发送调度命令不成功时，按照列车调度的指示使用列车调度电话向司机发布调度命令。

（7）负责列控限速调度命令（数据格式）的设置、取消及人工排列的进路，与列车调度员执行“二人确认制度”。

（8）转为非常站控时，在 CTC 终端能够正常显示的情况下与列车调度员共同确认进路正确。

（9）按列车调度员的指示，负责办理综合维修、设备故障登、销记和接触网停送电签认手续，及时拟订并发布综合维修、抢修作业的调度命令。

（10）完成领导临时交办的工作和任务。

### （四）计划调度员的主要职责

（1）严格执行各项规章、文件、电报、命令和安全管理制度。

（2）了解客流变化，掌握管辖范围内动车组配属、备用、运用情况，落实动车组列车开行方案。

（3）掌握相关区段综合维修计划、试验列车开行、动车组回送情况。

（4）汇总、编制调度日计划，及时上报、接收国铁集团审批下达的日计划。

（5）与相邻铁路局调度所交换日计划及有关资料。

（6）在客运处的指导下，根据客流需要，发布动车组列车临时加开、停运、途中折返、编组调整、定员变化、变更客运业务停站和应急情况下的票额调整等调度命令。跨铁路局时，向国铁集团高速铁路调度提出调度命令申请。

（7）遇非正常情况，会同相关调度调整列车开行计划（含客运业务停站股道运用计划）、动车组车底运用计划。

（8）组织管辖范围内高速铁路运输中有关军事运输工作，安排新老兵乘车计划，重点掌握有关高速铁路动车组安全正点情况。

（9）完成领导临时交办的工作和任务。

### （五）客服调度员的主要职责

（1）严格执行各项规章、文件、电报命令和安全管理制度。

（2）加强与各工种调度联劳协作，解决调度辖区内站车上报的与旅客服务相关的各类事宜，及时处置高速铁路站车发生的与客运服务相关的突发事件。

（3）掌握管辖范围内动车组配属、备用、运用情况，了解管内高速铁路客票发售情况、主要客运站客流波动、动车组列车席位利用及动车组列车的运行情况。

（4）掌握管内运行的动车组列车客运乘务信息及动车组库内保洁计划，遇列车运行计划调整时，及时组织调整本局担当动车组列车客运乘务（含餐服、保洁人员）计划；会同动车调度，及时组织调整动车组库内保洁计划。

（5）遇有动车组列车晚点时，加强与相关工种调度的联系，组织各部门加强协作，采取有效措施，减少晚点影响。

（6）遇有灾害、事故中断行车或发生设备故障等原因造成动车组不能继续运行时，会同相关工种调度，根据相关动车组列车调整计划、客票发售、动车组备用及邻近客车车内人数等情况，及时制定旅客疏导方案，指导相关单位做好列车上水吸污、折返保洁、备品交接、餐饮供应、退票改签、旅程接续、重点旅客安排等客运服务工作。

（7）接受上级或相关调度所命令或信息，收取辖区内车站、列车上报的与客运服务相关的信息［当班列车车长姓名、电话；滞留列车简要情况：车次、担当局（段）、滞留时间、地点、列车滞留地点地质灾害或水害等情况；车内旅客情况：总人数、分席别人数、重点旅客人数及状况；餐料、可供餐次数；其他认为需要报告的事项等］。向上级及相关调度所通报或直接向站车和铁路客户服务中心发布自然灾害、行车事故、设备故障等原因造成的列车晚点信息（晚点原因、目前晚点时间、预计晚点时间等）等客服信息。

（8）协助做好有关军事运输、新老兵运输、专包及中央大型会议等重点任务的客运服务。

（9）负责旅客（动车组）列车客运服务及正点分析和上报工作；及时记录收集、整理分析客服方面存在的各类问题，提出改进意见。收取站车客运服务的有关资料、站车典型事例等情况。

（10）完成领导临时交办的工作和任务。

### （六）车务应急值守人员的职责

（1）正常情况下，在行车监控室值守和间休，不参与行车作业。每班 24 h 工作制的，班中休息时间为 8 h。车务应急值守人员应坚守岗位，不得擅自离开行车监控室。遇特殊情况需要临时离开时，必须报告列车调度员及车站值班干部并得到批准，明确联系方式后，方可离开。

（2）在设备故障、施工维修、非正常行车等情况下，由分散自律控制转为非常站控时，车务应急值守人员根据列车调度员指示，担当车站值班员，指挥车站有关行车工作，具体负责办理以下行车作业。

① 向司机等相关人员递交书面调度命令。

② 组织相关人员现场准备进路。

③ 组织相关人员对故障设备进行检查、确认。

④ 按规定对站内到发线停留车辆的防溜措施进行检查、确认。

⑤ 在特殊情况下与司机办理故障车、事故车有关随车运输票据和回送单据的交接、保管工作。

⑥ 组织应急救援，完成信息传递和其他需现场了解、检查确认的工作。

### （七）动车调度的主要职责

（1）严格执行各项规章、文件、电报、命令和安全管理制度。

（2）掌握本局管内动车组配属、转属、借用及车底到位等情况；掌握本局管内当日动车组运用检修、备用、热备、试运、回送、试验计划。

（3）负责编制动车组车底运用日计划，并组织落实。遇列车运用计划变更时，组织调整车底运用计划。掌握本局管内动车组车底运用周转情况，组织动车段实施日计划。

（4）掌握日常运用动车组随车机械师乘务信息，掌握热备动车组停放位置和车底变更、临时开行等情况。

（5）监控本局所属动车组及在管内运行动车组列车的运行情况，及时收取故障信息报告。接到动车组故障信息后，立即汇报中国国家铁路集团有限公司动车调度部门和有关领导，通报相关专业调度员和相关路局集团公司动车调度员，并及时做出判断，采取妥当的应急处置措施。

（6）监控动车组出、入段及列车始发、终到情况。出现晚点时，负责组织车底运用、检修的调整工作。因动车组故障或其他原因影响本局管内车底正常交路时，组织车底交路调整、热备启用工作。

（7）掌握运用动车组故障情况，协调回送工作。掌握故障动车组的入库检修情况，督促动车段进行原因分析并上报中国国家铁路集团有限公司动车调度部门。

（8）动车组需要异地检修时，协调有关单位组织实施；需跨局检修时，上报中国国家铁路集团有限公司动车调度部门。

（9）掌握本局管内动车组定期检修计划。负责检查、督促本局管内动车段合理制订动车组在段检修计划。

（10）负责动车组相关调度命令的发布。跨局时，向中国国家铁路集团有限公司动车调度部门提出命令申请。

（11）掌握管内动车组运用、检修能力及每日运用、检修基本情况，检查、督促动车段制订检修计划，保证动车组科学合理检备。

（12）负责动车组管理信息的监控，定期对动车组检修、运用数据进行汇总、统计、分析和上报。

（13）完成领导临时交办的工作和任务。

## 五、高速铁路调度工作报告制度

为贯彻调度工作“分级管理、统一指挥”的原则，加强各级调度部门间的工作联系，加强调度与安全检察、业务部门之间的信息沟通，基层单位（人员）应及时报告工作信息。调度部门应准确掌握工作进度和安全信息，及时处理发生的问题。

### （一）基层单位（作业人员）向铁路局调度报告

（1）司机等相关人员应直接向列车调度员报告有关行车工作；在非集控站及转为车站控制的集控站，司机应向车站值班员报告。对重点事项和安全信息，车站值班员应及时报告列车调度员。

（2）当施工、维修作业不能按计划结束时，作业负责人应提前 30 min 向列车调度员（在调度所登记时）或车站值班员（在车站登记时）汇报。

（3）发生影响旅客服务的突发情况，车站由站长、客运值班员或综控室值班员，列车由列车长及时向客服调度员汇报。

（4）客运段及时向客服调度员汇报客运乘务计划落实及变化情况。

（5）动车段调度员及时向动车调度员汇报车底运用、备用、检修、乘务计划落实及变化情况。

（6）机务段调度员及时向动车司机调度员汇报乘务计划落实及变化情况。

### （二）铁路局调度向国铁集团调度报告

（1）每日 9:00（21:00）前，值班副主任向国铁集团调度报告接班后的管内运输情况及重点事项。

（2）铁路局各工种调度及时向国铁集团相关工种调度报告各项规定的内容。

（3）安全情况和重要事项应随时报告。

当上级调度向下级调度和运输生产单位了解有关运输情况时，有关人员应及时汇报。

铁路局调度接到铁路交通事故、行车设备故障等安全信息后，应按规定填写“铁路交通事故（设备故障）概况表”（安监报-1），及时报国铁集团调度，并通过铁路安全监督管理信息系统及时报送铁路局安全监察部门。

### （三）客运工作报告

为准确掌握客运工作情况，及时处理发生的问题，车站客运计划员、客运段派班、铁路局客服调度必须严格执行报告制度，除按规定上报的有关资料外，凡发生下列情况之一时必须逐级向上级客运调度报告。

（1）发生自然灾害或发生事故中断行车，客运调度须了解情况，及时上报相关客运事项。

（2）发生旅客、路内客运职工伤、亡事故，由于站车设备损坏或其他原因造成人员伤亡。

（3）车站和旅客列车发生火情、火灾。

（4）旅客列车因机车、车辆发生事故造成甩车或长时间修理造成列车晚点。

（5）售票系统发生故障不能正常售票。

（6）车站和列车票款、票据被抢、被盗。
（7）上访人员乘车或发生群体性拦截旅客列车。
（8）站、车之间发生纠纷或其他原因影响旅客列车晚点。
（9）站、车发生意外情况，工作人员不能正常作业。
（10）因误售车票出现旅客误乘、漏乘。
（11）因错、漏传调度命令，错挂或漏挂车辆，造成旅客不能正常乘车。
（12）有关客运工作中出现好人好事的典型事例。
（13）其他需要及时上报的有关客运工作事项。
凡与相邻铁路局有关的命令均应抄知相邻铁路局。

### 任务实施

根据以上相关知识，由老师组织学生分组讨论高速铁路调度组织机构及职责范围，各小组指派代表进行总结汇报，并进行小组互评、教师点评，以提高学生运用理论知识解决实际问题的能力。

## 任务二　高速铁路调度日常运输组织工作

### 能力目标

熟悉高速铁路调度日计划的编制内容及高速铁路调度日常运输组织工作内容。

### 知识目标

掌握高速铁路调度日计划的内容；掌握高速铁路调度日常运输组织工作内容。

### 相关知识

列车调度员负责组织、指挥本区段车务、机务、工务、电务、车辆、供电等部门有关行车人员，实现列车运行图，特别是完成日计划规定的任务和要求。

### 一、高速铁路调度日计划

调度日计划是日常运输组织工作的基础，是一日运输工作的综合部署，是保证均衡完成运输生产经营和施工任务的前提，包括列车开行计划和施工、维修计划。高铁调度日计划起止时间为 0:00 至 24:00。

#### （一）高铁调度日计划的编制原则

高铁调度日计划的编制应遵守下列原则：

（1）坚持安全生产的原则。
（2）贯彻国家运输政策，保证重点运输的原则。
（3）按列车运行图行车的原则。
（4）按施工、维修计划安排施工、维修，坚持运输与施工、维修兼顾的原则。
（5）经济合理地的使用机车车辆和其他运输设备，提高运输效率和效益的原则。

高铁调度日计划由铁路局调度所主任（副主任）负责组织编制。

### （二）高铁调度日计划编制的主要依据

（1）列车运行图、有关技术作业时间标准。
（2）有关文件、电报、调度命令。
（3）动车组运用（车型、组数）、检修计划及回送、试运行、调向申请等。
（4）分界站协议。
（5）月度施工计划（含临时文电批复的）及主管业务处提报的施工计划、路用列车开行、设备维修作业计划申请。

### （三）列车开行计划的编制和下达

#### 1. 列车开行计划主要内容

列车开行计划主要内容包括列车开行车次；临时定点列车始发站、终到站、沿途客运业务办理站及其到（发）时分、动车组（吸污、上水）股道运用计划；开行动车组列车所对应的车组（型号、车组号）、动车组车底运用方案及路用列车开行计划；重点事项。

#### 2. 编制流程

（1）计划调度员每日 10:00 前根据列车运行图及相关文件、电报、调度命令确定次日动车组列车开行方案，转交动车调度员和相关机务段、动车（车辆）段、客运段。
（2）动车调度员 15:00 前将动车组车底运用方案、热备车及重点事项，转交计划调度员。
（3）施工调度员 15:00 前将路用列车运行方案，转交计划调度员。
（4）计划调度员 16:00 前与相关调度所交换列车开行计划。
（5）17:30 前形成次日列车开行计划。

列车开行计划经调度所主任（副主任）审核批准后，报国铁集团运输局调度处，并于 18:00 前以调度命令下达有关单位、调度台。

### （四）施工计划的编制和下达

#### 1. 施工计划内容

施工计划包括施工编号、等级、项目；施工日期、作业内容、地点（含线别、区间、车站、股道、道岔、行别、里程）和时间；施工限速、影响范围、行车方式变化及设备变化；施工单位（含配合单位）、施工负责人；施工作业车进出施工地段方案；区间及站内装卸路料计划。

2. 施工日计划编制和下达

（1）施工单位于施工前 3 日将施工日计划申请报铁路局主管业务处室，主管业务处室审核（盖章）后，于施工前 2 日 9:00 前向施工办提报施工日计划申请，其中铁路局所管设备越过局间分界站延伸至相邻铁路局调度管辖区段（简称延伸段）的施工日计划申请向调度管辖区段铁路局施工办提报。

（2）施工办应将主管业务处室提报的施工日计划申请与月度施工计划（含临时文电批复的）进行核对，同时将Ⅰ级施工和国铁集团管理施工项目的施工日计划申请于施工前 2 日 15:00 前报国铁集团运输局调度处，运输局调度处根据国铁集团月度施工计划和批准的施工文电进行审核后，于施工前 2 日 18:00 前反馈相关铁路局施工办，施工办据此编制施工日计划。

（3）因运输原因不能安排施工计划时，须经铁路局分管运输副局长（总调度长）同意。因专特运原因不能安排施工计划时，按国铁集团（铁路局）调度命令执行。

（4）编制的施工日计划经调度所主任（副主任）审核后，施工办于施工前一日 12:00 前（0:00 至 4:00 执行的施工日计划于前一日 8:00 前）将施工日计划下达本局有关机务段、动车（车辆）段和车务段（直属站），传（交）主管业务处室和相关计划调度台、列车调度台、供电调度台，其中涉及邻局的车务段（直属站）和相关调度台，传（交）邻局施工办并由其负责转达。主管业务处室负责通知施工单位、配合单位，车务段（直属站）负责通知相关车站。

（5）Ⅰ级施工和国铁集团管理施工项目的施工日计划，施工办于施工前一日 15:00 前报国铁集团运输局调度处。

（6）施工日计划下达后，不得随意取消施工日计划（项目）。因特殊原因临时取消时，须经铁路局分管运输副局长（总调度长）批准（Ⅰ级施工和国铁集团管理施工项目须经国铁集团运输局调度部主任或副主任批准）并采取行车安全措施后，以调度命令办理取消（含取消或重新发布运行揭示调度命令）。

（7）施工日计划下达后，施工开始前，施工单位自身原因取消施工时，不发布取消施工的调度命令。涉及运行揭示调度命令的施工取消时，施工单位须登记行车条件，铁路局调度所根据登记发布调度命令。

施工日计划样式见表 6-2-1。

**表 6-2-1　××年×月×日施工日计划**

命令号：

| 区号及方案号或电报号 | 施工等级 | 线别 | 行别 | 施工项目 | 施工地点（含区间、车站、股道、道岔、里程） | 封锁时间 | 施工内容及影响范围（含施工作业车进出施工地段方案、区是及站内装卸路料计划） | 限速及行车方式变化 | 设备变化 | 运输组织方式 | 施工单位及负责人 | 配合单位 |
|---|---|---|---|---|---|---|---|---|---|---|---|---|
| | | | | | | | | | | | | |
| | | | | | | | | | | | | |

（五）维修计划的编制和下达

### 1. 维修计划内容

维修计划包括作业项目、地点、时间、作业单位、配合作业单位、作业负责人、影响范围、路用列车进出区间方案等。

### 2. 维修计划编制流程

（1）设备管理单位于维修作业前 3 日向本铁路局主管业务处室提报计划申请，其中延伸段的维修作业计划申请，设备管理单位于维修作业前 4 日向本铁路局主管业务处室提报，本铁路局主管业务处室与局内相关业务处室沟通协调后，于维修作业前 3 日向调度管辖区段铁路局主管业务处室提报计划申请。

铁路局主管业务处室根据设备管理单位的提报，与其他主管业务处室沟通协调后编制本专业维修计划，于维修作业前 2 日 9:00 前报铁路局施工办，施工办负责审核维修日计划。

（2）施工办于维修作业前一日 12:00 前将维修日计划下达本局有关车务段（直属站），传（交）主管业务处室和有关计划调度台、列车调度台、供电调度台，其中涉及邻局的车务段（直属站）和相关调度台，传（交）邻局施工办并由其负责转达。主管业务处室负责通知作业单位、配合单位，车务段（直属站）负责通知相关车站。

（3）维修日计划下达后，不得随意取消维修日计划（项目）。因特殊原因临时取消时，须经铁路局分管运输副局长（总调度长）批准，以调度命令办理取消。施工单位自身原因取消维修时，不发布取消维修的调度命令。

（4）维修日计划下达后，因特殊原因需临时增加维修作业时，在不与其他施工及维修作业产生冲突的情况下，由设备管理单位报调度管辖铁路局主管业务处室审核同意后，报调度管辖区段铁路局调度所实施。

维修日计划样式见表 6-2-2。

**表 6-2-2　××年×月×日维修日计划**

命令号：

| 项目 | 维修地点（含线别、区间、车站、股道、道岔） | 里程 | 行别 | 作业内容 | 起止时间 | 维修单位及负责人 | 配合单位 | 影响范围（路用列车进出区间方案） | 顺号 | 登记站 |
|---|---|---|---|---|---|---|---|---|---|---|
| | | | | | | | | | | |
| | | | | | | | | | | |

## 二、高速铁路调度日常运输组织

高速铁路调度日常运输组织过程中，有关行车人员必须执行列车调度员命令、口头指示，服从调度指挥。

### （一）列车的分类和运行等级

列车按运输性质的分类和运行等级顺序如下：

**1. 按列车运输性质分类**

（1）旅客列车（动车组列车，特快、快速、普通旅客列车）。

（2）路用列车。

**2. 按列车运行等级顺序**

（1）动车组列车。

（2）特快旅客列车。

（3）快速旅客列车。

（4）普通旅客列车。

（5）路用列车。

开往事故现场救援、抢修、抢救的列车，应优先办理。特殊指定的列车等级，应在指定时确定。

### （二）动车组列车临时加开、停运、变更径路、途中折返、定员（含席别，下同）变化、变更编组运行或变更客运业务停站的有关规定

**1. 高铁调度日计划尚未下达时**

（1）铁路局主办业务处室和相关业务处室确定方案，使用外局动车组时，还需征得配属局车辆部门同意，开行跨局临时定点列车还需征得有关局运输、机务、客运部门同意。

（2）铁路局管内且使用本局动车组时，铁路局以调度命令调整，必要时以文电调整。

（3）跨局或使用外局动车组时，按以下方式办理。

因施工原因产生的调整，由铁路局以文电申请，国铁集团运输局以文电公布；基本列车运行图内列车（已纳入春、暑运方案除外）需持续调整 30 日以上时，由铁路局以文电申请，国铁集团运输局以文电公布；其他情况，由铁路局客运处或调度所计划调度员向国铁集团高铁计划调度员提出申请，经国铁集团调度与客运部门协商一致后，以调度命令调整。

（4）调度所计划调度员向有关单位发布或转发调度命令，并抄送铁路局客运处（客票管理所）、客货统计所、铁路客户服务中心及相关调度台。

**2. 高铁调度日计划下达后，遇突发情况时**

（1）铁路局管内且使用本局动车组时，铁路局以调度命令调整。

（2）跨局或使用外局动车组时，铁路局计划调度员向国铁集团高铁计划调度员提出申请，以调度命令调整。

（3）调度所计划调度员向有关单位发布或转发调度命令，并抄送铁路局客运处（客票管理所）、客货统计所、铁路客户服务中心及相关调度台。

### （三）变更车底（车型、定员均不变）或根据有关文电、调度命令确定车底

（1）动车（车辆）段根据有关文电、调度命令或检修运用需要向动车组所在铁路局动车

调度员提出申请，使用外局动车组时，须提前与配属段联系确认车底和随车机械师情况。

（2）铁路局管内且使用本局动车组时，经调度所动车调度员审核后，计划调度员纳入高铁调度日计划，来不及纳入高铁调度日计划时，由计划调度员发布调度命令。

（3）跨局且使用本局动车组时，经调度所动车调度员审核后，按以下方式办理。

高铁调度日计划尚未下达时，调度所动车调度员通报有关局动车调度员，有关局调度所计划调度员纳入高铁调度日计划。

高铁调度日计划下达后，调度所动车调度员向国铁集团动车调度员提出申请。国铁集团动车调度员发布调度命令，调度所计划调度员转发该调度命令。

（4）当使用外局动车组时，调度所动车调度员与客服调度员审核后，由调度所计划调度员向国铁集团高铁计划调度员提出申请。国铁集团高铁计划调度员发布调度命令，调度所计划调度员纳入高铁调度日计划，来不及纳入高铁调度日计划时，由计划调度员发布调度命令。

### （四）变更车底（车型变化、定员不变）

（1）动车（车辆）段根据检修运用需要向动车组所在铁路局动车调度员提出申请，使用外局动车组时，须提前与配属段联系确认车底和随车机械师情况。

（2）铁路局管内且使用本局动车组时，经调度所动车调度员与机车调度员（动车司机调度员）审核后，计划调度员纳入高铁调度日计划，来不及纳入高铁调度日计划时，由计划调度员发布调度命令。

（3）跨局时，调度所动车调度员与机车调度员（动车司机调度员）共同审核后，向国铁集团高铁计划调度员提出申请。国铁集团高铁计划调度员发布调度命令，调度所计划调度员纳入高铁调度日计划，来不及纳入高铁调度日计划时，由计划调度员发布调度命令。

（4）使用外局动车组时，经调度所动车调度员与机车调度员（动车司机调度员）、客服调度员共同审核后，由调度所计划调度员向国铁集团高铁计划调度员提出申请。国铁集团高铁计划调度员发布调度命令，调度所计划调度员纳入高铁调度日计划，来不及纳入高铁调度日计划时，由计划调度员发布调度命令。

### （五）动车组回送

（1）动车组回送应固定运行径路，铁路局管内由铁路局公布，跨局由国铁集团公布。遇特殊情况需经非固定运行径路或运行条件有特定要求时（有关规章文电已明确时除外），铁路局管内由铁路局、跨局由国铁集团以文电形式明确。

（2）动车组回送申请单位应根据有关文电、检修计划、运用交路调整、试验方案等，于回送前一日的 14:00 前（因故障等临时产生的回送不受该时间限制）向始发站所在铁路局动车调度员申请。

（3）铁路局管内回送时，经调度所动车调度员与机车调度员（动车司机调度员）审核、值班副主任批准后，计划调度员纳入高铁调度日计划；因故障产生的临时回送来不及纳入高铁调度日计划时，由计划调度员发布调度命令，列车调度员按规定发布相关调度命令。

（4）跨局回送时，经调度所动车调度员与机车调度员（动车司机调度员）审核、值班副主任批准后，调度所计划调度员向国铁集团高铁计划调度员提出申请。国铁集团高铁计划调度员商国铁集团机车调度员后发布调度命令，调度所计划调度员纳入高铁调度日计划；来不及纳入高铁调度日计划时，由计划调度员发布调度命令，列车调度员按规定发布相关调度命令。

（六）试运行列车的开行

（1）动车（车辆）段根据有关文电、试运行方案等，于试运行前一日的 12:00 前向调度所动车调度员提出申请（影响列车运行标尺及铁路局规定需发布文电的其他情形，还应有铁路局有关文电）。

（2）铁路局管内开行时，经调度所动车调度员与机车调度员（动车司机调度员）审核、值班副主任批准后，计划调度员纳入高铁调度日计划。

（3）跨局开行时，经调度所动车调度员与机车调度员（动车司机调度员）审核、值班副主任批准后，由调度所计划调度员向国铁集团高铁计划调度员提出申请。国铁集团高铁计划调度员发布调度命令，调度所计划调度员纳入高铁调度日计划。

（七）遇特殊情况，需临时调整动车组综合检测车运行时

（1）国铁集团动车组综合检测车主管业务部门确定运行调整方案，向国铁集团高铁计划调度员提出书面申请。

（2）国铁集团高铁计划调度员根据提报的申请，经值班处长批准后，发布动车组综合检测车运行调整（2 日内）的调度命令。

（3）国铁集团动车组综合检测车主管业务部门应及时发布动车组综合检测车后续运行调整的电报。

（八）高铁客服调度员接到应急上水或吸污作业的报告时

铁路局高铁客服调度员接到动车组列车需进行应急上水或吸污作业的报告时，经调度所值班主任（值班副主任）准许，及时向有关站段发布应急上水或吸污作业的调度命令，并抄送有关列车调度台，通知列车长，列车长转报司机、随车机械师。不具备作业条件或来不及安排时，及时上报国铁集团调度，并通知列车长。

（九）列车运行调整

列车调度员要按列车运行图指挥列车运行，当列车不能按列车运行图运行时，除特殊情况外，要按规定的列车运行等级顺序（单机应根据用途按指定条件运行）和先跨局后管内的原则进行调整。

列车调度员须及时编制和下达 3 ~ 4 h 列车运行调整计划，并及时与相邻调度台交换。其主要内容如下：

（1）车站列车到、发时分和列车会让计划（采用计算机下达的为实时调整计划）。

（2）列车在中间站作业计划。

（3）施工、维修计划及天窗时间安排。

（4）重点注意事项。

为实现列车开行计划，维护良好的运输秩序，要求组织有关运输生产单位按各项作业时间标准完成作业；组织晚点旅客列车恢复正点。

## 三、调度工作设备及图表

各级调度应配备先进的信息、通信设备，满足各工种调度人员工作和问题分析的需求。设备管理部门须加强维护和检查，保持设备状态良好。国铁集团、铁路局高铁调度应配置 CTC 终端、图表打印、传真复印、语音记录等装置。

### （一）工作场所备有的规章、资料

各级调度根据实际工作需要，运输调度的信息系统或工作场所中应备有下列规章、资料。

（1）《铁路技术管理规程》《铁路交通事故调查处理规则》《铁路交通事故应急救援规则》《铁路行车设备故障调查处理办法》《铁路运输调度规则》《行车组织细则》和有关文件、电报。

（2）列车运行图及有关资料、月度施工计划。

（3）管内各车站平面示意图、线路纵断面示意图、接触网供电及信、联、闭设备有关资料。

（4）救援列车及救援队有关资料。

以上所需资料，铁路局应明确提供单位及更新要求，有关单位须及时修改、提供，各级调度部门应及时清理，保证资料的时效性。

### （二）调度工作图表

调度工作图表是做好调度工作的重要工具，填写必须及时、准确、清晰、完整。所有调度工作图表均统一使用草绿色印制。各类调度工作图表应逐步实现电子化。

调度工作图表应指定专人按月整理，妥善保管，其中列车运行图、调度工作总结表须保管一年，各类计算机图表、数据须保存一年。

调度工作图表名称及代码见表 6-2-3。

表 6-2-3　调度工作图表名称及代码

| 顺　序 | 名　称 | 代　码 |
|---|---|---|
| 1 | 调度工作日况表 | 运调 1 |
| 2 | 铁路局调度工作总结表 | 运调 4 |
| 3 | 列车运行图及机车周转图 | 运调 7 |
| 4 | 列车运行图 | 运调 10 |
| 5 | 车站技术作业表 | 运站 1 |
| 6 | 车站班计划表 | 运站 2 |

### （三）列车运行线表示方法

列车运行线表示方法见表 6-2-4。

表 6-2-4　列车运行线表示方法

| 列车种类 | 表示方法 | 备注 |
|---|---|---|
| 旅客列车、动车组检测列车、动车组确认列车、回送动车组列车、试运转动车组列车 | 红单线———— | 以车次区分 |
| 临时旅客列车 | 红单线加红双杠–‖–‖– | |
| 回送客车底 | 红单线加红方框–□–□– | |
| 军用列车 | 红色断线---------- | |
| 回送军用列车 | 红色断线加红框--□--□-- | |
| 单机 | 黑单线加黑三角–▷–▷– | |
| 救援、除雪列车 | 红单线加红“×”–×–×– | 以车次区分 |
| 重型轨道车 | 黑单线加黑双杠–‖–‖– | |

（四）列车运行及运行整理符号

**1．列车始发、终止、在中间站临时停运及由邻接区段转来或开往邻区段**

列车到开时分记在钝角内。早点用红圈、晚点用蓝圈记于锐角内，圈内注明早、晚点时分。晚点原因可用简明略号注明，如因编组晚点可只写“编”字。

列车始发如图 6-2-1 所示，列车终止如图 6-2-2 所示，列车在中间站临时停运如图 6-2-3 所示，列车由邻接区段转来如图 6-2-4 所示，列车开往邻接区段如图 6-2-5 所示。

图 6-2-1　列车始发

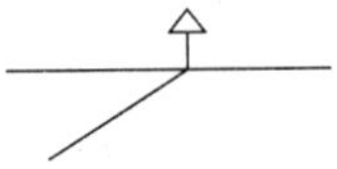

图 6-2-2　列车终止

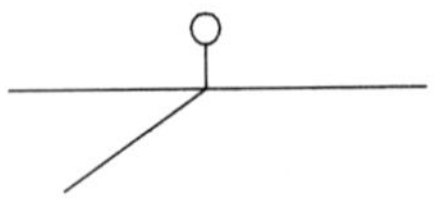

图 6-2-3　列车在中间站临时停运

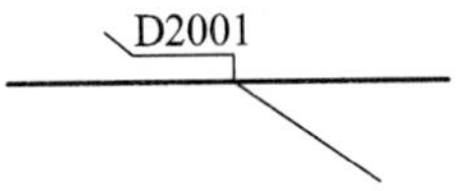


图 6-2-4　列车由邻接区段转来

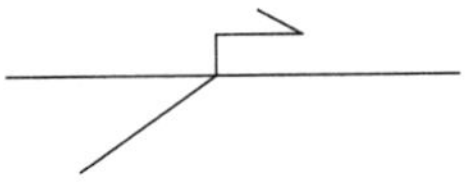

图 6-2-5　列车开往邻接区段

**2．列车合并运行**

在列车运行线上注明某次列车被合并，如图 6-2-6 所示。

**3．列车让车**

列车让车如图 6-2-7 所示。

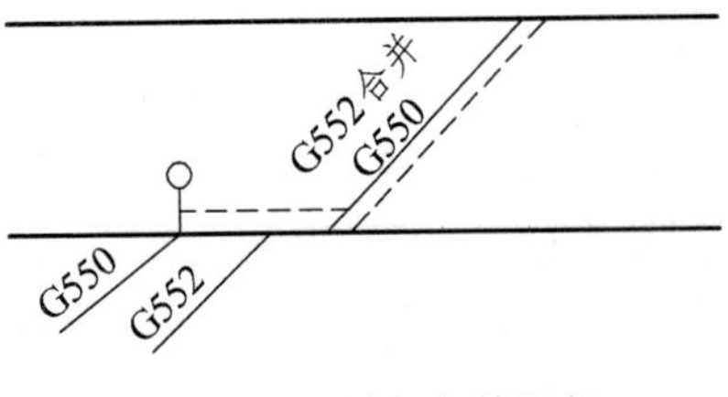


图 6-2-6　列车合并运行

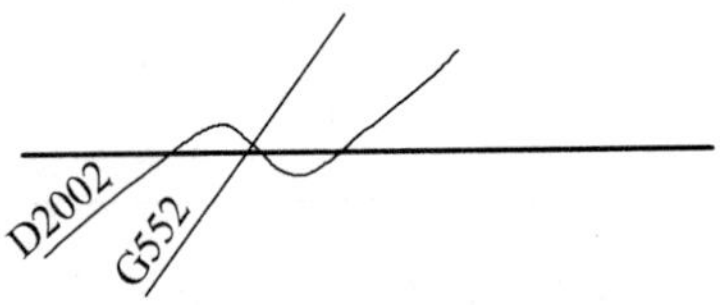


图 6-2-7　列车让车

#### 4. 列车反方向运行

列车反方向运行时，在反方向运行区间的运行线上填写车次及（反）字，如图 6-2-8 所示。

#### 5. 列车在区间内分部运行

列车在区间内分部运行如图 6-2-9 所示。

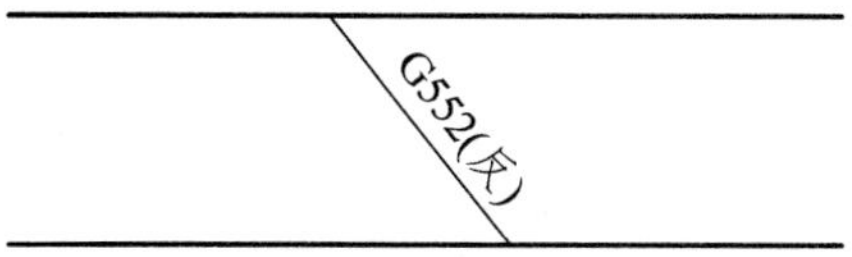


图 6-2-8　列车反方向运行

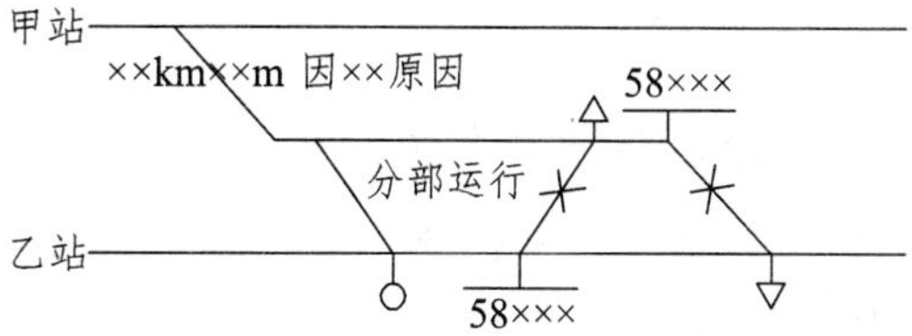


图 6-2-9　列车在区间内分部运行

#### 6. 线路中断或施工封锁区间

线路中断或施工封锁区间时，要在该区间内画一红横线表示，单线区间中断或封锁如图 6-2-10 所示。

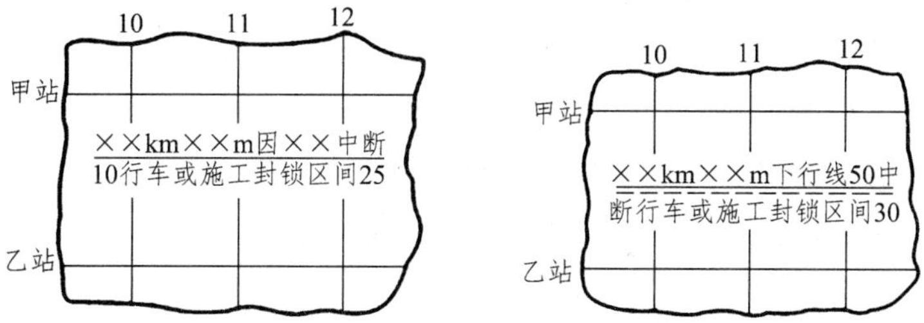


图 6-2-10　单线区间中断或封锁

双线区间上下行线路全部中断或封锁时，表示方法与单线区间相同；有一线中断或封锁时，以在红横线上或下画的蓝断线表示上行线或下行线中断或封锁，如图 6-2-11 所示。

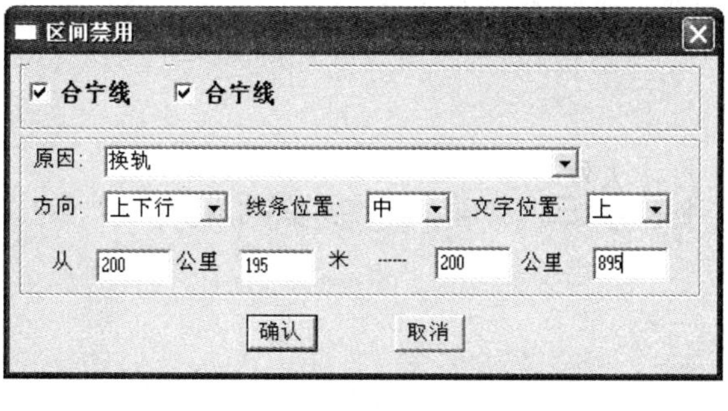


图 6-2-11　双线区间上行线或下行线中断或封锁

#### 7. 区间内慢行

因施工或其他原因区间内需要慢行时，由开始时起至终了时止，用红色笔画断线表示，并标明地点、原因、限制速度（如双线就标明上行线或下行线），如图 6-2-12 所示。

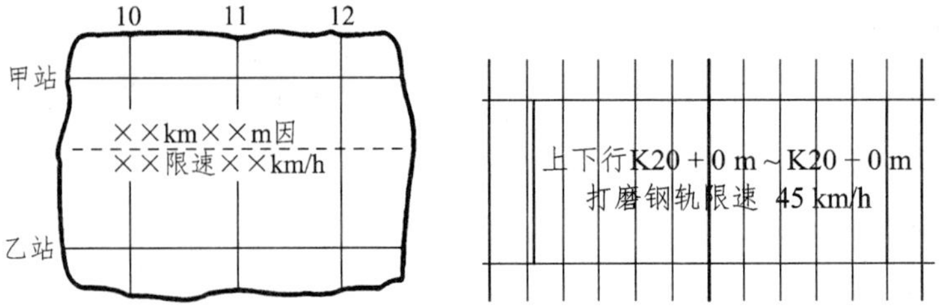


图 6-2-12 区间慢行

**8. 进站信号机外停车**

列车在进站信号机外停车时，用红色笔画“△”，并标明停车时分，如图 6-2-13 所示。

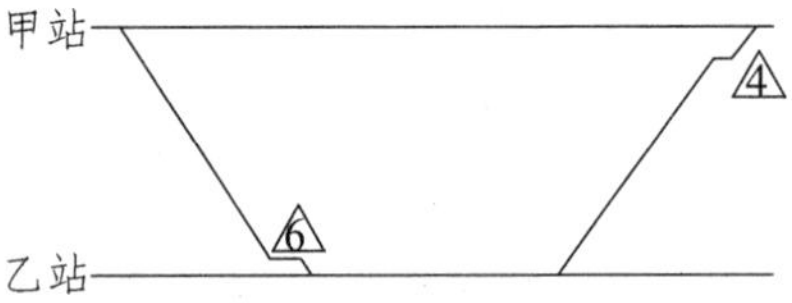


图 6-2-13 进站信号机外停车

（五）铁路局列车工作计划表填记

铁路局列车工作计划表按下列规定填记：

（1）纳入日计划开行的列车，在其车次上用蓝色笔画“√”表示。

（2）日计划调整开行的列车，在其车次上部用红色笔画“√”表示。

（3）停运的车次用蓝色笔画“—”表示，并简要注明停运原因。

（4）班计划以外临时加开的列车，用红色笔画“+”表示。

（5）按照列车性质，另行指定车次而利用列车运行图（车次）时刻运行，在编制日计划时，用蓝色笔括上原车次，在原车次上部写指定的新车次；日计划调整时，用红色笔表示，方法同前。

### 任务实施

根据以上相关知识，由老师组织学生分组讨论高速铁路调度日常运输组织工作内容，各小组指派代表进行总结汇报，并进行小组互评、教师点评，以提高学生运用理论知识解决实际问题的能力。

## 任务三 高速铁路调度命令

### 能力目标

能正确发布高速铁路调度命令。

### 知识目标

掌握须发布高速铁路调度命令的情况；掌握高速铁路调度命令的发布规定。

相关知识

国铁集团、铁路局调度在组织指挥日常运输工作中，应及时正确发布与运输有关的调度命令，下级调度以及行车有关单位、人员必须执行。根据调度集中指挥的原则，一个调度区段内由本区段列车调度员统一指挥；指挥列车运行的命令和口头指示，只能由列车调度员发布（运行揭示调度命令为调度所施工调度室发布）。

## 一、调度命令

各级调度在组织指挥日常运输工作中对下级调度或站段、行车有关人员发布的有关完成日常运输生产的具体部署和指挥行车工作的指令，其中必须在“调度命令登记簿”上登记并编有号码的，称为调度命令。

除调度命令以外，调度员在日常生产指挥中向有关人员发布的完成运输生产任务的具体部署和指挥行车工作的指令，称为口头指示。

列车调度员向车站值班员及有关单位人员发布的口头指示，或经车站值班员向有关单位、人员转达的口头指示，通过调度电话或列车无线调度电话来完成。列车调度员可根据铁路局的规定使用列车无线调度电话，直接向列车司机发布口头指示。

须发布调度命令的情况见表 6-3-1。

表 6-3-1　行车调度命令项目

| 序号 | 命令项目 | 受令者 | |
|---|---|---|---|
| | | 司机 | 车站值班员 |
| 1 | 封锁、开通区间 | | ○ |
| 2 | 向封锁区间开行救援列车、路用列车 | ○ | ○ |
| 3 | 临时变更或恢复原行车闭塞法 | | ○ |
| 4 | 停止使用基本闭塞法发出列车 | ○ | ○ |
| 5 | 双线反方向行车、由双线改为单线或恢复双线行车 | ○ | ○ |
| 6 | 变更列车径路 | ○ | ○ |
| 7 | 动车组列车在区间被迫停车后返回（退回）后方站 | ○ | ○ |
| 8 | 向区间发出停车作业的列车 | ○ | ○ |
| 9 | 在车站、区间临时停车上下人员 | ○ | ○ |
| 10 | 列车需临时降弓运行 | ○ | ○ |
| 11 | 因行车设备故障、灾害或施工，以及列车中挂有限速的机车车辆等，需要使列车临时限速运行（纳入运行揭示调度命令或本务机车、动车组自身设备原因限速时除外） | ○ | ○ |

续表

| 序号 | 命令项目 | 受令者 | |
|---|---|---|---|
| | | 司机 | 车站值班员 |
| 12 | 动车组列车空调失效需打开部分车门限速运行 | ○ | ○ |
| 13 | 车站使用总辅助按钮 | | ○ |
| 14 | 准许列车越过故障的进站、出站、进路信号机或线路所通过信号机（能开放引导信号时除外） | ○ | ○ |
| 15 | 调度日计划以外，临时加开或停运列车（单机除外） | ○ | ○ |
| 16 | 按地面信号显示运行的列车改按天气恶劣难以辨认信号的办法行车或恢复正常行车 | ○ | ○ |
| 17 | 动车组列车转入或退出隔离模式（被救援时除外） | ○ | ○ |
| 18 | 动车组列车在列控车载设备控车和 LKJ 控车之间人工转换 | ○ | ○ |
| 19 | 越出站界调车 | ○ | ○ |
| 20 | 利用天窗施工、维修作业 | | ○ |
| 21 | 施工、维修作业较指定时间延迟结束 | | ○ |
| 22 | 运行揭示调度命令与实际限速、行车方式或设备不符时 | ○ | ○ |
| 23 | 正线、到发线接触网停电或送电（接触网倒闸、跳闸后试送电，向中性区送电或弓网故障排查除外） | | ○ |
| 24 | 正线、到发线接触网停电后准许登顶作业 | ○ | ○ |
| 25 | 动车组列车按隔离模式运行需以不超过 80 km/h 的速度越过接触网分相 | ○ | |
| 26 | 双管供风旅客列车运行途中改为单管供风 | ○ | ○ |
| 27 | 列车调度员认为有必要记录的上述以外的命令 | 有关人员 | |

注：1. 划○者为受令人员。
2. 受令者为车站值班员的调度命令，不发给集控站车务应急值守人员；集控站转为车站控制由车站值班员指挥行车时应发给车站值班员，并须将前发有关调度命令一并发给车站值班员。
3. 动车组列车改按 LKJ 方式运行需将列控车载设备隔离时，列车调度员仅发布改按 LKJ 方式行车的调度命令。
4. 仅发给车站值班员的命令只涉及集控站时不发布（转为车站控制时除外）。因调车作业动车组控车模式转换，不发布调度命令。

表 6-3-1 中的调度命令如涉及其他单位和人员时，应同时发给相关人员。

## 二、发布调度命令的基本规定

（1）调度命令发布前，应详细了解现场情况，听取有关人员的意见，命令内容、受令处所必须正确、完整、清晰。

（2）使用计算机、传真机发布调度命令时，命令接受人员确认无误后应及时反馈回执。

使用 FZK-CTC 调度集中系统发布调度命令如图 6-3-1 所示。

图 6-3-1　发布调度命令

（3）使用电话发收调度命令时，应填记“调度命令登记簿”（见表 6-3-2），指定受令人员中一人复诵，并记明发收人员姓名及时刻。

表 6-3-2　调度命令登记簿

| 月日 | 发出时刻 | 命令 | | | 复诵人姓名 | 接受命令人姓名 | 调度员姓名 | 阅读时刻（签名） |
|---|---|---|---|---|---|---|---|---|
| | | 号码 | 受令抄知处所 | 内容 | | | | |
| | | | | | | | | |
| | | | | | | | | |
| | | | | | | | | |

（4）列车调度员应使用调度命令无线传送系统向司机发布书面调度命令，司机应及时签

认接收，不再与列车调度员核对。有疑问时，须立即询问列车调度员。调度命令无线传送系统故障时，可按规定使用语音记录装置良好的列车无线调度通信设备发布，司机接到命令后，须与列车调度员核对。由车站交付的调度命令，车站值班员可使用调度命令无线传送系统或按规定使用语音记录装置良好的列车无线调度通信设备向司机转达。

（5）已发布的调度命令，遇有错、漏或变化时，必须取消前发命令，重新发布全部内容的调度命令。

## 三、发布行车调度命令的规定

（1）调度命令必须在列车进入关系区间（站）前交付；在未确认司机已收到调度命令（得到回执）前，不得开放发接该次列车的出站或进站信号。

（2）作为行车凭证的调度命令，在接发列车进路准备妥当后，方可向司机发布（转达）。

（3）使用调度命令无线传送系统传送行车凭证，列车调度员办理接发列车时，由列车调度员传送，车站值班员办理接发列车时，由车站值班员传送。

（4）对跨铁路局（调度台）的列车，接车局（调度台）列车调度员可委托邻局（调度台）列车调度员转发调度命令，接车局（调度台）要将需转发的调度命令号码和内容发给邻局（调度台），邻局（调度台）将受令情况向接车局（调度台）列车调度员通报。

（5）遇调度命令需跨铁路局（调度台）执行时，发布调度命令的列车调度员须发布给列车担当全区段的调度命令，需要列车运行前方各调度指挥区段掌握和执行的调度命令，还应将调度命令抄知相关调度台。

（6）更换机车或变更限速条件时，应由有关铁路局列车调度员重新发给相关调度命令。途中乘务人员换班时，应将调度命令内容交接清楚。

## 四、发布施工、维修作业调度命令的规定

（1）列车调度员根据施工、维修日计划及开始作业的请求，发布准许进行施工、维修作业调度命令。

（2）施工作业结束并销记后，列车调度员应及时发布施工作业结束的调度命令。天窗维修作业在指定时间内完成销记时，列车调度员不再发布维修作业结束的调度命令。

（3）施工开通后有第 1、2、3…列限速要求的列车，由列车调度员单独发布限速调度命令，可不设置列控限速。

（4）因施工提前、延迟或其他原因造成运行揭示调度命令与实际限速、行车方式或设备不符时，列车调度员应取消前发运行揭示调度命令，向有关司机、车站值班员、施工负责人重新发布全部内容的调度命令；相符时仍按前发运行揭示调度命令执行。

站内或区间临时限速调度命令如图 6-3-2 所示。

自接令时（______时______分）起至另有命令时（______时
______分）止，______站至______站间______行线______km
______m至______km______m处限速______km/h。
______次列车运行至______站至______站间______行线
______km______m至______km______m处限速______km/h。

图 6-3-2　站内或区间临时限速调度命令

## 五、发布运行揭示调度命令的规定

（1）运行揭示调度命令是指由调度所施工调度发布的涉及限速、行车方式发生变化和设备变化的调度命令。

（2）运行揭示调度命令应包括时间、地点、因由、速度、行车方式变化、设备变化等内容，机务部门应根据运行揭示调度命令及时将有关内容写入 IC 卡。

（3）发布运行揭示调度命令，不得含有与受令处所无关的内容和命令。

封锁施工限速运行揭示调度命令如图 6-3-3 所示。

因______月______日______时______分至______月______日______时______分，______线______站(含、______道、______号道岔)至______站(含、______道、______号道岔)间______行线封锁，______ km______m至______ km______ m处施工。

开通后______线______站(含、______道、______号道岔)至______站(含、______道、______号道岔)间______行线______ km______ m至______ km______ m处第1列限速______ km/h，第2列限速______ km/h，第3列限速______ km/h，(……)；______月______日______时______分至______月______日______时______分限速______ km/h运行。其中开通后第1、2、3…列限速由列车调度员发布调度命令。

设备变化：……。

图 6-3-3　封锁施工限速运行揭示调度命令

## 六、调度命令号码

调度命令号码的编制应按不同工种分别规定。铁路局调度所行车调度命令按日循环，运行揭示调度命令及其他工种调度命令按月循环；国铁集团各工种的调度命令按月循环。

调度命令日期的划分以 0:00 为界。调度命令循环号码的起止时间以 0:00 区分。

各级调度命令应保管 1 年。

国铁集团高铁调度命令号码分为：计划调度命令号码 6001 ~ 6999；行车调度命令号码 7001 ~ 7999；动车调度命令号码 8001 ~ 8999；备用命令号段 9001 ~ 9999。

铁路局与国铁集团调度命令号码不得重复，具体由铁路局规定。

## 任务实施

根据以上相关知识，由老师组织学生分组讨论高速铁路调度命令的发布规定，各小组指派代表进行总结汇报，并进行小组互评、教师点评，以提高学生运用理论知识解决实际问题的能力。

## 复习思考题

1. 简述高速铁路调度指挥的作用。
2. 简述高速铁路调度指挥系统的构成。
3. 高速铁路调度指挥各岗位的职责是什么?
4. 简述高速铁路调度日计划的内容。
5. 简述高速铁路调度日常运输组织工作内容。
6. 何为调度命令，发布调度命令有哪些规定?

# 项目七　高速铁路非正常情况行车指挥

### 项目描述

地质灾害、极端恶劣天气、技术设备故障等突发因素情况下，高速铁路的应急处置至关重要。本项目主要介绍高速铁路灾害天气行车、高速铁路设备故障下的行车组织、非正常行车组织和高速铁路事故救援。

## 任务一　灾害天气行车

### 能力目标

能做好高速铁路灾害天气行车指挥工作。

### 知识目标

了解高速铁路灾害天气的种类；掌握高速铁路“风、雷、雨、雪、雾”天气下调度和车站的作业要点。

### 相关知识

灾害天气和异物侵限对行车速度和行车安全有着严重的影响。行车事故发生的一个重要原因，就是天气不良或自然灾害，因此，行车部门要特别注意灾害天气下的行车组织和行车安全。灾害天气对行车安全的影响是多方面的，有些极端恶劣的天气，还可能带来其他方面的损伤和破坏，所以行车部门应加强与气象部门的沟通，并确保自然灾害及异物侵限监测系统状态良好，遇到灾害天气要立即妥当处理。常见的灾害天气主要有“风、雷、雨、雪、雾”5种。

### 一、灾害天气的种类

#### 1. 大　风

大风能对列车运行的平稳性造成影响。列车高速运行时、通过弯道时行驶平稳性下降，此时如风速过高，会增加列车倾覆的危险，甚至能直接将列车吹翻。

#### 2. 雷　击

雷击产生极大的电荷，放电时的电压、电流都非常大，带电设备或所属建筑如果未做好接地保护，受到雷击时有可能被强电击穿。高速铁路信号、通信设备精密，要求对列车运行全方位、不间断地监控，一旦受到雷击破坏，列车运行安全就失去可靠保障，可能造成严重的事故。

### 3. 暴　雨

大量降雨会降低路基、道床强度，列车高速通过时存在不安全因素。特别是强降雨可能会水漫路肩，甚至淹没道床、掏空路基，致使道床悬空，列车通过时有翻车掉道的危险。且降雨积水还可能破坏沿线的通信、信号电缆，导致通信、信号设备损坏。暴雨往往伴随着狂风，还可能把线路两旁的树木吹断，砸落到线路上造成障碍。山区的暴雨还可能导致山洪甚至泥石流的发生，后果更为严重。

### 4. 暴　雪

降雪量小对列车运行影响不大，但暴雪会掩埋线路，会使道岔无法转换或密贴不牢，转换不到位，构不成联锁条件，信号无法开放，致使行车中断。冰雪天气还可能造成接触网挂冰，影响受电弓取电，冰块掉落还会击打列车。接触网挂冰严重时，冰块有可能压断导线，造成接触网停电，严重影响高铁列车的运行秩序。

### 5. 大　雾

降雾的影响主要是能见度低，大雾天能见度可能只有几十米甚至十几米，这种条件下，动车组司机根本无法瞭望前方线路状况，难以辨认信号，给行车带来不安全因素。

## 二、大风天气行车

自然灾害及异物侵限监测系统风速监测子系统大风报警故障现象如图 7-1-1 所示。

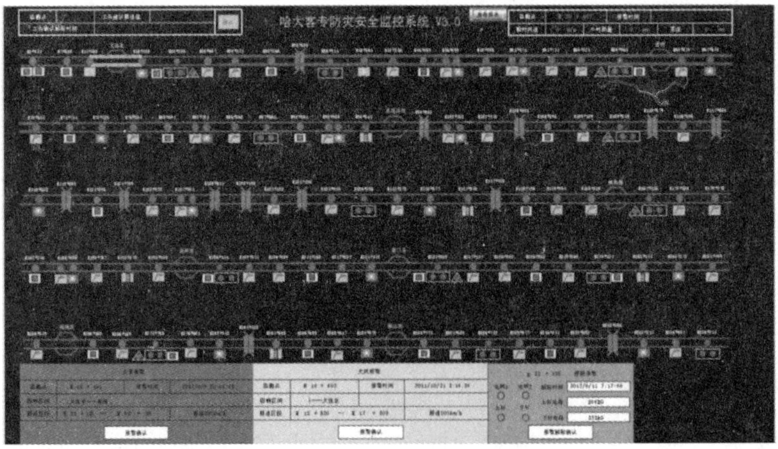


图 7-1-1　防灾风速监测子系统大风报警

### （一）动车组在风区运行限速的规定

（1）环境风速不大于 15 m/s 时，可按正常速度运行。

（2）环境风速不大于 20 m/s 时，运行速度不大于 300 km/h。

（3）环境风速不大于 25 m/s 时，运行速度不大于 200 km/h。

（4）环境风速不大于 30 m/s 时，运行速度不大于 120 km/h。

（5）环境风速大于 30 m/s 时，运行中的动车组列车立即停车，其他动车组严禁进入风区。

### （二）调度作业要点

列车调度员、助理调度员接到风速监测子系统提示大风报警信息后，通过自然灾害及异物侵限监测系统调度终端显示确认报警信息，通过 CTC 调度终端显示确认，向值班主任（值班副主任）报告，亲自或指示车站值班员（车务应急值守人员）关闭有关信号，取消相关列车自触。根据报警提示，列车调度员、助理调度员执行双人编辑、核对、设置列控限速，向相关列车发布限速运行的调度命令（遇风速不稳或同一地段多处风速报警时，可合并设置，按最低限速值发布限速调度命令）。

限速调度命令如图 7-1-2 所示。

自接令时（____时 ____分）起至另有命令时（____时 ____分）止，____站至____站间____行线____km____m至____km____m处限速____km/h。

____次列车运行至____站至____站间____行线____km____m至____km____m处限速____km/h。

**图 7-1-2　限速调度命令**

在确认列车司机已收到该限速调度命令（得到回执）后，方可恢复该次列车自触，开放接发该次列车的进站或出站信号。对来不及发布调度命令的列车，立即通知列车司机限速运行。如接到禁止运行的报警信息时，列车调度员（助理调度员）亲自或指示车站值班员（车务应急值守人员）关闭有关信号，取消相关列车自触，设置相关封锁，并通知列车司机停车，列车调度员对后续列车运行计划进行相应调整（助理调度员立即将受影响的后续列车自触取消）。列车调度员（助理调度员）接到列车司机因大风需要控制列车运行速度的报告后，立即通知后续首列列车司机在该地段注意运行。

风速监测子系统限速报警解除后，列车调度员（助理调度员）应及时取消前发限速调度命令，取消列控限速设置，恢复正常行车。

### （三）车站作业要点

车站值班员（车务应急值守人员）接到列车调度员（助理调度员）风速监测子系统提示大风报警的信息后，向车站值班干部报告。根据列车调度员（助理调度员）指示，车站值班员关闭有关信号，取消相关列车自触，设置相关封锁，并通知列车司机停车。遇车站值班员（车务应急值守人员）需向列车司机转达调度命令时，接收并转达列车调度员发布的调度命令，在确认列车司机已收到该限速调度命令（得到回执）后，方可开放接发该次列车的进站或出站信号。

风速监测子系统限速报警解除后，车站值班员（车务应急值守人员）按列车调度员（助理调度员）的指示，恢复正常行车。

## 三、雨天行车

### （一）雨天行车限速规定

遇有降雨天气，重点防洪地段 1 h 降雨量达到 45 mm 及以上时，列车限速 120 km/h；当 1 h 降雨量达到 60 mm 及以上时，列车限速 45 km/h；当 1 h 降雨量降至 20 mm 及以下且持续 30 min 以上时，可逐步解除限速。

### （二）调度作业要点

列车调度员（助理调度员）接到雨量监测子系统报警信息后，通过自然灾害及异物侵限监测系统调度终端显示确认报警信息，通过 CTC 调度终端显示确认，向值班主任（值班副主任）报告，亲自或指示车站值班员（车务应急值守人员）关闭有关信号，取消相关列车自触。根据报警提示，列车调度员、助理调度员执行双人编辑、核对、设置列控限速，向相关列车发布限速运行的调度命令（遇同一地段多个单位、自然灾害及异物侵限监测系统提出的限速要求不一致时，按最低限速值发布限速调度命令）。对来不及发布调度命令的列车，立即通知列车司机限速运行。列车调度员对后续列车运行计划进行相应调整（助理调度员立即将受影响的后续列车自触取消）。在确认列车司机已收到该限速调度命令（得到回执）后，恢复该次列车自触，开放接发该次列车的进站或出站信号。列车调度员（助理调度员）通知工务及其他相关专业调度进行现场检查。

#### 1. 积水高于轨面时

列车调度员（助理调度员）接到列车司机或车站值班员（车务应急值守人员）报告积水高于轨面时，指示列车司机立即停车，并通知已进入区间的后续列车停车（避免停在隧道内），不再向该区间放行列车。列车调度员（助理调度员）亲自或指示车站值班员（车务应急值守人员）关闭有关信号，取消相关列车自触，设置相关封锁，列车调度员对后续列车运行计划进行相应调整（助理调度员立即将受影响的后续列车自触取消）。遇列车司机请求救援时，按规定组织救援。

#### 2. 洪水漫到路肩时

列车调度员（助理调度员）接到报告洪水漫到路肩时，指示相关列车司机按规定限速运行；遇有落石、倒树等障碍物危及行车安全时，指示相关列车司机立即停车，通知工务、供电及其他相关专业调度对影响区段进行检查、处理。在排除障碍并确认安全无误后，指示列车继续运行。

#### 3. 线路塌方、道床冲空

列车调度员（助理调度员）接到报告线路塌方、道床冲空等危及行车安全的突发情况时，指示列车司机立即采取应急性安全措施，并立刻通知追踪列车、邻线列车立即停车，亲自或指示车站值班员（车务应急值守人员）关闭有关信号，取消相关列车自触，设置相关封锁，列车调度员对后续列车运行计划进行相应调整（助理调度员立即将受影响的后续列车自触取消）。

列车调度员（助理调度员）在得到工务及其他相关专业调度台检查无异常的报告后，根据工务及其他相关专业调度的要求，及时取消限速或解除线路封锁，按规定恢复行车。

### （三）车站作业要点

车站值班员（车务应急值守人员）接到列车调度员（助理调度员）雨量监测子系统报警的信息后，向车站值班干部报告。根据列车调度员（助理调度员）的指示关闭有关信号，取消相关列车自触，设置相关封锁，并通知列车司机停车。遇车站值班员（车务应急值守人员）需向列车司机转达调度命令时，接收并转达列车调度员发布的调度命令，在确认列车司机已收到该限速调度命令（得到回执）后，方可开放接发该次列车的进站或出站信号。

## 四、冰雪天气行车

### （一）冰雪天气限速要求

（1）当运行区段降中雪或积雪覆盖轨枕板、道砟面时，无砟轨道区段限速 250 km/h 及以下，有砟轨道区段限速 200 km/h 及以下；当运行区段降大雪、暴雪时，无砟轨道区段限速 200 km/h 以下，有砟轨道区段限速 160 km/h 及以下。

中雪、大雪、暴雪的界定，以气象部门公布或观测为准。

当无砟轨道区段轨枕板积雪厚度在 100 mm 以上时，限速 200 km/h 及以下；有砟轨道区段道砟面积雪厚度在 50 mm 以上时，限速 160 km/h 及以下。

（2）接触网导线结冰受电弓取流不畅时，限速 160 km/h 及以下。

（3）动车组转向架结冰需要列车限速时，无砟轨道区段限速 250 km/h 及以下，有砟轨道区段限速 200 km/h 及以下。

### （二）调度作业要点

列车调度员（助理调度员）接到雪深监测子系统报警雪深值达到警戒值后，通过自然灾害及异物侵限监测系统调度终端显示确认报警信息，通过 CTC 调度终端显示确认，向值班主任（值班副主任）报告，亲自或指示车站值班员（车务应急值守人员）关闭有关信号，取消相关列车自触。根据报警信息和限速提示，列车调度员、助理调度员执行双人编辑、核对、设置列控限速，向相关列车发布限速运行的调度命令（遇同一地段多个单位、自然灾害及异物侵限监测系统提出的限速要求不一致时，按最低限速值发布限速调度命令）。在确认列车司机已收到该限速调度命令（得到回执）后，方可恢复该次列车的自触，开放接发该次列车的进站或出站信号。对来不及发布调度命令的列车，立即通知列车司机限速运行；列车调度员对后续列车运行计划进行相应调整（助理调度员立即将受影响的后续列车自触取消）。

#### 1. 安装动车组运行故障动态图像检测系统（TEDS）的区段

安装动车组运行故障动态图像检测系统（TEDS）的区段，列车调度员（助理调度员）接到动车调度员动车组转向架结冰需限速运行的通知后，通过 CTC 调度终端显示确认，向值班主任（值班副主任）报告，通知列车司机限速运行。列车调度员（助理调度员）接到列车司机动车组车底异响、动车组被击打等异常情况需要列车限速的报告后，指示列车司机按随车机械师的要求限速运行，并通知动车调度员。列车调度员不再发布限速调度命令。根据列车司机报告被击打地点里程，提示后续首列列车司机、随车机械师在该被击打地点注意列车的运行状态；动车调度员应立即通知前方 TEDS 监测点进行重点监测。列车通过该被击打地点后，列车司机、随车机械师应及时上报有关运行情况。

动车组运行故障图像检测系统如图 7-1-3 所示。

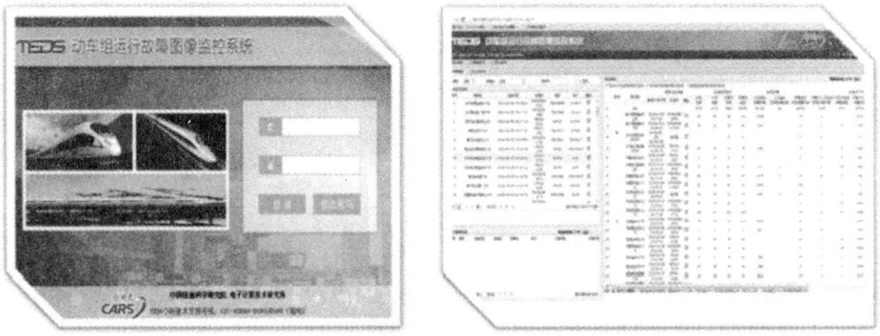


图 7-1-3　动车组运行故障图像检测系统

2. 降雪结束后

降雪结束后，列车调度员（助理调度员）接到提出限速的设备管理单位申请提速或限速情况消除时，及时发布相关调度命令，取消列控限速设置。雪后恢复常速运行的具体程序和办法按铁路局规定办理。

（三）车站作业要点

车站值班员（车务应急值守人员）接到列车调度员（助理调度员）雪深监测子系统报警雪深值达到警戒值后，向车站值班干部报告。根据列车调度员（助理调度员）的指示关闭有关信号，取消相关列车自触。遇车站值班员（车务应急值守人员）需向列车司机转达调度命令时，接收并转达列车调度员发布的调度命令，在确认列车司机已收到该限速调度命令（得到回执）后，方可开放接发该次列车的进站或出站信号。

降雪结束后，车站值班员（车务应急值守人员）接到提出限速的设备管理单位申请提速或限速情况消除时，及时向列车调度员报告，请求并接收相关调度命令。雪后恢复常速运行的具体程序和办法按铁路局规定办理。

## 五、异物侵限监测报警

异物侵限往往是因为路外单位设备脱落（如公铁立交的桥梁、汽车坠落）或自然原因导致石块、树木等侵入限界或击打列车。对高速运行的列车来说，异物侵限可能导致列车瞬间脱轨，后果不堪设想。

因此，在一些容易发生塌方、落石、倒树、落物的地点，设有监测设备作为异物侵限监测点，通过现场监测设备对关键和重点区域进行实时监测，一旦监测到异物侵入限界时，异物侵限子系统会发出异物侵限灾害报警信息，并自动使报警地点所在的轨道电路显示红光带。列车调度员接到报警信息或相关人员的报告后，应按规定及时采取相应的安全措施。

### （一）调度作业要点

列车调度员（助理调度员）接到异物侵限子系统异物侵限灾害报警信息后，通过自然灾害及异物侵限监测系统调度终端显示确认报警信息，通过 CTC 调度终端显示确认，向值班主任（值班副主任）报告，立即通知区间内已进入报警地点及尚未经过报警地点的列车立即停车，不再向该区间放行列车，通知设备管理单位赶赴现场检查处理，亲自或指示车站值班员（车务应急值守人员）关闭有关信号，取消相关列车自触，设置相关封锁。列车调度员对后续列车运行计划进行相应调整（助理调度员立即将受影响的后续列车自触取消）。

（1）在设备管理单位检查人员到达报警点前，列车调度员（助理调度员）通过视频监控系统查看现场情况，有异状或不能确认时，必须经设备管理单位检查处理并具备放行列车条件后，方可组织列车运行。无异状时，按下列规定办理。

① 列车调度员（助理调度员）确认报警地点次一个闭塞分区空闲后，对区间内已进入报警地点及尚未经过报警地点的列车，口头通知列车司机逐列恢复运行，以遇到障碍能随时停车的速度（动车组列车最高不超过 40 km/h） 越过报警点所在闭塞分区，指示后列恢复运行前必须确认前列已完整越过报警点次一个闭塞分区并得到前列无异状的报告。

② 列车调度员（助理调度员）接到列车司机报告该列车完全越过报警点次一个闭塞分区后，通过调度终端确认报警点次一个闭塞分区空闲，方可指示后列恢复运行。

列车司机在报警点所在闭塞分区通过信号机（区间信号标志牌）前停车等候 2 min 后，以遇到障碍能随时停车的速度（动车组列车最高不超过 40 km/h）越过该闭塞分区，按次一通过信号机显示（列控车载设备显示）运行。列车司机应加强瞭望，发现异状立即停车，并报告列车调度员（助理调度员）；列车司机在停车等候的同时，必须与列车调度员（助理调度员）联系，如确认前方闭塞分区内有列车时，不得进入。

③ 区间空闲后，在报警点所在闭塞分区红光带取消前，列车调度员（助理调度员）按站间组织行车。

（2）列车调度员（助理调度员）接到经设备管理单位现场检查处理的报告后，根据设备管理单位在“行车设备检查登记簿”内登记的行车限制条件组织列车运行。具备条件时，列车调度员（助理调度员）根据设备管理单位允许取消报警点所在闭塞分区红光带的登记，使用临时行车按钮取消异物侵限灾害报警红光带。

（3）在故障未修复前，设备管理单位须派人在现场看守，并及时向列车调度员（助理调度员）报告现场情况，在报警点所在闭塞分区红光带取消后，列车调度员、助理调度员执行双人编辑、核对、设置列控限速，并发布限速 120 km/h 及以下注意运行的调度命令，限速位置为报警点所在闭塞分区，指示列车司机加强瞭望。

（4）故障修复后，列车调度员（助理调度员）将自然灾害及异物侵限监测系统中复原按钮解锁，使系统恢复到正常状态，恢复相关列车自触，取消相关封锁设置，取消列控限速设置，恢复正常行车组织。

（二）车站作业要点

车站值班员（车务应急值守人员）接到列车调度员（助理调度员）异物侵限子系统异物侵限灾害报警信息后，向车站值班干部报告。根据列车调度员（助理调度员）指示，立即通知区间内已进入报警地点及尚未经过报警地点的列车立即停车，不再向该区间放行列车，通知设备管理单位赶赴现场检查处理，关闭有关信号，取消相关列车自触，设置相关封锁。

## 六、地震监测报警

（一）调度作业要点

列车调度员（助理调度员）接到地震监测子系统地震监控报警信息，或接到列车司机、车站值班员（车务应急值守人员）及其他现场人员发生地震的报告后，通过自然灾害及异物侵限监测系统调度终端显示确认报警信息，通过 CTC 调度终端显示确认，向值班主任（值班副主任）报告。列车调度员（助理调度员）亲自或指示车站值班员（车务应急值守人员）立即关闭有关信号，取消相关列车自触，设置相关封锁，扣停地震影响区段的列车，不得向有关区间放行后续列车。列车调度员（助理调度员）对后续列车运行计划进行相应调整（助理调度员立即将受影响的后续列车自触取消），指示车站值班员（车务应急值守人员）在“行车设备检查登记簿”内登记。登记内容包括发生地震的日期、时间，并通知工务、电务、供电、通信、房建等设备管理单位检查。

列车调度员（助理调度员）亲自或指示车站值班员（车务应急值守人员）指派工务、电务、供电、通信、房建等设备管理单位派人添乘检查地震影响区段相关设备，根据设备管理单位在“行车设备检查登记簿”内登记的行车限制条件组织行车。

（二）车站作业要点

车站值班员（车务应急值守人员）接到列车司机或其他现场人员发生地震的报告后，向列车调度员（助理调度员）报告，向车站值班干部报告，按列车调度员（助理调度员）指示，立即关闭有关信号，取消相关列车自触，设置相关封锁，扣停地震影响区段的列车，不得向有关区间放行后续列车，并在“行车设备检查登记簿”内登记。登记内容包括发生地震的日期、时间。

车站值班员（车务应急值守人员）按列车调度员（助理调度员）指示指派工务、电务、供电、通信、房建等设备管理单位派人添乘检查地震影响区段相关设备，根据设备管理单位在“行车设备检查登记簿”内登记的行车限制条件组织行车。

## 任务实施

根据以上相关知识，由老师组织学生分组讨论高速铁路灾害天气行车指挥工作的相关内容，各小组指派代表进行总结汇报，并进行小组互评、教师点评，以提高学生运用理论知识解决实际问题的能力。

# 任务二　设备故障下的行车组织

## 能力目标

能正确组织各种设备故障下的行车作业。

## 知识目标

掌握高速铁路设备故障下的调度和车站行车作业要点。

## 相关知识

设备故障情况下的行车组织，长期以来都是铁路行车组织工作的重点和高风险点。如果处置不当，就会扩大事件的影响范围，给列车运行带来不安全因素。所以，发生设备故障事件后，作为列车调度员（车站值班员）应冷静对待，迅速、正确地进行处置，合理组织，把故障事件对列车运行的影响降到最低。

### 一、列控车载设备不能正常使用

列车运行控制系统对列车实现间隔和速度控制。系统由地面设备和车载设备两部分组成。地面设备提供列车控制所需要的全部基础数据和线路空闲情况，如线路允许速度、轨道电路长度、线路坡度、前方空闲情况等；车载设备对地面传来的信息进行处理，计算出列车速度控制曲线，用来监督或控制列车安全运行。如果列控车载设备出现故障，就会给列车运行带来不安全因素，所以必须引起足够的重视，加强日常维护，保证正常使用。

#### （一）调度作业要点

**1. 遇列控车载设备故障并导致列车停车**

列车调度员（助理调度员）接到车站值班员（车务应急值守人员）或列车司机报告，动车组列车运行中遇列控车载设备故障并导致列车停车后，通过 CTC 调度终端显示确认，向值班主任（值班副主任）报告，亲自或指示车站值班员（车务应急值守人员）关闭有关信号，取消相关列车自触，设置相关封锁，对后续列车运行计划进行相应调整。列车司机转换冗余切换开关（开关不在司机室时，列车司机通知随车机械师进行转换）启动冗余设备或将列控车载设备断电 30 s 后重新启动，设备恢复正常时，继续运行并报告。列车调度员（助理调度员）接到列车司机继续运行的报告后，亲自或指示车站值班员（车务应急值守人员）恢复相关列车自触，取消相关封锁设置，恢复正常行车组织。

**2. 运行中的动车组列车遇列控车载设备故障**

列车调度员（助理调度员）接到车站值班员（车务应急值守人员）或列车司机报告，已在区间内运行的装备 LKJ 的动车组列车因列控车载设备故障，不能恢复正常运行但能提供机车信号时，在信号机常态点灯的 CTCS-2 级区段，列车调度员发布改按 LKJ 方式行车的调度命令，指示列车司机动车组列车改按LKJ方式运行。在CTCS-3级及信号机常态灭灯的CTCS-2级区段，列车调度员（助理调度员）在确认该列车至前方站（线路所）间空闲后，亲自或指示车站值班员（车务应急值守人员）设置信号机点灯，发布改按LKJ方式行车的调度命令，指示列车司机动车组列车改按LKJ方式运行。同时亲自或指示车站值班员（车务应急值守人员）关闭有关信号，取消相关列车自触，设置相关封锁，对后续列车运行计划进行相应调整。改按LKJ方式运行的调度命令如图7-2-1所示。

准许_____次列车(在_____站)由列控车载设备方式行车转换为LKJ方式行车。(运行至_____后，由LKJ方式行车转换为列控车载设备方式行车)

图7-2-1　改按LKJ方式运行的调度命令

#### 3. 动车组列控车载设备故障在车站出发时

动车组列控车载设备故障不能恢复正常运行在车站出发时，装备LKJ的动车组列车，列车调度员发布改按LKJ方式行车的调度命令，亲自或指示信号机常态灭灯的车站（线路所）设置点灯，指示列车司机动车组列车改按LKJ方式运行，未装备LKJ的动车组列车，列车调度员发布改按隔离模式运行的调度命令，亲自或指示信号机常态灭灯的车站（线路所）设置点灯，指示列车司机列车改按隔离模式，按地面信号显示以不超过40 km/h的速度运行至前方站（线路所）。该列车到达前方站（线路所）后，列车调度员（助理调度员）方可通知后续列车恢复运行。同时亲自或指示车站值班员（车务应急值守人员）关闭有关信号，取消相关列车自触，设置相关封锁，对后续列车运行计划进行相应调整。

### （二）司机处理

因设备故障，动车组列控车载设备在CTCS-3级与CTCS-2级间进行转换时，列车司机应报告列车调度员（助理调度员）。列车调度员（助理调度员）亲自或指示车站值班员（车务应急值守人员）关闭有关信号，取消相关列车自触，对后续列车运行计划进行相应调整。

### （三）车站作业要点

车站值班员（车务应急值守人员）接到列车司机动车组列车运行中遇列控车载设备故障并导致列车停车的报告后，通过CTC车站终端显示确认，向列车调度员（助理调度员）报告，向车站值班干部报告。按列车调度员（助理调度员）指示，关闭有关信号，取消相关列车自触，设置相关封锁。

## 二、CTC故障

CTC系统发生故障后，如果不能及时、正确地处理，必将严重干扰列车运行秩序、降低运输效率，甚至会导致列车运行事故的发生。

### （一）CTC终端列车车次号错误或丢失处置

G1048次列车越过某站进站信号机后，列车占用红光带已进入该站4道停车，而车次窗显示遗留在进站信号机处。CTC终端列车车次号故障现象如图7-2-2所示。

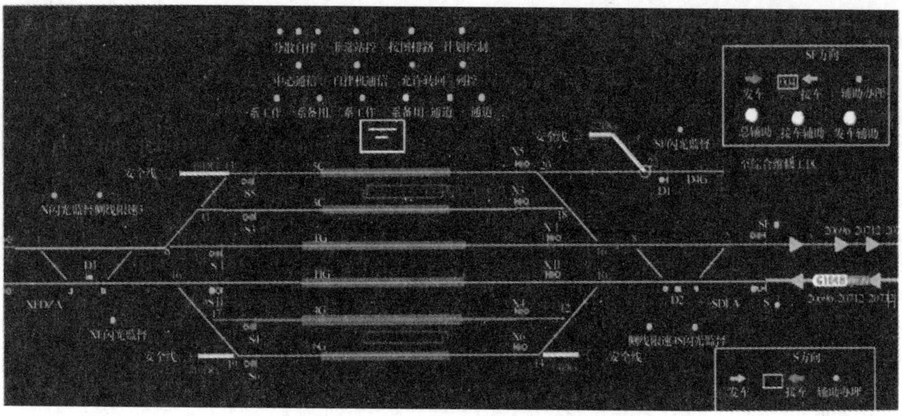

图 7-2-2　CTC 终端列车车次号故障现象

#### 1. 调度作业要点

列车调度员（助理调度员）发现或接到车站值班员（车务应急值守人员）CTC 终端列车车次号错误或丢失的报告后，通过 CTC 调度终端显示核对确认该列车车次，亲自或指示车站值班员（车务应急值守人员）重新输入正确的车次号。

#### 2. 车站作业要点

车站值班员（车务应急值守人员）发现 CTC 终端列车车次号错误或丢失时，报告列车调度员（助理调度员），按列车调度员（助理调度员）的指示，通过 CTC 车站终端显示核对该列车车次并确认后，重新输入正确的车次号。

### （二）CTC 不能自动触发进路时

#### 1. 调度作业要点

列车调度员（助理调度员）发现 CTC 不能自动触发进路后，向值班主任（值班副主任）报告，在“行车设备检查登记簿”内登记，登记内容包括发生故障的日期、时间、设备名称、故障现象，并通知电务部门进行检查处理。列车调度员指示助理调度员采取人工触发进路或人工排列进路方式办理行车作业。

设备故障修复，列车调度员（助理调度员）根据电务部门在“行车设备检查登记簿”内的销记，恢复正常行车作业。

#### 2. 车站作业要点

车站值班员（车务应急值守人员）发现 CTC 不能自动触发进路后，向列车调度员（助理调度员）报告，向车站值班干部报告，在“行车设备检查登记簿”内登记，登记内容包括发生故障的日期、时间、设备名称、故障现象，并通知电务部门进行检查处理。车站值班员（车务应急值守人员）按列车调度员的指示，采取人工触发进路或人工排列进路方式办理行车。

设备故障修复，车站值班员（车务应急值守人员）根据电务部门在“行车设备检查登记簿”内的销记，向列车调度员（助理调度员）报告，恢复正常行车作业。

## 三、信号设备故障

进站、出站、进路信号机及线路所通过信号机故障或车站（线路所）道岔失去表示，轨道电路非列车占用红光带，都会造成信号机不能正常开放。列车调度员（车站值班员）应根据信号机是否安装了引导信号，确定进路准备方式。能够开放引导信号的，开放引导信号办理接发列车；不能开放引导信号的，按规定准备进路妥当后，发布命令准许越过该信号机。

进、出站信号机未设引导信号或引导信号不能开放时，由于进路正确性不能通过开放信号来保证，需人工方式准备、确认进路，司机也不能通过列控车载设备或地面信号机的显示确认进路的正确。为了保证接发列车的安全，应通过严格的行车手续，在确认进路空闲、进路准备妥当后，列车调度员发布准许越过该信号机的调度命令，司机凭调度命令越过该信号机。

### （一）轨道电路分路不良

轨道电路能显示机车车辆占用情况，是保证联锁条件正确的前提条件之一。由于钢轨轨面生锈、钢轨或机车车辆轮对上粘有异物等情况，会造成轨道电路分路不良，机车车辆压上轨道电路后可能会没有占用表示。在办理经由分路不良区段的接发列车与调车作业进路时，如果不确认进路上有关的分路不良区段空闲，不将进路上的分路不良区段道岔单独锁闭，就有可能造成向占用线路接车、道岔途中转换等问题的发生。

（1）电务检测发现轨道电路分路不良，由电务人员按规定在“行车设备检查登记簿”内登记。

（2）对登记分路不良的轨道电路区段，电务、工务部门应及时进行处理。

（3）站内到发线或其渡线轨道电路出现分路不良时，应立即停止使用。

（4）办理经由轨道电路分路不良区段的列车或调车进路前，列车调度员须布置车务应急值守人员组织电务、工务人员现场确认分路不良区段空闲。

（5）列车调度员（车站值班员）排列经由分路不良区段的进路时，必须严格执行以下规定。

① 办理列车进路、调车进路前，列车调度员（车站值班员）必须通知车站按规定确认与进路有关的所有分路不良轨道区段的线路空闲和邻线机车、车辆在警冲标内方停妥后（调车作业时，询问并得到调车人员或司机汇报机车、车辆的具体位置，确认出清道岔轨道电路区段），方可准备进路；在人工确认列车（机车、车辆）全部出清分路不良的轨道区段前，严禁操纵该进路上的有关道岔及其防护道岔。人工确认列车（机车、车辆）全部出清分路不良的轨道区段后，方可解除道岔单独锁闭。

② 遇有轨道电路分路不良，车列通过后进路漏解锁光带不消失，必须通过车站确认车列确已安全通过该区段后，方可对该区段进行人工解锁。

③ 排列进路、开放信号确认无误后，在中心控制模式下，由列车调度员将进路上分路不良区段的有关道岔单独锁闭；在站控模式下，由车站值班员将进路上分路不良区段的有关道岔单独锁闭。

（二）轨道电路红光带故障

（1）车站值班员发现车站或区间非列车占用轨道电路红光带时，在中心控制模式下，立即报告列车调度员；在站控模式下，按规定登记“行车设备检查登记簿”。

（2）设备单位上线检查及处理故障作业时，必须将本线及邻线限制条件和限速地点登记清楚，列车调度员应按登记范围设置限速。人员上线时，邻线设置 160 km/h 限速。

## 四、列车无线调度通信设备故障

（一）利用列车无线调度通信设备发布、转达的调度命令

（1）恢复原行车闭塞法。
（2）双线反方向行车。
（3）有临时限速要求的列车。
（4）列车由列控车载设备方式人工控车转入隔离模式。
（5）列车退出隔离模式，人工转换为列控车载设备方式控车。
（6）动车组在区间被迫停车后，准许返回后方站。

（二）FAS 故障行车

**1. 调度作业要点**

列车调度员（助理调度员）发现调度台 FAS 均故障后，向值班主任（值班副主任）报告，在“行车设备检查登记簿”内登记，登记内容包括发生故障的日期、时间、设备名称、故障现象，并通知通信部门进行检查处理，指示车站值班员（车务应急值守人员）通知车站值班干部上岗，转为车站操作方式办理行车。车站值班干部协助做好非正常行车工作。

设备故障修复后，列车调度员（助理调度员）根据通信部门在“行车设备检查登记簿”内的销记，及时转回 CTC 原操作方式，恢复设备正常使用和正常行车组织。

**2. 车站作业要点**

车站值班员（车务应急值守人员）发现车站 FAS 故障后，向列车调度员（助理调度员）报告，并向车站值班干部报告，同时在“行车设备检查登记簿”内登记，通知通信部门进行检查处理，按列车调度员（助理调度员）指示，使用 GSM-R 手持终端或有语音记录装置的自动电话办理行车通话。

故障修复后，根据通信部门在“行车设备检查登记簿”内的销记，车站值班员（车务应急值守人员）向列车调度员（助理调度员）报告，按列车调度员（助理调度员）指示，恢复设备正常使用。

（三）GSM-R 故障行车

列车调度员（助理调度员）发现或接到 GSM-R 故障的报告后，向值班主任（值班副主任）报告，在“行车设备检查登记簿”内登记，立即通知通信部门检查处理。列车调度员（助

理调度员）根据通信部门在“行车设备检查登记簿”内登记的停用内容、影响范围及行车限制条件，按下列规定办理。

（1）GSM-R 故障导致 CTCS-3 级降为 CTCS-2 级时，按 CTCS-2 级行车。列车调度员对后续列车运行计划进行相应调整（助理调度员立即将受影响的后续列车自触取消）。

（2）影响调度命令无线传送功能时，列车调度员（助理调度员）采用语音记录装置良好的列车无线调度通信设备发布、转达或采用人工书面交递方式，向列车司机发布调度命令。

（3）列车调度员（助理调度员）接到列车司机或车站值班员（车务应急值守人员）报告无进路预告信息，列车由正线通过改为侧线接车时，列车调度员（助理调度员）应亲自或指示车站值班员（车务应急值守人员）提前预告列车司机。

设备故障修复后，列车调度员（助理调度员）根据通信部门在“行车设备检查登记簿”内的销记，恢复设备正常使用和后续列车自触，恢复正常行车组织。

## 五、接触网故障

### （一）接触网停电

接触网停电后动车组失去动力来源，由于接触网停电原因不明，为保证行车安全，司机应立即停车并降弓，报告列车调度员或车站值班员。

#### 1. 调度作业要点

列车调度员（助理调度员）接到接触网及异常情况的报告后（列车司机发现接触网停电时，要同时通知随车机械师、列车长），通过 CTC 调度终端显示确认，立即通知供电调度员并听取处理意见。

当接触网发生跳闸后，设备自动重合未成功，供电调度员要根据控制台报警显示迅速判断故障地点，立即向列车调度员（助理调度员）通报停电范围，并报告值班主任（值班副主任），同时指派供电部门立即赶赴现场进行检查处理，下达接触网抢修车出动命令。

列车调度员（车站值班员）接到接触网停电的报告后，应立即扣停未进入停电区域的相关列车，对已进入停电区域的列车应通知司机停车。

确定接触网停电范围后，列车调度员要在 CTC 系统上设置停电标识，充分发挥设备保安功能，防止人为作业疏漏，将列车放入接触网停电区域。

#### 2. 车站作业要点

（1）车务应急值守人员接到接触网故障停电的报告后，及时扣停未进入停电区域的列车，汇报列车调度员，通知值班干部上岗，值班干部应逐级上报并启动应急预案。

（2）接触网故障需立即抢修时，设备部门应将影响范围、邻线放行列车条件等内容登记清楚，车务应急值守人员根据登记要求汇报列车调度员，并根据列车调度员的指示办理。

（3）需开行轨道车时，须得到列车调度员的准许，并向轨道车司机发布准许运行的调度命令。

（4）采取越区供电方式供电前，须确认停在无电区的列车已全部降弓。

（5）在站控模式下，接触网送电后，车务应急值守人员根据列车调度员的指示行车。

### （二）处理接触网异物

#### 1. 调度作业要点

列车调度员（助理调度员）接到列车司机或车站值班员（车务应急值守人员）受电弓挂有异物的报告后，立即亲自或指示车站值班员（车务应急值守人员）通知该列车司机降弓、停车，并通过 CTC 调度终端显示确认，向值班主任（值班副主任）报告，亲自或指示车站值班员（车务应急值守人员）将计划开往故障区间内的列车扣停在站内（场内）或区间，关闭有关信号，取消相关列车自触，设置相关封锁，通知区间内后续列车停车，不得再向该区间放行列车。列车调度员（助理调度员）接到列车司机（动车组列车为随车机械师通过列车司机）或车站值班员（车务应急值守人员）需下车检查或登顶作业的请求时，列车调度员、助理调度员执行双人编辑、核对、设置列控限速，发布邻线列车限速 160 km/h 及以下调度命令；需登顶作业时，亲自或指示车站值班员（车务应急值守人员）通知该供电管内的列车停车并降弓，与供电调度员办理接触网停电手续，得到供电调度员接触网已停电的通知后，发布准许登顶作业的调度命令，在 CTC 上设置停电标识。准许登顶作业的调度命令如图 7-2-3 所示。

根据供电调度_____号通知，_____站(含)至_____站(含)间_____行线______km______m至______km______m接触网已停电，自接令时起，准许采取安全措施后进行登顶作业。

图 7-2-3　准许登顶作业的调度命令

#### 2. 车站作业要点

（1）车务应急值守人员在得到现场人员提供的悬挂异物地点的报告后，汇报列车调度员，通知值班干部上岗，值班干部应逐级上报并启动应急预案。

（2）在站控模式下，需上线处理时，在设备部门登记后，车务应急值守人员及时汇报列车调度员根据列车调度员的指示对邻线做好防护。

### 任务实施

根据以上相关知识，由老师组织学生分组讨论高速铁路设备故障下的行车组织相关内容，各小组指派代表进行总结汇报，并进行小组互评、教师点评，以提高学生运用理论知识解决实际问题的能力。

## 任务三　非正常行车组织

### 能力目标

能对高速铁路非正常行车组织有初步的认识。

### 知识目标

了解高速铁路非正常行车组织的方法和作业要点。

### 相关知识

高速铁路在日常行车工作中，由于自然灾害、设备故障、人为失误等原因，导致列车运行状态、秩序不正常，这些问题如果不能得到准确判断并及时正确处置，就有可能导致行车事故的发生，产生严重的后果。非正常情况下的行车组织，是高速铁路行车组织必不可少的重要内容之一。

## 一、双线反方向行车

我国高铁《铁路技术管理规程》(简称《技规》)规定，在双线区间，列车应按左侧单方向运行。左侧运行方向称为正方向，相应的信号、联锁、闭塞等行车设备也是按此设置的，行车安全有着可靠的保证。同时，根据我国高速铁路列车追踪运行的特点，列车在各自的线路上正方向运行时，互不干扰，能保证最大的通过能力，发挥最大的效益。

因此，在正常情况下，高铁列车应按正方向行车。在正方向线路不能使用或设备故障，而列车必须要利用反方向线路行车时，必须遵守相应的规定，并采取特殊的行车办法。

### （一）动车组列车限速运行

为确保高速铁路反方向动车组列车的行车安全，对反方向运行的动车组列车最高允许速度进行了限制。不同的线路区段，不同的列控系统，有不同的速度要求。

#### 1. CTCS–3 级高铁线路

CTCS-3 级列控系统，最高允许速度为 300 km/h；CTCS-2 级列控系统，最高允许速度为 250 km/h。

#### 2. CTCS–2 级列控系统

在 250 km/h 线路上最高允许速度为 200 km/h，在 200 km/h 线路上最高允许速度为 160 km/h。

### （二）调度作业要点

列车调度员（助理调度员）向调度所值班主任（值班副主任）报告，得到调度所值班主任（值班副主任）准许后，发布反方向运行的调度命令，亲自或指示车站值班员（车务应急值守人员）确认反方向区间空闲后，铺画列车反方向运行线，对列车运行计划进行相应调整，并亲自或指示车站值班员（车务应急值守人员）按调整后的运行计划，将列车扣停在站内（场内），关闭有关信号，取消相关列车自触，点击或按压“改方”按钮，开放出站信号，方可反方向运行。反方向运行的调度命令如图 7-3-1 所示。

自接令时(____次到____站)起，准许____次(、____次……)
列车在____站至____站间利用____行线反方向运行。

图 7-3-1　反方向运行的调度命令

（三）车站作业要点

车站值班员（车务应急值守人员）接收并转达列车调度员（助理调度员）发布的反方向运行的调度命令，按列车调度员（助理调度员）指示，确认反方向区间空闲后，向列车调度员（助理调度员）报告。接收列车调度员（助理调度员）的列车运行计划，按列车调度员（助理调度员）指示，将列车扣停在站内（场内），关闭有关信号，取消相关列车自触，点击或按压“改方”按钮，开放出站信号，方可反方向运行。

## 二、列车运行晃车

（一）调度作业要点

列车调度员（助理调度员）接到列车司机或车站值班员（车务应急值守人员）列车在运行途中列车司机（列车司机发现晃车时，应立即减速运行，待本列无异常状况后恢复常速运行）发现晃车、晃车地点及晃车时列车运行速度的报告后，通过 CTC 调度终端显示确认，向值班主任（值班副主任）报告。

### 1. 列车运行速度在 160 km/h 以下时

当晃车时列车运行速度在 160 km/h 以下时，列车调度员（助理调度员）立即亲自或指示车站值班员（车务应急值守人员），将计划开往故障区间内的列车扣停在站内（场内）或区间，关闭有关信号，取消相关列车自触，设置相关封锁，通知区间内后续列车停车，不得再向该区间放行列车，同时通知工务部门检查处理。

列车调度员对后续列车运行计划进行相应调整（助理调度员立即将受影响的后续列车自触取消）。列车调度员（助理调度员）根据工务部门上道检查的申请，列车调度员、助理调度员执行双人编辑、核对、设置列控限速。列车调度员发布本线封锁、邻线限速 160 km/h 及以下的调度命令后，准许工务部门上道检查。根据工务部门在“行车设备检查登记簿”内登记的列车放行条件，组织行车。

### 2. 晃车时列车运行速度在 160 km/h 及以上时

当晃车时列车运行速度在 160 km/h 及以上时，列车调度员向后续首列发布限速 120 km/h 的调度命令，限速位置按列车司机汇报的晃车地点前后各 1 km 确定。

列车通过晃车地点后，列车调度员（助理调度员）接到列车司机仍晃车的报告后，列车调度员（助理调度员）亲自或指示车站值班员（车务应急值守人员），将计划开往故障区间内的列车扣停在站内（场内）或区间，关闭有关信号，取消相关列车自触，设置相关封锁，通知区间内后续列车停车，不得再向该区间放行列车，并通知工务部门检查处理。列车调度员对后续列车运行计划进行相应调整，助理调度员立即将受影响的后续列车“自触”取消，列车调度员（助理调度员）根据工务部门上道检查的申请，列车调度员、助理调度员执行双人编辑、核对、设置列控限速。列车调度员发布本线封锁、邻线限速 160 km/h 及以下的调度命令后，准许工务部门上道检查。根据工务部门在“行车设备检查登记簿”内登记的列车放行条件，组织行车。列车调度员（助理调度员）接到列车司机不再晃车的报告后，发布限速调度命令，按 160 km/h、250 km/h、常速逐级逐列提速。

（二）车站作业要点

车站值班员（车务应急值守人员）接到列车在运行途中列车司机（列车司机发现晃车时，应立即减速运行，待本列无异常状况后恢复常速运行）发现晃车、晃车地点及晃车时列车运行速度的报告后，通过 CTC 车站终端显示确认，向列车调度员（助理调度员）报告，向车站值班干部报告。

## 三、列车停在接触网分相无电区

动车组列车因故停在接触网分相无电区而不能继续运行时，司机应立即降弓，并立即报告列车调度员（车站值班员）。列车调度员（车站值班员）应立即通知区间内的后续列车停车，并不再向该区间放行列车，以便进行列车运行调整和后续救援工作。

（一）自救处理

由于动车组有两个受电弓，当停在接触网分相无电区时，可以根据具体的停车位置、本身的设备条件、牵引供电设备状况等，确定是否可以采用换弓、退行闯分相等方式自救。

当具备自救条件时，司机应准确报告动车组停车位置，由列车调度员、供电调度员、动车调度员共同根据动车组类型、停车位置、牵引供电设备状况等确定自救方案，组织自救。

（二）不能自救的处理

当不具备自救条件时，可根据是否具备向中性区送电条件，进一步确定救援方案。

**1. 具备向中性区远动送电时**

当具备向中性区远动送电时，可在该分相后方接触网供电臂办理停电后，由列车调度员向供电调度员办理向中性区远动送电手续，通知停在该分相的列车司机升弓，待该列车驶出分相区后，再通知供电调度员恢复原供电方式，并向后方接触网供电臂送电，恢复后续列车正常运行。

**2. 不具备向中性区远动送电时**

当不具备向中性区远动送电时，只能利用机车或动车组进行救援。救援前，列车调度员发布邻线限速 160 km/h 及以下的调度命令，司机组织相关人员按规定对列车进行防护，并确认列车前、后方接触网无电区长度后，向列车调度员报告。列车调度员根据前、后无电区长度以及列车的运行情况，确定具体救援方案。

## 任务实施

根据以上相关知识，由老师组织学生分组讨论高速铁路非正常行车组织相关内容，各小组指派代表进行总结汇报，并进行小组互评、教师点评，以提高学生运用理论知识解决实际问题的能力。

# 任务四 高速铁路事故救援

## 能力目标

能对高速铁路事故救援行车组织有初步的认识。

## 知识目标

了解高速铁路事故救援组织及设备；了解高速铁路事故救援调度作业要点。

## 相关知识

为了保证高速铁路行车安全、畅通，国家铁路装备了较为先进的救援设备，成立了较为完善的救援组织，也制定了快速响应的救援预案。要求各运输企业在日常生产过程中，加强演练，以便在事故发生时，能及时响应，高效处置，迅速有序地开展各项救援活动，最大限度地减少人员伤亡和财产损失，尽快恢复高速铁路行车秩序。

## 一、事故救援组织与救援设备

根据高铁《技规》规定，在国家铁路指定地点设置救援列车等救援设备，根据运输生产需要，铁路局应组建不同形式的救援组织，并配备相应的救援设备。

### （一）事故救援组织

铁路局设置的事故救援组织有：事故救援列车、专业救援班和事故救援队。

事故救援列车必须按照铁路指定的地点和等级设置。在救援列车所在地，分专业工种和技术需求，设置不脱产的事故救援班；在无救援列车的动车组列车始发、终到站或规模较大的客运站，按换班制组织若干人员，成立不脱产的事故救援队。

#### 1. 事故救援列车

各局救援列车的增设、调整应报国铁集团审批，并在《行车组织细则》中公布。

救援列车设主任一名，领导救援列车的全部工作。救援列车专业人员为救援工作的骨干力量，由机务段挑选身体健康、责任心强、具有一定技术业务水平的人员担任，无特殊理由不得变动。救援列车职工应集中居住于救援列车附近的住宅，具有较为方便的通信工具，以保证迅速集结与出动。休班时间应尽量在家休息，必须离开住宅时，应向救援列车主任说明去向。

2. 专业救援班

在救援列车所在地，由各站、段挑选有救援经验的职工 10 ~ 15 名，分别组成不脱产的各专业救援班。救援班是救援列车的后备力量，设置的目的在于补充救援列车专业人员和技术力量的不足，保证救援任务的顺利完成。

3. 事故救援队

在无救援列车的动车组列车始发、终到站或规模较大的二等以上客运站，经铁路局长批准组织事故救援队，配备简易起复设备和工具。救援队为不需要出动救援列车时，处理轻微脱轨事故的组织。遇有特大、重大、较大事故时，事故救援队根据需要参加救援列车的救援工作。

救援队设队长 1 名，由值班站长兼任，救援队员 15 ~ 20 名（由车站、机务、车辆、工务、电务、供电、水电、卫生等部门的人员组成）。

（二）救援设备

在铁路指定地点设事故救援列车、热备救援机车、电线路修复车、接触网抢修车，配备应急通信设备。工具备品应保持齐全整洁、作用良好，经常处于整备待发状态。

机车、动车、重型轨道车上应备有复轨器和铁鞋（止轮器）。动车组应配备止轮器（铁鞋）、紧急用渡板、应急梯、过渡车钩和专用风管。

救援队在车站适当处所的备品室（库）内，存放必备的起复救援工具、备品、器材，如人字形复轨器、海参形复轨器、手动简易复轨器、千斤顶、钢丝绳、大锤、短钢轨等。

1. 救援列车的编组与停放位置

救援列车一般由轨道起重机、平车、工具车、发电车、炊事车、指挥车、宿营车、备品（工具）车、平车、轨道起重机等组成。轨道起重机应挂于救援列车的两端，不得挂于中间。救援列车应编成完整的车列，所有车辆应全部连接完好并接通制动软管，制动机作用保持良好。

救援列车应停留在所属机务段段管线或所在车站的站线上，该线路应两端贯通，以便在接到出动命令后，不需转线即可直接发车进入区间。

救援列车停留线两端的道岔，应扳向不能进入该线的位置并加锁，钥匙由段（站）值班员或救援列车值班员保管。

救援列车所在地点，应设有办公室及生产、生活用房屋，办公室应装设值班电话。

2. 电线路修复车

电线路修复车是为了修复因自然灾害或其他原因造成的信号、通信线路损坏，本身具有动力，装有工具、器材的专用车辆，根据调度命令可单独出动，或编入救援列车开往事故现场。

3. 接触网抢修车

接触网抢修车是为了修复电气化铁道发生接触网断线、电杆及铁塔倒伏、瓷瓶破损等而特设自带动力的专用车，一般停放在供电段段管线内，根据调度命令可单独出动，或编入救援列车开往事故现场。

#### 4. 应急通信设备

铁路应急救援指挥中心建立应急平台，配备相应的应急指挥设施和通信等设备，确保事故现场的图像、话音及数据，在规定的时限内传输至应急救援指挥中心。

发生行车特别重大、大事故时，应按规定时限，在事故现场装设电话、图像传输等设备，保证事故现场音频、视频和数据信息实时传输。

#### 5. 简易复轨器

简易复轨器是起复脱轨车辆的简易工具，它适用于中间小站、隧道、站台处，起复载重60 t及以下发生脱轨的空重车辆。该复轨器具有使用轻便、灵活、起复迅速、操作简便安全、便于携带、不需要机械动力等特点。

使用手动简易复轨器起复车辆的作业顺序：第一步，用顶起千斤顶从轮对轴身下面顶起脱轨车辆；第二步，用横向移动千斤顶将轮对推至对准钢轨上方；第三步，落下顶起千斤顶，将轮对落在轨面上复位；第四步，撤出手动简易复轨器。

#### 6. 专用吊装索具

为使起重机起复脱轨的动车组，铁路救援列车配有柔性吊装带、钢丝绳索具、链锁吊索具、夹具和吊钳等专用吊装索具；为减轻或不损伤车体，同时还配备各种吊装护具。不同型号的吊装索具，有不同的尺寸规格和强度。

（1）钢丝绳索具。

钢丝绳吊具有压制绳套、插编钢丝绳套、浇铸钢丝绳套、可调节钢丝绳、无接头钢丝绳5种制作方式。钢丝绳类型有光面钢丝绳、尼龙包芯复合绳，压胶复合绳、注塑绳，如图7-4-1所示。

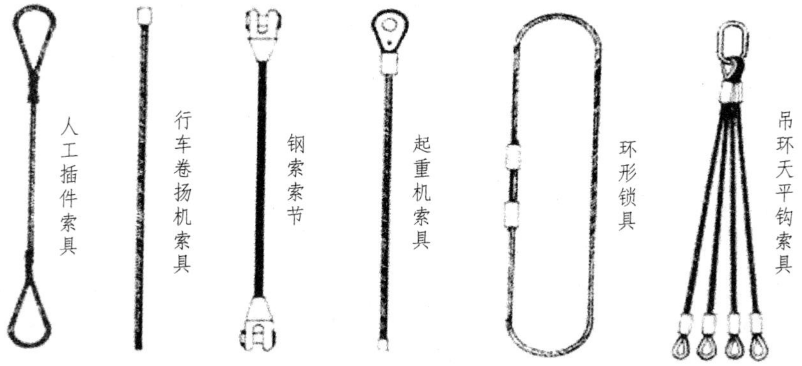


图 7-4-1　钢丝绳索具

（2）吊装配件

吊装配件主要有夹具、吊钳、吊环、卸扣等设备，主要用来钳制被吊设备，连接钢丝绳索具、链式索具，如图7-4-2所示。

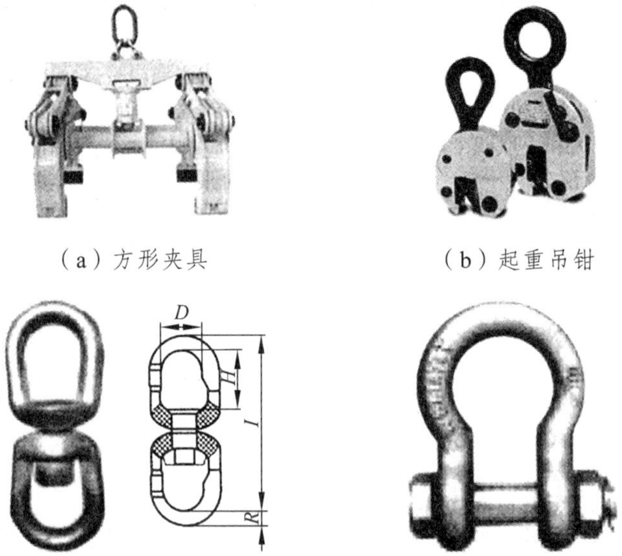


（a）方形夹具　（b）起重吊钳

（c）旋转吊环　（d）高强度卸扣

图 7-4-2　吊装配件

（3）吊装护角。

吊装护角适用于钢丝绳吊具、链条索具、柔性吊带、扁平吊带、吊绳等各种吊索具的吊装，可有效减小被吊物体和吊索具之间的摩擦，保护被吊装物体和延长吊具的使用周期，用于铁制品吊装时，有自动附设装置吸附于物体棱角，如图 7-4-3 所示。

（a）钢丝绳护角　（b）柔性吊装带护角

图 7-4-3　吊装护角

## 二、使用机车、救援列车救援动车组列车

在高速铁路上，当动车组列车发生冲突、脱轨、颠覆等事故；动车组列车发生故障而当地热备动车组已经派出时，使用热备机车或救援列车进行救援。事故列车值乘司机应按规定及时报告列车调度员并申请救援，需要防护时按规定采取防护措施。

### （一）调度作业要点

列车调度员（助理调度员）接到列车司机或车站值班员（车务应急值守人员）申请救援的报告后，通过 CTC 调度终端显示确认，向值班主任（值班副主任）报告，立即亲自或指示车站值班员（车务应急值守人员）将计划开往故障区间内的列车扣停在站内（场内）或区间，关闭有关信号，取消相关列车自触，设置相关封锁，通知该列车司机立即采取停车措施，区间内后续列车停车，不得再向该区间放行列车。列车调度员对后续列车运行计划进行相应调整（助理调度员立即将受影响的后续列车“自触”取消）。确认被救援列车至救援列车开来方向车站间空闲，发布封锁区间的调度命令。同时列车调度员、助理调度员执行双人编辑、核对、设置列控限速，发布邻线列车限速 160 km/h 及以下调度命令。区间封锁及限速调度命令如图 7-4-4 所示。

_____站至_____站间_____行线因，_____自接令时(_____次列车到站)起(至时分止)，区间封锁。

自接令时，(_____时_____分)起至另有命令时(_____时_____分)止，_____站至_____站间_____行线_____km_____m至_____km_____m处限速_____km/h。

_____次列车运行至_____站至_____站间_____行线_____km_____m至_____km_____m处限速_____km/h。

**图 7-4-4　区间封锁及限速调度命令**

列车调度员（助理调度员）根据情况确定使用内燃（电力）机车或救援列车担当救援，并将救援方案通知车站值班员（车务应急值守人员）和请求救援的列车司机。担当救援的列车需要跨区段担当救援任务时，列车调度员（助理调度员）须通知动车司机调度员指派带道人员。列车调度员发布向封锁区间开行救援列车的调度命令。担当救援的列车司机接到救援命令后，必须认真确认。命令不清、停车位置不明确时，不准动车。向封锁区间发出救援列车时，不办理行车闭塞手续，以列车调度员的命令，作为进入封锁区间的许可。

使用机车救援动车组时，动车组列控车载设备转入或退出隔离模式，不发布调度命令。

#### （二）车站作业要点

车站值班员（车务应急值守人员）接到列车司机申请救援的报告后，通过 CTC 车站终端显示确认，向列车调度员（助理调度员）报告，并向车站值班干部报告。车站值班员（车务应急值守人员）将列车调度员（助理调度员）通知的救援方案向请求救援的列车司机转达。

救援列车的出发或返回，车站值班员（车务应急值守人员）均应通知列车调度员（助理调度员）及对方站（与本站为同一人办理时除外）。如事故现场设有临时线路所时，车站值班员（车务应急值守人员）按列车调度员（助理调度员）指示，于发车前，商得线路所车站值班员（车务应急值守人员）的同意。发生事故时，在事故调查组人员到达前，站长（副站长）应随乘发往事故地点的第一列救援列车（分部运行时挂取遗留车辆的机车除外）到事故现场，负责指挥列车有关工作。

### 三、动车组救援动车组

#### （一）调度作业要点

列车调度员（助理调度员）接到列车司机或车站值班员（车务应急值守人员）申请救援的报告后，通过 CTC 调度终端显示确认，向值班主任（值班副主任）报告，立即亲自或指示车站值班员（车务应急值守人员）将计划开往故障区间内的列车扣停在站内（场内）或区间，关闭有关信号，取消相关列车自触，设置相关封锁，通知该列车司机立即采取停车措施，区间内后续列车停车，不得再向该区间放行列车。列车调度员对后续列车运行计划进行相应调整（助理调度员立即将受影响的后续列车“自触”取消），确认被救援动车组列车至救援动车组列车开来方向车站间空闲，发布封锁区间的调度命令。同时列车调度员、助理调度员执行双人编辑、核对、设置列控限速，发布邻线列车限速 160 km/h 及以下调度命令。

#### 1. 在故障动车组前部救援

在故障动车组前部救援时，担当救援的动车组按隔离模式进入区间，在接近被救援列车 2 km 时，以在瞭望距离内能够随时停车的速度运行，最高不超过 20 km/h，在距被救援列车不小于 300 m 处一度停车，与被救援列车联系确认后进行作业。

#### 2. 在故障动车组尾部救援

在故障动车组尾部救援时，开放出站信号，担当救援的动车组按完全监控模式进入区间，在行车许可终点停车，与被救援列车联系确认后，按目视行车模式进入前方闭塞分区，以在瞭望距离内能够随时停车的速度运行，最高不超过 20 km/h，在距被救援列车不小于 300 m 处一度停车（行车许可终点距被救援列车不足 300 m 时除外），与被救援列车联系确认后进行作业。

#### 3. 连挂前

连挂前，列车司机须与列车调度员（助理调度员）或车站值班员（车务应急值守人员）联系，在接到列车调度员（助理调度员）已发布邻线限速 160 km/h 及以下的调度命令（妨碍邻线及组织旅客疏散时为已扣停邻线列车）的口头指示后，方可开始作业。

被救援动车组转入或退出隔离模式不发布调度命令。

### （二）车站作业要点

车站值班员（车务应急值守人员）接到列车司机申请救援的报告后，通过 CTC 车站终端显示确认，向列车调度员（助理调度员）报告，并向车站值班干部报告，按列车调度员（助理调度员）指示，将计划开往故障区间内的列车扣停在站内（场内）或区间，关闭有关信号，取消相关列车自触，设置相关封锁，通知该列车司机立即采取停车措施，区间内后续列车停车，不得再向该区间放行列车。按列车调度员（助理调度员）指示确认被救援动车组列车至救援动车组列车开来方向车站间空闲，向列车调度员（助理调度员）报告，接收并转达封锁区间及邻线列车限速 160 km/h 及以下的调度命令。

## 四、高速铁路非正常行车指挥案例

### （一）动车组站内换乘救援案例

××年×月×日 18：02，某高铁 G1048 次（CRH2 型 077C）到达 A 站 4 道办理客运业务。18：15 司机向列车调度员（车站值班员）报告，EGS（保护接地开关）自动闭合断不开，受电弓升不起来，故障不能修复，请求救援。

根据客调掌握的各次列车的乘客人数，最先采取的换乘救援方案是组织 G1048 次旅客换乘 G1050 次。18：03，因 A 站 3 道及下行正线 4、6 号道岔轨道电路区段出现红光带，救援动车组 G1050 次不能接入有站台的 3 道，只能接入不靠站台的Ⅱ道停车，使用应急过渡板转移旅客。A 站平面示意图如图 7-4-5 所示。

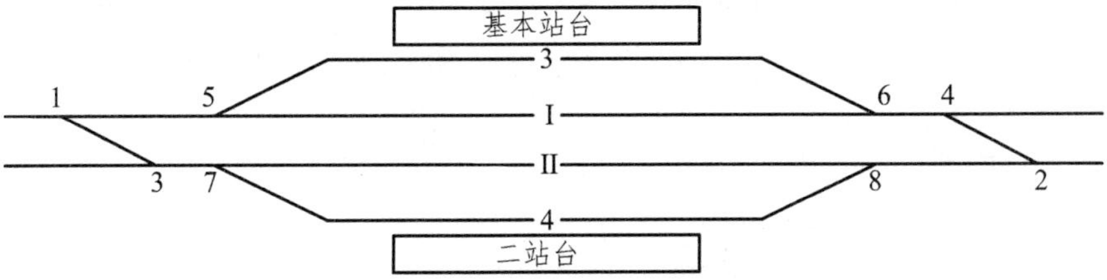


图 7-4-5　A 站平面示意图

18:51， G1050 次到达 A 站Ⅱ道，对准 4 道 G1048 次车门后准备转移旅客。19:05，G1050 次司机报告，应急过渡板不够长（站内线间距较区间线间距长），无法转移旅客。

列车调度员接报后，立即调整救援方案。布置 G1050 次正常开车。19:03，将 G1052 次（CRH3 型 023C）接入 3 道（下行正线 6/4 号道岔间红光带已于 18:50 恢复正常），组织 G1048 次旅客不在同一站台换乘。换乘完毕后 G1052 次于 19:43 开车。

某站启用热备动车组（CRH2 型 084C），于 20:07 到达 A 站；连挂故障动车组（CRH2 型 077C）限速 120 km/h 运行，返回某始发站。

在站内组织旅客换乘时，应尽量安排在同一站台的两个站台面进行，可快速组织旅客换乘，压缩换乘时间，也可避免旅客走地道或天桥时发生意外。不能安排靠站台的邻线换乘时，比照区间换乘考虑应急过渡板。

### （二）高铁列车运行调整案例

××年×月×日终到西安北站的 G833、G87、G823、G663 次列车终到入库后，动车组均发现轮对有多处硌伤（但不超限，仍能上线运行）。西安铁路局根据有关规定，利用当日综合维修天窗时间，开行轮对良好的 DJ 列车，对西安北至华山北间线路进行排查，最终查找到：在华山北至渭南北站下行线 K992＋030 处，轨面上有两颗铁钉经碾压后与钢轨粘为一体，轨面上有异物，这是硌伤轮对的原因。列车调度员当即下令封锁华山北至渭南北站间下行区间，直至工务打磨处理完毕，列调才下令开通该区间。

针对华山北下行区间封锁，严重影响列车运行正点的情况，列车调度员采取以下调整措施：

#### 1. 组织 DJ5731 次利用上行线反方向运行

组织 DJ5731 次利用上行线反方向运行，保证折返开行的 G2002 次正点始发。因图定 DJ5731 次终到西安北站后，7:41 折返开行 G2002 次，如不组织其反方向运行，必将造成 G2002 次晚点始发。

### 2. 启用热备动车组

启用热备动车组，加开 DJ7008/7 次，弥补对华山北到渭南北下行线的检查确认。由于DJ5731 次利用上行线反方向运行，造成遗漏检查确认下行线。为此，列车调度员提前启动西安北站的热备动车组，开行 DJ7008 次于 7:46 到达华山北站待命。8:00，华山北至渭南北下行区间开通后，8:02 开行 DJ7007 次，弥补对该下行线的检查确认。

### 3. 压缩折返时间

为保证两列正点，主动放弃一列运行正点后，又通过压缩折返时间，使晚点列车恢复正点出发。图定上海方向的 D307 次终到西安北站后，开行 D2618 次的接续时间长达 1 h08 min。7:53，D307 次到达华山北站后，主动放弃 D307 次正点，没有利用上行线组织其反方向运行，从而保证了 G2002、G654 次正点。D307 次晚点到达西安北站后，通过组织快速、平行作业，压缩折返（接续）作业时间，保证 D2618 次正点始发。

在区间封锁，严重影响列车运行秩序的情况下，列车调度员采取组织列车反方向运行、启用热备动车组、压缩列车折返（接续）时间等措施，主动放弃 1 列运行正点，从而保证 1 列始发正点、2 列运行正点。列车运行调整方案如图 7-4-6 所示。

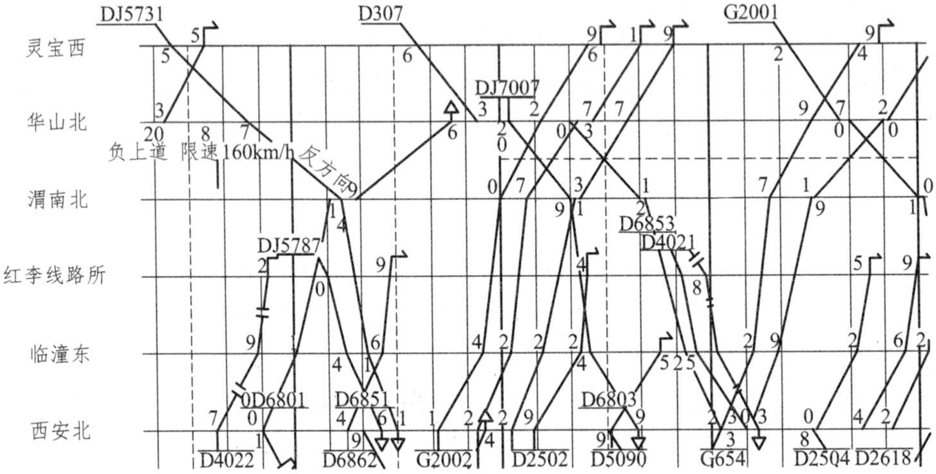


图 7-4-6 列车运行调整方案

## 任务实施

根据以上相关知识，由老师组织学生分组讨论高速铁路救援行车组织相关内容，各小组指派代表进行总结汇报，并进行小组互评、教师点评，以提高学生运用理论知识解决实际问题的能力。

## 复习思考题

1. 高速铁路灾害天气的种类有哪些?
2. 简述高速铁路灾害天气行车调度作业要点。
3. 简述高速铁路灾害天气行车车站作业要点。
4. 简述高速铁路设备故障行车调度作业要点。
5. 简述高速铁路设备故障行车车站作业要点。
6. 简述高速铁路非正常行车调度作业要点。
7. 简述高速铁路非正常行车车站作业要点。
8. 简述高速铁路事故救援行车组织要点。
9. 举例说明动车组站内换乘过程。
10. 举例说明高铁列车运行调整方案。

# 参考文献

[ 1 ] 中国铁路总公司. 分散自律调度集中系统[M]. 北京：中国铁道出版社，2014.
[ 2 ] 林瑜筠. 高速铁路信号技术（修订版）[M]. 北京：中国铁道出版社，2017.
[ 3 ] 时蕾. 高速铁路动车组运用与管理[M]. 成都：西南交大出版社，2017.
[ 4 ] 中国铁路总公司. 铁路运输调度规则( 高速铁路部分 )[M]. 北京:中国铁道出版社，2017.
[ 5 ] 中国铁路总公司. 高速铁路行车组织细则编制规则[M]. 北京：中国铁道出版社，2017.
[ 6 ] 中国铁路总公司. 铁路动车调度规则[M]. 北京：中国铁道出版社，2018.
[ 7 ] 《技规》条文说明编写组.《铁路技术管理规程（高速铁路部分）》条文说明[M]. 北京：中国铁道出版社，2018.
[ 8 ] 应慧刚. 长三角高速铁路运营管理实践与探索[M]. 北京：中国铁道出版社，2019.